黄河流域

非遗文创研究

韩志孝　梁　兴 著

郑州大学出版社

图书在版编目（CIP）数据

黄河流域非遗文创研究／韩志孝，梁兴著. — 郑州:郑州大学出版社，2022.12
（黄河流域非遗活态传承研究丛书）
ISBN 978-7-5645-8271-5

Ⅰ.①黄… Ⅱ.①韩…②梁… Ⅲ.黄河流域-非物质文化遗产-文化产品-产品设计-研究 Ⅳ.①G127.26

中国版本图书馆 CIP 数据核字(2021)第 213691 号

黄河流域非遗文创研究

HUANGHE LIUYU FEIYI WENCHUANG YANJIU

策划编辑	王卫疆　胥丽光		封面设计	王　微
责任编辑	胥丽光		版式设计	王　微
责任校对	马云飞		责任监制	李瑞卿

出版发行	郑州大学出版社		地　　址	郑州市大学路40号(450052)
出 版 人	孙保营		网　　址	http://www.zzup.cn
经　　销	全国新华书店		发行电话	0371-66966070
印　　刷	河南文华印务有限公司			
开　　本	787 mm×1 092 mm　1／16			
印　　张	14.25		字　　数	307 千字
版　　次	2022 年 12 月第 1 版		印　　次	2022 年 12 月第 1 次印刷

书　　号	ISBN 978-7-5645-8271-5		定　　价	68.00 元

本书如有印装质量问题，请与本社联系调换。

前　言

　　黄河流域在我国经济社会发展和生态安全方面具有十分重要的地位。千百年来,奔腾不息的黄河同长江一起,哺育着中华民族,孕育了中华文明。早在上古时期,炎黄二帝的传说就产生于此。在我国 5000 多年文明史上,黄河流域有 3000 多年是全国政治、经济、文化中心,孕育了河湟文化、河洛文化、关中文化、齐鲁文化等,分布有郑州、西安、洛阳、开封等古都,诞生了"四大发明"和《诗经》《老子》《史记》等经典著作。九曲黄河,奔腾向前,以百折不挠的磅礴气势塑造了中华民族自强不息的民族品格,是中华民族坚定文化自信的重要根基。

　　习近平总书记在党的十九大报告中指出:"我国经济已由高速增长阶段转向高质量发展阶段。"2019 年以来,习近平总书记在黄河流域多个省域,就"黄河流域生态保护和高质量发展"的问题进行调研。2019 年 9 月在郑州召开的座谈会上,习近平总书记强调:"黄河流域在我国经济社会发展和生态安全方面具有十分重要的地位。"在此背景下,"黄河流域生态保护和高质量发展"成为学界关注的重要议题。目前学界主要从"生态环境""都市圈发展""乡土资源""发展路径"等经济与社会发展层面对黄河流域高质量发展问题进行了探讨,而文化方面的研究有待深入。实际上,文化,尤其是非物质文化遗产,在推动黄河流域高质量发展中起着非常重要的作用。习近平总书记强调,黄河文化是中华文明的重要组成部分,是中华民族的根和魂。要推进黄河文化遗产的系统保护,守好老祖宗留给我们的宝贵遗产。要深入挖掘黄河文化蕴含的时代价值,讲好"黄河故事",延续历史文脉,坚定文化自信,为实现中华民族伟大复兴的中国梦凝聚精神力量。

　　2021 年 10 月 9 日,中共中央国务院印发的《黄河流域生态保护和高质量发展规划纲要》指出:"要保护传承弘扬黄河文化,开展黄河文化资源全面调查和认定,摸清文物古迹、非物质文化遗产、古籍文献等重要文化遗产底数。"最近十多年来,学界在非遗研究领域取得了很大的成绩。例如,巴莫曲布嫫对非遗公约进行了解读,宋俊华对非遗数字化的保护和实践进行了分析,吴晓静认为要"通过多层次及全方位阐发、挖掘和转化其精神内涵",江娟丽和江茂森从非遗传承与旅游开发的视角展开研究。上述研究虽然没有涉及黄河流域,但是其理论与实践对黄河流域非遗的传承创新提供了重要借鉴。众所周知,黄河流域九省(自治区)在长期的历史发展过程中积淀了许多非遗资源。深度挖掘非遗的存续力和创造力,增强民众在传承融合古今优秀文化层面的文化认同感,是黄河流域高质量发展的现实需要。

基于此,本书认为要加强调查研究,对黄河流域非遗代表性项目和资源进行科学、准确、全面调查,理清种类、数量、分布和存续状况,完善非遗档案建设。加强代表性项目保护。健全黄河流域国家、省(自治区)、市、县四级非遗代表性项目名录体系。加强黄河非遗分类保护。支持将涉及中华民族文明发源、文化发祥,大众实践、覆盖面广、民众参与度高,在国家、省(自治区)重大战略中发挥文化引领作用,与生态文明、环境治理相关的非遗项目列入各级代表性项目名录。加强代表性传承人保护。以传承为中心开展认定工作,建设一支专业的代表性传承人队伍。健全黄河流域国家、省(自治区)、市、县非遗代表性传承人名录体系,支持黄河流域9市对集体传承、大众实践的项目,探索认定代表性传承团体。推进整体性保护。扎实推进沿黄区域文化生态保护实验区建设,坚持保护优先、整体保护、见人见物见生活的理念。推动合理利用。以黄河非遗项目为重点,继续充实完善省级传统工艺振兴目录,积极推荐重点项目列入国家传统工艺振兴目录。支持黄河非遗项目与相关高校、科研机构合作建立传统工艺工作站,联合开展理论研究与技术攻关,改进工艺、完善功能、创新产品,利用黄河非遗元素加强衍生品开发。依托各级各类非遗场馆、传承体验中心、大师工作室、非遗工坊等,培育一批非遗旅游体验基地。讲好黄河非遗故事。鼓励建立黄河非遗专题网站和栏目,发挥微博、微信、短视频、点播等新媒体优势,丰富传播手段,不断拓宽非遗传播渠道。鼓励非遗馆、传习所等开展黄河非遗优秀记录作品展示展映活动。将黄河非遗与国民教育相结合,推进黄河非遗进校园、进课堂、进教材。鼓励开设黄河非遗特色课程,推动黄河非遗项目纳入高等院校、职业院校教学内容。建设一批非遗传承教育实践基地。

本书是笔者主持的2021年河南省科技厅重点研发与推广专项"黄河文化资源数据库建设"(编号:212102310999)的研究成果之一,也是2021年度河南省社会科学界联合会调研课题"新时代审美视域下的非遗活态传承研究"(编号:SKL—2021—501)的研究成果,也是笔者河南省高层次人才特殊支持"中原千人计划"中原领军人才的专项科研经费支持的项目。

本书的出版得到了郑州大学汪振军教授和黄河流域各省(自治区)非遗传承人的大力支持,同时也得到了郑州大学出版社的鼎力帮助,本书在编写过程中参考了大量的专家、学者的研究成果及资料,在此一并表示感谢!

目　录

第一部分

黄河流域及其非遗文创产品简况

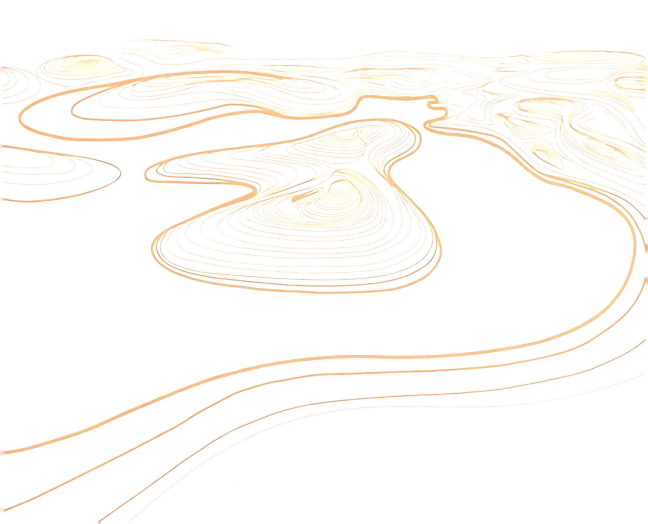

黄河简况

1. 黄河简介

黄河之水天上来,奔流到海不复回。黄河,作为中华民族的母亲河,承载着我们的文脉与梦想。她发源于青藏高原,流经9个省(自治区),全长5464千米,是我国第二大河。奔腾不息的黄河流经青藏高原、黄土高原、华北平原,最终由山东省东营市入渤海。

黄河本不叫黄河,古时的黄河水流清澈。至西汉年间,由于河水含有大量泥沙,人们开始称黄河为浊河。直到唐宋时期,黄河这一称呼才被广泛使用,并延续至今。

2. 黄河与华夏文脉

上古时期,炎黄二帝的传说就产生于此。5000年华夏历史,黄河经流的西安、郑州、洛阳、开封等地在历史朝代的发展变化中,共有3000多年是全国政治、经济、文化中心,更孕育了河湟文化、河洛文化、关中文化、齐鲁文化等,诞生了"四大发明"和《诗经》《老子》《史记》等经典著作。九曲黄河,奔腾向前,以百折不挠的磅礴气势塑造了中华民族自强不息的民族品格,是中华民族坚定文化自信的重要根基。

千百年来,多少文人以黄河为精神依托,镌写下黄河宏大壮美、蓬勃不羁、辽阔广漠、流芳千古的诗句,滋养着炎黄子孙的精神世界,延续着华夏文明的诗意文脉。

3. 黄河上升为更大国家战略

习近平总书记数次考察黄河,高度重视黄河流域生态保护和高质量发展,重视黄河文化传承弘扬。2019年9月,习近平总书记在黄河流域生态保护和高质量发展座谈会上做出部署,将黄河流域生态保护和高质量发展上升为重大国家战略,他强调:黄河文化是中华文明的重要组成部分,是中华民族的根和魂。要推进黄河文化遗产的系统保护,深入挖掘黄河文化蕴含的时代价值,讲好"黄河故事",延续历史文脉,坚定文化自信,为实现中华民族伟大复兴的中国梦凝聚精神力量[①]。

2021年10月8日,中共中央、国务院印发《黄河流域生态保护和高质量发展规划纲要》,并倡议推动《中华人民共和国黄河保护法(草案)》。要把黄河流域生态保护和高质量发展作为事关中华民族伟大复兴的千秋大计。黄河流域孕育了华夏文明,黄河文化是中华民族及其流域广大劳动人民在黄河水事及其相关实践活动中创造的全部物质财富和精神财富的总和。

从狭义上讲,黄河文化是黄河流域广大劳动人民及其黄河水利工作者所具有的精神

---

① 江凌. 推动黄河文化在新时代发扬光大[N]. 人民网–中国巷道党新闻网–学习时报,2020–01–03.

诉求、价值取向、基本理念以及行为方式的综合。从广义上讲,黄河流域精神、理念、价值观、制度等文化现象也体现了黄河文化"团结、务实、开拓、拼搏、奉献"的精神内涵,是民族精神和时代精神的象征,这种气质、精神和氛围,是一种价值观念和态度,是黄河文化的灵魂和精髓,也塑造了中华民族自强不息、坚韧不拔的民族品格,黄河文化已成为中华民族优秀文化成果的代表与象征。

人与河流和谐相处,是人类活动的共同价值选择和最终归宿。黄河文化的体现,是中华民族整体意识文化的体现,弘扬和建设黄河文化是每个炎黄子孙的历史责任和义务。黄河流域众多非遗文化的深厚内涵和历史意义,都是黄河文化人文思想与大自然的结合,黄河文化建设是历史、现实与未来的统一。大力弘扬黄河精神,保护和传承黄河流域非物质文化遗产,提高广大人民的思想觉悟和精神境界,是每个公民的历史责任和义务。

黄河流域非遗文创

《中华人民共和国非物质文化遗产法》(中华人民共和国主席令第四十二号)所称非物质文化遗产,是指各族人民世代相传并视为其文化遗产组成部分的各种传统文化表现形式,以及与传统文化表现形式相关的实物和场所。包括:

一、传统口头文学以及作为其载体的语言;

二、传统美术、书法、音乐、舞蹈、戏剧、曲艺和杂技;

三、传统技艺、医药和历法;

四、传统礼仪、节庆等民俗;

五、传统体育和游艺;

六、其他非物质文化遗产。

联合国教科文组织《保护非物质文化遗产公约》中所称非物质文化遗产,指被各群体、团体,有时为个人视为其文化遗产的各种社会实践、表演、表现形式、知识、技能以及相关的工具、实物、工艺品和文化场所。各个群体和团队随着其所处环境、与自然界的相互关系和历史条件的变化不断使这种代代相传的非物质文化遗产得到创新,同时使他们自己具有一种认同感和历史感,从而促进了文化多样性和人类创造力。在本公约中,只考虑符合现有的国际人权文件,各群体、团队和个人之间相互尊重的需要和顺应可持续发展的非物质文化遗产,包括以下方面:

一、口头传说和表述,包括作为非物质文化遗产媒介的语言;

二、表演艺术;

三、社会风俗、仪式、节庆;

四、有关自然界和宇宙的知识和实践；

五、传统手工艺技能。

建立非物质文化遗产代表性项目名录,对保护对象予以确认,以便集中有限资源,对体现中华民族优秀传统文化,具有历史、文学、艺术、科学价值的非物质文化遗产项目进行重点保护,是非物质文化遗产保护的重要基础性工作之一。联合国教科文组织《保护非物质文化遗产公约》(以下简称《公约》)要求"各缔约国应根据自己的国情"拟订非物质文化遗产清单。建立国家级非物质文化遗产名录,是我国履行《公约》缔约国义务的必要举措。《中华人民共和国非物质文化遗产法》明确规定:"国家对非物质文化遗产采取认定、记录、建档等措施予以保存,对体现中华民族优秀传统文化,具有历史、文学、艺术、科学价值的非物质文化遗产采取传承、传播等措施予以保护。""国务院建立国家级非物质文化遗产代表性项目名录,将体现中华民族优秀传统文化,具有重大历史、文学、艺术、科学价值的非物质文化遗产项目列入名录予以保护。"

国务院先后于 2006 年、2008 年、2011 年、2014 年和 2021 年公布了五批国家级项目名录(前三批名录名称为"国家级非物质文化遗产名录",《中华人民共和国非物质文化遗产法》实施后,第四批名录名称改为"国家级非物质文化遗产代表性项目名录"),共计 1557 个国家级非物质文化遗产代表性项目(以下简称"国家级项目"),按照申报地区或单位进行逐一统计,共计 3610 个子项。为了对传承于不同区域或不同社区、群体持有的同一项非物质文化遗产项目进行确认和保护,从第二批国家级项目名录开始,设立了扩展项目名录。扩展项目与此前已列入国家级非物质文化遗产名录的同名项目共用一个项目编号,但项目特征、传承状况存在差异,保护单位也不同。

国家级名录将非物质文化遗产分为十大门类,其中五个门类的名称在 2008 年有所调整,并沿用至今。十大门类分别为:民间文学,传统音乐,传统舞蹈,传统戏剧与曲艺,传统体育、游艺与杂技,传统美术,传统技艺,传统医药,民俗。每个代表性项目都有一个专属的项目编号。编号中的罗马数字代表所属门类,如传统音乐类国家级项目"侗族大歌"的项目编号为"Ⅱ-28"。

中国不同的学者从不同的维度进行了多种分类。具备一定参考价值及研究的文献譬如:王文章在其《非物质文化遗产概论》中提出的 13 类分法,向云驹在其《人类口头和非物质遗产》中的四大类分法,以及周耀林等人撰写的《论我国非物质文化遗产分类方法的重构》提出的宏观、中和、微观的分类方法等,对于非物质文化遗产的分类呈现众说纷纭的状态。其中得到业界比较多认可的是王文章的 13 类分法,即:①语言,②民间文学,③传统音乐,④传统舞蹈,⑤传统戏剧,⑥曲艺,⑦杂技,⑧传统武术、体育与竞技,⑨民间美术、工艺美术,⑩传统手工技艺及其他工艺技术,⑪传统的医学和药学,⑫民俗,⑬文化空间。

各个群体和团体随着其所处环境、与自然界的相互关系和历史条件的变化不断使这种代代相传的非物质文化遗产得到创新,同时使他们自己具有一种认同感和历史感,从而促进了文化多样性和激发人类的创造力。黄河流域的非物质文化技艺由世世代代居住在黄河流域的人民群众生活实践所形成的技艺,凝结着人民群众的智慧和老祖宗的生活结晶,承载着传统文化 DNA。本书着眼于黄河流域非遗文创的创新模式,记录活态传承,向青少年朋友介绍黄河流域非遗文创的创新案例,引导青少年深入了解技艺的历史和创新发展,增强文化自信。

第二部分

沿黄九省（自治区）非遗文创

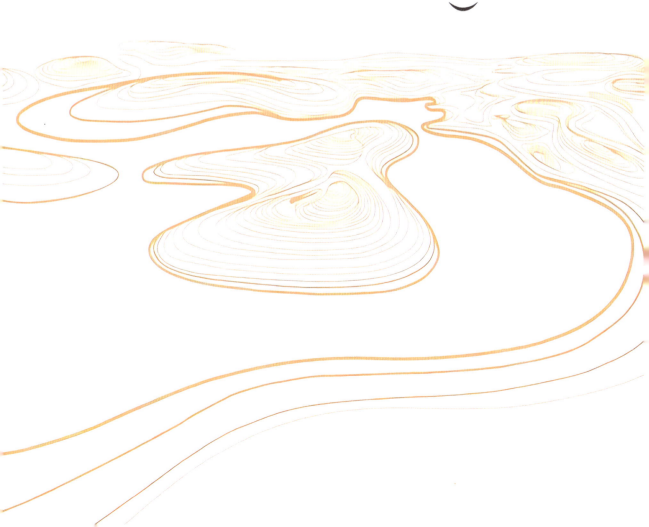

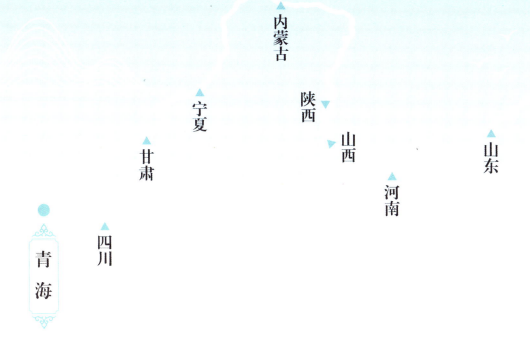

内蒙古

宁夏　陕西

甘肃　山西　山东

河南

青海　四川

青海位于中国西部,雄踞世界屋脊青藏高原的东北部。是中国青藏高原上的重要省份之一,境内山脉高耸,地形多样,河流纵横,湖泊棋布。昆仑山横贯中部,唐古拉山峙立于南,祁连山矗立于北,茫茫草原起伏绵延,柴达木盆地浩瀚无限。长江、黄河之源头在青海,中国最大的内陆高原咸水湖也在青海,因此而得名"青海",简称青,省会为西宁。占全国总面积的十三分之一,面积排在新疆、西藏、内蒙古之后,列全国各省、市、自治区的第四位。青海是长江、黄河、澜沧江的发源地,被誉为"三江源""江河源头""中华水塔"。青海省地处青藏高原东北部,青海的地形大势是盆地、高山和河谷相间分布的高原。它是"世界屋脊"青藏高原的一部分。目前,青海省入选国家级非物质文化遗产代表性项目共计88个,其中第一批入选项目19个,本章节重点介绍格萨尔、湟中堆绣、藏族黑陶三个非遗文创项目。

一、格萨尔

《格萨尔》,也叫《格萨尔王传》,是反映古代藏族社会历史的一部百科全书式著作,是在藏族古老神话、传说、故事、歌谣和谚语等民间文学基础上产生和发展起来的,代表着古代藏族民间文化的最高成就。

历史故事

《格萨尔》是关于藏族古代英雄格萨尔神圣业绩的宏大叙事,讲述了格萨尔王为救护生灵而投身下凡,率领岭国人民抑强扶弱、降伏妖魔、安定三界、完成人间使命后返回天国的英雄故事,见图2-1-1。

图2-1-1 格萨尔王形象

《格萨尔》是一部活形态的史诗。从当前已经搜集到的资料看,《格萨尔》有120多卷、100多万诗行、2000多万字。仅从字数来看,超过了《伊利亚特》《奥德修记》《罗摩衍那》《摩诃波罗多》等几部世界级著名史诗。《格萨尔》在多民族中传播,不仅是传承民族文化、凝聚民族精神的重要纽带,同时也是各民族相互交流和相互理解的生动见证。此外,这部史诗还流传到了境外的蒙古国、俄罗斯的布里亚特、卡尔梅克地区以及喜马拉雅山以南的印度、巴基斯坦、尼泊尔、不丹等国家和周边地区。这种跨文化传播的影响力是异常罕见的。

《格萨尔》是世界上迄今发现的史诗中演唱篇幅最长的,它既是族群文化多样性的熔炉,又是多民族民间文化可持续发展的见证。这一为多民族共享的口头史诗是草原游牧文化的结晶,代表着古代藏族、蒙古族民间文化与口头叙事艺术的最高成就。无数游吟歌手世代承袭着有关它的吟唱和表演。它历史悠久,结构宏伟,卷帙浩繁,内容丰富,气势磅礴,流传广泛,作为一部不朽的英雄史诗,《格萨尔》是在藏族古代神话传说、诗歌和谚语等民间文学的丰厚基础上产生和发展起来的,提供了宝贵的原始社会的形态和丰富的资料,代表着古代藏族文化的最高成就,也是一部形象化的古代藏族历史,同时也是文学、影视、舞蹈、音乐、美术等现代艺术形式的源头活水,不断强化着人们尤其是年轻一代的文化认同与历史连续感,因而格萨尔史诗传统堪称民族文化的"百科全书",是人类族际间交流和文化创造力的生动例证和中国族群文化多样性的生动见证。2006 年被列入第一批国家级非物质文化遗产代表性项目名录,民间文学类(27,Ⅰ–27),2009 年被联合国教科文组织批准列入人类非物质文化遗产代表作名录。

传承人物

才让旺堆,男,生于 1933 年,定居于青海省海西州唐古拉地区。第一批国家级非物质文化遗产项目格萨尔代表性传承人。据说他 13 岁时曾昏迷七天七夜,醒来后口中念念有词,经有关人士鉴定,他说的是格萨尔王的故事。才让旺堆具有异常丰富的史诗知识,他熟知一百余部史诗里的内容和情节,无论是其中的故事情节,还是山川河流、城池国度,甚或是音乐舞蹈、格言谚语,他都记得清清楚楚,堪称《格萨尔》"活词典"。他自称能说唱 120 部《格萨尔》故事,现已录制 11 部。他说唱的故事情节清晰,语言优美,结构完整,具有很大的历史价值和文学价值。代表作品有:《陀岭之战》《吉祥五祝福》《南铁宝藏宗》等。1991 年,在中国社会科学院、国家民委、文化部、中国民间文艺家协会联合召开的说唱家命名大会上,他被授予"《格萨尔》说唱家"称号。1997 年,以上四个单位特授予他《格萨尔》史诗抢救和研究"突出贡献的先进个人"称号。

发展现状

中国社会科学院民族文学研究所研究员诺布旺丹介绍,现代意义上关于格萨尔文化的学术研究,肇始于近代,而且还是从西方开始的。早在 1776 年和 1883 年,俄国学者帕拉斯和帕塔宁分别在《在俄国奇异的地方旅行》和《中国的唐古特——西藏地区蒙古西北散记》两部著作中,把蒙文版《格萨尔》和藏文版《格萨尔》介绍到欧洲,并出版了俄文译本。此后,陆续涌现出俄国的帕拉斯、帕塔宁,德国的弗兰克,法国的达维·尼尔、石泰安,蒙古国的策·达木丁苏伦等一批著名的研究专家。

相比之下,我国对于它的认知时间较为晚近,尽管 17 世纪以来,多罗那他、松巴·益西班觉、居米旁·朗杰嘉措以及近代史学家更登群佩等藏族学者曾对《格萨尔》进行过传统的经院式的学术阐释,并有相关著述,但作为一种研究对象被纳入现代学术的视野则是在 20 世纪三四十年代。在 20 世纪 30 年代,我国老一辈民族学学者任乃强、韩儒林等对史诗进行了最初的发掘、评述和翻译。这应该是《格萨尔》史诗在我国的初创时期。《格萨尔》的抢救保护工作是在 20 世纪 50 年代以后就开始,主要集中在抢救、搜集、整理、研究和翻译等几个基本层面。图 2-1-2 为《格萨尔》相关出版物。

图 2-1-2　《格萨尔》不同版本出版物①

学术机构的参与进一步提升了民众对自身文化传统的认识,也深化了公众对尊重不同文化的理解。2014 年,我国第一个以格萨尔命名的文化生态保护(试验)区在青海果洛藏族自治州正式建立。近半个世纪以来,特别是自《格萨尔》列入人类非物质文化遗产代表作名录以来,我国政府根据在"格萨尔"文化的保护和传承方面对国际社会做出了一系列郑重承诺,从"格萨尔"的艺人、文本和语境等方面入手,在"格萨尔"的抢救、保护和研究方面做了大量的工作,形成了以社区为基础、学界为智库、政府为后盾的三方合力,切实推进《格萨尔》史诗传统的代际传承和社区能力建设,形成了可持续性发展的潜能和活力。

---

① 来源:http://www.tibet.cn/cn/news/zcdt/201810/t20181018_6332779.html.

格萨（斯）尔+钢笔

阿须草原传说是格萨尔出生的地方，那里的寺庙广场上，每年都在跳着祭祀格萨尔的神舞，黄河首曲的玉树草原传说是格萨尔赛马称王的地方，草原上一年一度的赛马会都有纪念英雄称王的含义，连续数天演出的藏戏则是表现他传播佛法，降伏妖魔的业绩。格萨尔文化以强大的艺术生命力，从雪山走向青藏高原。

格萨尔英雄文化遇上英雄钢笔。上海美术学院章莉莉和她的团队让非遗格萨尔文化与英雄钢笔联盟，给文创产业注入新的血液。以格萨尔英雄史诗为主题，与英雄钢笔合作推出一款文具礼盒，见图2-1-3。在钢笔上面，还印着格萨尔王的形象，钢笔礼盒里还附有一张明信片，见图2-1-4。在明信片的反面，详细介绍了格萨尔文化的非遗项目。章莉莉表示这样一个跨界非遗项目，专门找老字号企业和品牌企业合作，非遗传承人会有稳定的订单，用创意力量把它们牵起来，一定会有一个"1+1＞2"的效应。

图2-1-3　格萨尔英雄史诗钢笔套餐

图2-1-4　格萨尔英雄套装钢笔内部

学者建议

中国社会科学院民族文学研究所研究员表示，从 20 世纪 80 年代至今，民间、学术和政府三个层面在日臻成熟的实践过程中相继采取了一系列保护《格萨尔》史诗说唱传统的具体措施，其间有继承，也有创新。2014 年，我国第一个以"格萨尔"命名的文化生态保护（试验）区在青海果洛藏族自治州正式建立。政府应更加注重从格萨尔的艺人、文本和语境等方面入手，在"格萨尔"的抢救、保护和研究方面做了大量的工作，形成了以社区为基础、学界为智库、政府为后盾的三方合力，以多重实践及其互动模式，切实推进《格萨尔》史诗传统的代际传承和社区能力建设，形成了可持续性发展的潜能和活力。

中国社会科学院民族文学研究所副所长斯钦巴图表示要加强沿丝绸之路国家民族之间的紧密合作与交流。由于历史原因，中国史诗研究起步很晚，无论在资料建设还是在理论建树方面均落后国际先进水平几十年，甚至上百年。中国相关高等学府和学术机构借"一带一路"倡议的顺风，与丝绸之路沿线国家相关机构联系，建立多方合作、资料共享机制。通过沿丝绸之路国际间的交流，利用各种合作机制，掌握了大量与蒙古史诗相关的学术资料，逐渐改变了中国蒙古史诗研究在资料建设方面的落后状况，为蒙古史诗研究的进一步发展提供了资料优势。

二、湟中堆绣

　　青海省,作为黄河流经的第一个省份,是一个典型的多民族省份。这里不仅拥巍巍昆仑,同时,也是瑰丽多姿的非遗技艺的沃土。在丰富的非遗技艺中,湟中堆绣成为青海非遗一颗明珠,承载着当地民族的精神气质,同时也是中华民族传统文化元素符号的象征之一。

　　湟中堆绣,严格来说是唐卡的一种,是流行于青海省湟中县一带的民间刺绣。湟中是古代唐蕃古道的必经之路。湟中堆绣的特点在于其具有浮雕效果,是汉藏文化融合发展的结晶。据中国非物质文化遗产网介绍,2008年6月7日,经国务院批准,湟中堆绣列入第二批国家级非物质文化遗产代表性项目名录,传统美术类(848,Ⅶ-72),对湟中堆绣的保护要考虑到湟中地区的地域性、民族性和宗教性等特点,采取得当的传承和保护方式,坚守"秉承传统,活态发展"的主旨。

历史故事

　　传闻,唐代文成公主进藏,将中原的丝绸、刺绣带至吐蕃,织绣技艺逐渐流布到青藏地区,湟中堆绣就是在这一背景下形成发展起来的。民国初年,二世嘉雅堪布洛桑达杰大力推广堆绣艺术,使之再次振兴,并流传至今。学界关于湟中堆绣的来源有另一种说法:学者认为,堆绣作为刺绣的一种技能传入青海湟中,起初是塔尔寺内僧人所做,所以也被称为塔尔寺堆绣,成为塔尔寺"三绝"之一,内容大多以藏传佛教题材为主。每年农历四月、六月,在塔尔寺会举办两次大法会,会上所晒的大佛画像,就是艺僧们在巨幅锦幡上堆绣的大型佛像。大佛长十余丈,宽六七丈,从山顶一直展到山腰,气势恢宏。届时,会有数万游客信徒瞻仰膜拜。

制作技艺

　　湟中堆绣的浮雕效果是因为它以剪、堆等特殊刺绣技法塑造形象,所绣形象饱满逼真,粗犷中有细节,质朴中有华美,细节处见功夫。艺人们在刺绣时,以丝、麻、棉、毛等织品为材质,根据作品内容需要,先选好各种有颜色的或带花纹图案的绸缎,剪成一定尺寸的人物、鸟兽、山水、花草、虫鱼等形象,然后塞以羊毛或棉花之类的填充物使其鼓起,再经过剪、贴、裹、堆、绣、染等工序,绣成作品立体感十足,宛若浮雕一样的效果。

　　从内容题材上来看,湟中堆绣分为藏式堆绣和汉式堆绣。藏式堆绣内容大多以佛经故事为题材,注重人物的造型和神态,讲究各色丝绫的搭配,注重立体感和真实感,代表作有《藏财神》《八仙传说》等。汉式堆绣题材广泛,有历史古典人物、花鸟、动物及吉祥图案,代表作有《红楼金陵十二钗》《唐蕃古道》等。

从制作技法上看,主要分为平堆和棱堆两种。平堆效果侧重平台,将剪裁好的各色布料图案堆贴在设计好的图案上,再用彩色丝线绣边而成,最后根据画面需求在局部进行渲染,与"布贴画"技法相似。棱堆则是在设计好的图案内填充棉花、羊毛等材料使图案凸起,形成浮雕效果,然后粘贴在相应的幔布上,最后将堆绣好的不同形状的图案用绣锻联成一个完整画卷。平堆与棱堆一凸一平,形成凹凸有致、颜色绚丽的工艺品。

从色彩运用上来讲,湟中堆绣其高纯度的色彩使用及色彩关系对比是本地区堆绣色彩构成中的重要因素之一。颜色的纯度高,色彩艳丽,对比强调,带给人们强烈的视觉冲击力。堆绣艺人一般选取明暗对比强烈的冷暖色调交替,来增加堆绣的层次感。

传承人物

(1)徐全熙,男,汉族,出生于1945年,青海省一级民间工艺师,现为湟中堆绣国家级传承人,其代表作有《关公单刀赴会》(图2-1-5)及《大威德金刚》(图2-1-6)。

图2-1-5 徐全熙作品《关公单刀赴会》①　　图2-1-6 徐全熙作品《大威德金刚》②

---

① 来源:https://www.360kuai.com/pc/9c51dec2f51d84290? cota = 4&kuai _ so = 1&tj _ url = so _ rec&sign = 360_7bc3b157.

② 来源:https://www.360kuai.com/pc/9c51dec2f51d84290? cota = 4&kuai _ so = 1&tj _ url = so _ rec&sign = 360_7bc3b157.

（2）乔应菊，女，1961 年，国家非物质文化遗产传承人，代表作《唐蕃古道》。该作品讲述的是文成公主进藏的故事，分迎亲、文成公主和松赞干布见面，以及送亲三部分，图 2-1-7 为《唐蕃古道》局部。

图 2-1-7　乔应菊作品《唐蕃古道》局部①

发展现状

在市场化环境下，湟中堆绣的艺术生命和传承发展面临传承、发展与创新的一些问题。从制作方面来讲，湟中堆绣讲究传统技法。制作过程耗时费工，每一片丝绸的叠加都是手工完成，没有机器可以替代。国家非物质遗产传承人乔应菊讲述她的《唐蕃古道》作品时说道："在这幅长达 7 米的卷轴上，仅文成公主一人形象，就用了近 200 块丝绸叠加了 4 层才完成的。"乔应菊及她徒弟一起构思绘图 3 年，用了近 4 个月时间，才完成这幅《唐蕃古道》作品。与此同时，由于湟中堆绣内容题材大多是佛像和佛教故事，对其感兴趣的大都是信教群众，堆绣的市场受众较小。在市场化的今天，市场小意味着收益少，很难吸引到年轻一代对其进行传承。制作工序复杂，受众少，市场小，以及难以为继的传承成为湟中堆绣主要面临的现状和问题。

---

① 来源：https://www.sohu.com/a/299833963_327849.

传承创新

1. 内容题材创新

青海湟中县设立八瓣莲花非物质文化遗产传承体验中心,是青海省乃至藏族地区的藏文化艺术精品展示、十六种手工技艺非遗项目体验互动的功能的特色艺术展示综合地。八瓣莲花,每瓣代表着一种古老的民间记忆,以保护非物质文化遗产和传统民间文化艺术。湟中堆绣正是八瓣莲花中一瓣莲花,湟中堆绣工作室和堆绣工艺品展示销售厅就坐落在八瓣莲花非物质文化遗产传承体验中心。

湟中堆绣艺术,传统上来讲是佛教文化的衍生品,后又融入民间色彩。学者费新碑表示,最具有震撼力的艺术作品总是顽强地透露出深层里的宗教精神。藏族堆绣在创作过程中,被寺院艺僧赋予宗教文化内涵,展现出独特的生命力。但是另一方面,由于题材窄化,受众面比较狭小。乔应菊作为湟中堆绣的国家级非物质文化遗产传承人之一,制作堆绣超过30年。在她对堆绣非物质文化遗产的坚守中,她也意识到上述问题的存在。为了让湟中堆绣走出去,乔应菊在传承传统堆绣技艺的同时,拓宽堆绣题材内容。湟中堆绣内容不断推陈出新,慢慢囊括了人物、花鸟、景观以及青海地方民俗活动等题材。这些创新为湟中堆绣带去了新的活力,吸引省外游客到乔应菊工作室订购堆绣作品。同时,乔应菊注重国外市场,带着堆绣作品远赴德国、泰国等地,带领湟中堆绣走向国际。

2. 堆绣+教育培训

近年来,随着非遗文创的发展,湟中地区的中小型堆绣手工作坊和传统手工艺公司逐渐兴起。乔应菊的个人工作室和徐耀春的个人工作室,成为青海省八瓣莲非物质文化遗产传承中心代表公司。这两家工作室,在进行堆绣创作的同时,注重培养堆绣艺人。尤其是乔应菊,不仅培养绣娘,同时培养绣郎,并被评为省级一级民间工艺师和堆绣艺术传承人,多次应邀到荷兰等国家传授技艺。目前,青海省长期从事刺绣的绣郎有千余人。湟源堆绣世家的徐耀春成立自己的文化公司,在传承非物质文化遗产的同时,引入堆绣教育,带领困难群众脱贫致富。依托民间堆绣艺术,把堆绣技艺纳入职业教育。湟中县把堆绣技术纳入村劳动力劳动技能培训内容,开展"阳光工程""雨露计划"。大力培养技艺人员,积极转移农村劳动力从事堆绣文化产业,政府扶持和市场引导相结合,推动堆绣产品向市场化、产业化发展,增加农民收入。

学者建议

1. 融入生活,满足生活需求

学者濮安国在《论传统手工艺在新时代的发展》一文中认为,任何历史悠久,技艺精湛或风格独特的传统手工艺,都必须形成新时代现实生活的具体产品,去适应和满足人们的生活需要。非遗技艺只有近人近物近生活,其生命力才可以持续和发展。

2. 培育专业化人才

传统堆绣艺术的创作者大多为艺僧,对宗教热情饱满,具备高德修养及精神的传统技艺。市场化环境下,堆绣人员很多以追求商业价值为主要目标,表面上搞活了地方经济,但缺少了很多对民族文化和问祖精神的通晓和体现。培育专业化人才不仅是传授技艺,同时要传承文化。

3. 利用数字媒体优势,创新传播营销模式

学者张超在《试论当代湟中堆绣工艺的变迁与发展》中,认为堆绣工艺可以通过各种数字媒体平台,传统手工艺的传承离不开数字媒体的助力。

4. 保护湟中堆绣地域特色

湟中堆绣在众多手工艺产品中占有一席之地,主要原因是因为其独有的特色。在对湟中堆绣创新改革的同时,要注重对其独特的地域特色进行保护。从可持续发展的角度出发,实现开发与保护相结合,注重长远化的发展。

三、藏族黑陶

恩格斯在《自然辩证法》中说:"直立和劳动创造了人类,而劳动是从制作工具开始的。"青海藏族黑陶就是当地人们生活与生产劳动相结合而产生的工具。前面已经介绍过,青海省是一个多民族省份,藏族与其他民族一起在这里生活并创造出体现生活智慧的工具——黑陶,见图2-1-8。千百年来,藏族发展出一套历史悠久、特色显著的黑陶烧制技艺。目前,云南省、四川省和青海省都拥有藏族黑陶烧制技艺。本部分就来针对青海省囊谦县的藏族黑陶和果洛藏族黑陶进行介绍。

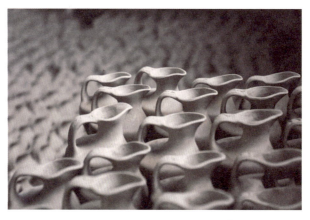

图2-1-8　青海省囊谦县黑陶①

藏族黑陶历史悠久,至今仍保留着原始的手工制作方法。囊谦县属于玉树藏族自治州,位于青海省最南部地带,曾是玉树的政治经济文化中心,历史悠久。囊谦黑陶是囊谦地区传统的陶艺品,主要产于囊谦县山荣村。黑陶种类繁多,有壶、灯盏、罐、坛等,既是藏族人的日常用品、工艺品,又是当地藏族的宗教文化活动必不可少的信仰用品。陶器烧制技艺(藏族黑陶烧制技艺)在2008年入选第二批国家级非物质文化遗产代表性项目名录,传统技艺类(884,Ⅷ-98)。

同样位于黄河源头地带,相距不远的果洛班玛县,也盛产黑陶。班玛的黑陶虽然看起来表面不很光滑,但不容易炸裂,1800℃的高温炙烧也没事,这是因为灯塔山上的土质里面矿物质含量较高,这样的泥土不会很细腻,所以烧好的陶罐表面看起来略显粗糙,不过结实、耐高温。

---

① 来源:http://ttt.tibet.cn/cn/Instant/domestic/202010/t20201017_6872096.html.

历史故事

　　青海省囊谦县是玉树文明的发祥地,历史悠久,文化灿烂。相传囊谦藏族黑陶技艺是唐代文成公主进藏和亲,途经玉树地区时流传到当地的,将独特的制陶技艺传授给当地的藏族群众,使当地原始的制陶工艺更加完善。从这里看出,囊谦黑陶,果洛黑陶和湟中堆绣一样,都是藏汉文化融合的结晶。

制作技艺

　　与宜兴紫砂陶、建水紫陶相比,黑陶的价值在于质朴。烧制成功的黑陶具有"黑如碳,硬如瓷"的特点。据说,做黑陶最难的就是雕花部分,但心静就是诀窍。拍、打、切、削陶泥的时候,心中不能有丝毫杂念。囊谦藏族黑陶以玉树康巴藏族人文习俗、文化符号、宗教图腾等为素材,融合现代艺术表现手法,经古法烧制呈现天然成色。

　　2019年,青海日报发表一篇《殊形绝技塑黑陶——看囊谦黑陶的制作工艺》的文章,对黑陶的制作技艺进行了详细的描述,文章认为囊谦黑陶从开始到最终完成,要经过饧泥、初加工、毛坯成型、装饰、打磨、风(阴)干、烧制、酥油抛光、细加工等十几道工序。概括来讲主要分为六步。第一步是饧泥。饧泥主要是用木槌反复敲打陶泥或用手揉、捏、拍、压泥,使陶泥不断"成熟"。第二步是制坯。囊谦黑陶的造型多以圆形为主,艺人为了提高加工速度,采用模型法、捏塑法进行制作。第三步是修坯。艺人将转盘均匀转动后,用金属刮片等工具均匀地修整出陶坯表面的形状。第四步是装饰。囊谦黑陶造型形式相对规整,装饰主要是采用刻划和捏塑,装饰简练奔放。第五步是打磨。当地艺人们打磨陶器一般会分两次完成,第一次是趁陶坯湿时用鹿皮蘸水打磨;还有一次就是在陶坯未完全干透时,用木制工具将其表面研光打磨。第六步是烧制。传统黑陶烧制的方法是采用独特的"封罐熏烟渗碳"方法烧制而成。在囊谦地区目前能很好把握烧造技艺的艺人也是为数不多的。因此,烧造这一环节一般是由师傅亲自完成。在以前黑陶烧制前,艺人还会举行祭窑炉的仪式,祈求烧造成功,这种习俗至今仍有部分艺人在传承延续。

传承人物

　　白玛群加,男,生于1978年,2010年被列入陶器烧制技艺(藏族黑陶烧制技艺)国家级非遗传承人。他的代表作之一是将军壶。大家知道黑陶将军壶的来历吗?据说,白玛群加有一天睡着了,梦见了这造型的壶,梦中白玛群加是一个身穿盔甲的将军,打赢仗后回家,国王端壶敬酒道喜并送他一把壶,名曰将军壶。梦醒后,白玛群加赶紧设计,然后就做出来了。烧制后,白玛群加把晒制后的酒壶放在梦中放置的地方。这一幕,让现实与梦境分不清楚。因梦而得的将军壶一经问世就得到了认可,白玛群加也申请了设计专利。传统上,藏族黑陶烧制技艺只传给一个徒弟。如今,白玛群加已经打破这一传统,向众多徒弟传授着这一古老的技艺。白玛群加的作品见图 2-1-9 和图 2-1-10。

图 2-1-9　白玛群加作品①

图 2-1-10　白玛群加作品②

发展现状

　　2020 年,《人民日报》对青海囊谦县的非遗传承与脱贫攻坚进行报道,囊谦县手工艺人不断探索创新,制造出很多新的品种,由原来的 20 多种发展到现在的 120 余种,囊谦黑陶由当初的家庭制作迈向“订单式”销售。2017 年,囊谦县扶贫孵化园创立古陶器传承中心,全县共有黑陶合作社 2 家,企业 1 家,30 多名艺人,共有 1700 多名黑陶学徒。

---

① 来源:https://difang.gmw.cn/qh/2019-07/11/content_32991347.htm.
② 来源:http://media.tibet.cn/news/focus/1511487554918.shtml.

传承创新

黑陶＋咖啡杯

　　藏族手艺人谢格太是家里第四代做黑陶罐的传承人,他通过校企合作,使得黑陶手工艺融入都市人生活,让果洛黑陶非遗再次活起来。谢格太从事黑陶制作技艺二十余年,并创立了班玛县黑陶旅游产品开发有限责任公司。作为老板他也发愁过如何让这些产品更有创意,更吸引大众。虽然谢格太尝试了电商平台来进行销售模式的创新,但是效果并不乐观。为了解决这个问题,谢格太来到上海大学上海美术学院,成为一名黑陶制作技艺学员。在这里他从上海美术学院教师章莉莉处得到中肯的建议:注重都市人的需求,转化生产一些实用的咖啡杯、水杯等,融入人们的生活需求。谢格太回到家乡后,改进生产方式,开始生产咖啡杯,这让原本陷入困境的黑陶再次有了起色。

（资料来源:https://baijiahao.baidu.com/s? id=1677110329081462833）

学者建议

　　非遗保护不仅需要传承人保护,还需要文化生态圈保护。上海美术学院章莉莉建议,在做非遗保护时,传承人本身要承担起责任。一是自己技艺不断地精进,这是保护核心技艺的需求;二是要积极地面向公众,进行传播。青海博源文化产业发展研究院院长、省历史文化学者、朝霞文创创始人李朝教授认为文创产品不仅要追求美学,还要有文化内涵和生活实用的统一。可是在青海,人们对文创产品的认识还远远不够。只有准确科学地认识文创,才能更好地发展文创。

　　李朝教授也认为:"文创是一个典型的情景化消费、体验式消费,因此,线下实体店应以公共文化服务场所、景点专卖、专柜专卖为主,线上销售最好通过专业网站销售。"

 ## 第二站:四川省非遗及其文创产品

四川,简称"川"或"蜀",省会成都,位于中国大陆西南腹地,自古就有"天府之国"之美誉,是中国西部门户,大熊猫故乡。是中国重要的经济、工业、农业、军事、旅游、文化大省。省会成都在1993年被国务院确定为中国西南地区的科技、商贸、金融中心和交通、通信枢纽。成都双流国际机场是中国第四大航空港。四川省是一个多民族的大家庭,境内有中国第二大藏区(甘孜州、阿坝州)、中国最大彝区(凉山州)和中国唯一羌族自治县(北川县),其中甘孜州是康藏文化的核心区。四川历史悠久,文化灿烂,自然风光绚丽多彩,拥有九寨沟、黄龙、都江堰、青城山、乐山大佛、峨眉山、三星堆、金沙遗址、武侯祠、杜甫草堂、宽窄巷子、阆中古城、海螺沟、四姑娘山、稻城亚丁等享誉海内外的旅游景区。目前,四川省入选国家级非物质文化遗产代表性项目共计153个,本章节重点介绍蜀绣、竹编(道明竹编+瓷胎竹编)、四川扬琴三个非遗文创项目。

一、蜀绣

蜀绣是以四川成都为中心的刺绣产品的总称。它以软缎和彩丝为主要原料,运用独特的绣技,绣制被面、枕套、衣、鞋和画屏等。蜀绣的绣工和针法特点可以概括为:"针脚整齐,线片光亮,紧密柔和,车拧到家。"

世界刺绣看中国,中国刺绣看蜀地。蜀绣又称川绣,享有"蜀中之宝"的美誉,作为中国四大名绣之一,与苏绣、湘绣、粤绣齐名。蜀锦织造技艺在2006年被正式列入第一批国家级非物质文化遗产名录,民间美术类(320,Ⅶ-21)。

历史故事

蜀绣最早出现在西周的青铜器上,考古学家在上面发现了明显的辫子股绣印痕;在汉代就已誉满天下,汉赋家扬雄在其《蜀都赋》中写道"锦布绣望,芒芒兮无幅";魏晋南北朝时期出现了以人物、山川为对象的"绣画";敦煌莫高窟发现了佛像绣像;北宋时期成都转运司奉旨绣军旗500面;元末大夏政权的建立者明玉珍的龙袍,明代将领秦良玉的两件绣袍都展现了蜀绣华彩;清王朝嘉奖蜀绣"狮子滚绣球挂屏",为蜀绣赢得很大声誉;1915年,蜀绣在美国巴拿马太平洋万国博览会上获奖;人民大会堂四川厅陈列的蜀绣作品《万水千山》《芙蓉锦鲤》(图2-2-1)等,很好地展现了蜀绣三千年的历史演绎、辉煌兴盛。①

图2-2-1　《芙蓉锦鲤》局部

---

① 来源:http://www.360doc.com/content/12/0812/15/3716472_229757478.shtml.

制作技艺

蜀绣是中国四大名绣之一,在巴蜀地区传承至今,已有上千年的历史,以渝中区为中心的重庆市是蜀绣流传的主要区域之一。与川西蜀绣和苏绣、粤绣、湘绣等相比,重庆蜀绣更突出地显示着鲜明的重庆地方特色和文化内涵,呈现出大胆夸张、想象丰富、幽默逗趣、贴近生活的艺术风格。它以传统的花卉、动物、戏装、脸谱、风景、城市建筑、仕女、现代人像等为创作题材,内容极为丰富。其绣法以单面绣、双面绣、异形异彩绣为主,基本技法包括铺针、直针、斜针、穿针、参针、散套针、三排针、浮线针、覆盖针、压花、上飞色、下飞色等,整个针法体系完整而严密,具有密不成锥、稀不见底、光亮平齐、短针细密、内实外松、张弛有度的技艺特点。

传承人物

(1)郝淑萍,女,生于1945年,四川成都人。第一批国家级非物质文化遗产项目蜀绣代表性传承人,中国工艺美术大师,享受国务院政府特殊津贴。1959年,郝淑萍进入成都工艺美术技校蜀绣班,在老师彭永兴的耐心指点下,逐步掌握了人物刺绣针法、花鸟走兽针法、山水绵纹针法,尤其擅长刺绣人物。为了提高技艺,她还虚心求教于当地的著名书画家,学习他们善于观察、注重写生的创作理念。她精通蜀绣的一百多种针法,并将蜀绣的技艺特点如线片平顺光亮、针脚整齐、施针严谨、掺色柔和、车拧自如、劲气生动、虚实得体等在绣品中充分发挥,使作品质感毕现,生动传神。她在蜀绣针法的基础上又创新了"平手拉花针"。她在培养青年一代绣工的时候,以刺绣实践为主,辅以理论知识和绘画基础,要求青年人大胆突破、勇于创新。她多次远赴国外现场演示蜀绣技艺,作品也被当地博物馆收藏。代表作品有:《昭君出塞》《文君听琴》《双面芙蓉鲤鱼》《仕女熊猫》《蜀宫夜宴图》(图2-2-2)等。

图2-2-2　郝淑萍代表作之《蜀宫夜宴图》①

（2）孟德芝,女,生于1961年,四川成都人。她与蜀绣的缘分并非偶然,从小生长在刺绣世家,虽然家人没有刻意培养她对蜀绣的兴趣,但她在耳濡目染间激发了对蜀绣的兴趣。为了能更好地学习蜀绣,1979年,孟德芝进入成都蜀绣厂,全面学习蜀绣技艺。通过不断地学习,孟德芝的刺绣技艺突飞猛进,她参与制作的绣品两度"入驻"人民大会堂。2005年,成都蜀绣厂关闭,孟德芝也因此下岗。之后,孟德芝开始创业,招收愿意学习蜀绣的学生。2006年,在政府的帮扶下,孟德芝创立了自己的公司以及绣工培训基地,还解决了100余名下岗工人、失地农民和待业青年的就业问题。孟德芝表示蜀绣传承的前提是解决生存。

（3）彭世平,四川省工艺美术大师,1961年出生于蜀绣世家,从事蜀绣技艺研究30多年,刺绣蜀绣精品数百件。15岁开始在家随父亲彭永兴(中国工艺美术大师)学习蜀绣基本技法,1980年进入蜀绣厂,潜心研究蜀绣技艺与针法。

彭世平的绣作《文君熊猫》将"衣锦纹针"体现得淋漓尽致。《文君熊猫》是三异绣的开山之作,彭世平在一张绣布的两面使用不同的颜色不同的针法绣不同图案,难度巨大。这幅工笔风格的作品,一面是西汉文学家司马相如为卓文君弹琴的场景,另一面是一对憨态可掬的熊猫在玩耍。这幅作品曾在1989年北京举办的首届世界博览会上获得金奖,见图2-2-3②和2-2-4③。

①　图片来源:http://www.hrtv.cn/478002.html.

②　来源:https://baijiahao.baidu.com/s? id=1612288057560665264.

③　来源:https://baijiahao.baidu.com/s? id=1612288057560665264.

图2-2-3　蜀绣大师彭世平绣作《文君熊　　　图2-2-4　蜀绣大师彭世平绣作《文君熊
　　　　　　猫》一面　　　　　　　　　　　　　　　　　猫》另一面

发展现状

　　长期以来,四川以郫都为中心,积极发展蜀绣产业,布局打造蜀绣产业核心发展区——安靖蜀绣特色产业园区,并在成都文殊坊、宽窄巷子等旅游景区建立展示展销平台,逐步完善蜀绣产业链。根据蜀绣文化创意产业园和蜀绣文化产业发展示范区产业发展研究数据显示,截至2015年,成都市的各类蜀绣创作、生产和经营企业40多家,销售网点100多个,在非物质文化遗产蜀绣之乡安靖的蜀绣企业28家。60%以上的蜀绣企业年产值在100万元以下,年产值在300万元以上的仅有3家。纵观现状,蜀绣发展可提升空间较大。

　　2020年,黄振宇在《消费文化背景下的蜀绣的功能变迁》一文中概括了蜀绣自从建国后的发展状况,指出蜀绣在传承方式方面,从工厂学徒到大师弟子的转变;在生产模式方面,从工厂生产到工作室定制的转变;从创作题材上体现了从吉祥图案到多元文化的转变。

传承创新

蜀绣+工作室定制

早期蜀绣生产多为农闲副业,后来发展为规模较大的工厂,而现在的蜀绣多以工作室和绣坊居多。现代人们对于手工制品的情有独钟和对于蜀绣精致化的要求,使得机械化、批量化生产无法替代传统手工的生产方式。一些绣娘成立了销售公司,实际上背后也是工作室和绣坊的模式,公司对外宣传和销售,根据客户的需求进行定制化服务,基本上是提交需求、看稿、修改制作几个流程。

目前订单式的定制模式在蜀绣生产方式中越来越多。指尖上的传承与创新以工作室定制为基本单位。其中以郝淑萍蜀绣工艺美术大师工作室为代表。2001 年,郝淑萍从国营企业退休,开始创办工作室,适应市场竞争,承接图稿设计,产品刺绣,产品装裱等全部流程。很快,由于价格优势,占领了市场。后来郝淑萍意识到,要想做出特色,确保长久发展,蜀绣必须在继承传统的基础上发展创新。后来郝淑萍工作室开创了油画单面绣,人物双面绣等。私人定制更好地了解和满足了消费者的需求,如今,以工作室为单位,各个刺绣大师对蜀绣进行着继承与创新。

学者建议

（1）王雪梅建议蜀绣的发展需要在新消费趋势下做顶层设计,从供给端出发,结合需求端共同发展,体现价值升级和文化传承。

（2）黄振宇认为应该注重消费文化给蜀绣带来的影响,从消费理念(从物质到精神)、消费方式(从单一到多元)和消费心理(从生活到艺术)三方面注意到消费文化对蜀绣的影响。

（3）江金洪提出蜀绣要与现代元素相结合的方式从而更加接地气。设计学专业学生对蜀绣的设计热情很高,在设计中加入了很多现代元素,得到了许多消费者的认可。

（4）郝淑萍认为好作品才能让大家更加直观地感受到蜀绣的魅力,绣娘除了要对不同的针法熟练运用,更要提高自己的艺术涵养,这样才会有好的作品产生。

（5）尹文慧认为创新与传统的结合是蜀绣技艺传承与发展的必然之路,手工艺人与设计师两者相通才能创造出更好的产品,成就传统技艺的产品力。蜀绣的传承要保留一些传统根底,不能太跨界与新潮,以创新之名丢了"匠心",是对整个行业的伤害。

二、竹编（道明竹编+瓷胎竹编）

竹编是竹丝编制的工艺品,四川竹编工艺品分为细丝竹编工艺品和粗丝竹编工艺品。四川竹编所用竹丝断面全为矩形,在厚薄粗细上都有严格要求,厚度仅为一两根头发丝厚,宽度也只有四五根发丝宽,根根竹丝都通过匀刀,达到厚薄均匀,粗细一致,观者无不赞叹其难,见图2-2-5[①]和2-2-6[②]。

图2-2-5　竹编工艺品　　　　　　　　图2-2-6　竹丝编制作品

四川竹编主要分为四大派别,分别是渠县刘氏竹编、青神竹编、瓷胎竹编、道明竹编,见表2-2-1。其中前三派系竹编是在2008年第二批入选国家级非物质文化遗产名录,传统美术类(350,Ⅶ-51)。道明竹编于2014年第四批入选国家级非物质文化遗产名录。

表2-2-1　四川竹编

四川竹编(入选国家非遗)	项目编号	保护单位	申报地区或单位
竹编(渠县刘氏竹编)	350	四川刘氏竹编工艺有限公司	四川省渠县
竹编(青神竹编)	350	四川省青神县	青神县文物保护中心
竹编(瓷胎竹编)	350	四川省邛崃市	邛崃市文化馆
竹编(道明竹编)	350	四川省崇州市	崇州市文化馆

---

① http://history.sina.com.cn/cul/2017-10-19/path-ifymvuyt4847151.shtml.

② 图片来源:https://www.360kuai.com/pc/96f180ab4ca29bb9c? cota=4&tj_url=so_rec&sign=360_57c3bbd1&refer_scene=so_1.

历史故事

渠县竹编的历史可以追溯到 2300 多年前,生活在这一带的古代人即已开始用竹材编制劳动工具和生活用具。渠县竹编工艺以渠江镇为中心,流布于渠县境内。渠县地处四川东北部,这里气候温和,雨量充沛,物产丰富,尤其盛产慈竹,为竹编工艺提供了优质的原材料。渠县刘氏竹编工艺技艺复杂,工序繁多,从砍伐竹子到制作出成品要经过30 多道工序,每道工序都精细严密,是现代技术和机械所无法替代的。以这种技艺编织一件工艺品少则数天,多则需数月甚至数年。渠县刘氏竹编的工艺产品可分数十个大类,有近千个花色品种。其中的竹编字画、提花瓷胎竹编、双面竹丝编、竹编台屏等系列工艺品设计新颖,技术精湛,尤以编工精细见长,其薄如绫绢,虽系以竹作画,却极富笔情墨趣,各种图案栩栩如生,显示出浓郁的民族风格和地方特色。

青神竹编是流传在四川省眉山市青神县的一种古老民间工艺,用人工将粗细不同的竹片、篾条编织成各种生产生活用品,在当地应用极广。青神竹编技艺精湛,编织出名人字画、人物山水、花鸟虫鱼等多种精美的艺术品,用薄如蝉翼、细如发丝的竹丝编成的《中国百帝图》《清明上河图》等,曾多次荣获国际国内金奖。

瓷胎竹编又称"竹丝扣瓷",是流传在四川省邛崃市境内的一种民间手工艺。邛崃市平乐镇盛产慈竹,慈竹的竹节较长,通常在 65 厘米左右,是瓷胎竹编最主要的原材料。四川竹编源于汉代器皿,入清以后,巴蜀工匠开始在锡壶上编制竹编。后因锡壶原材料紧缺,改用瓷作载体,编制出的成品较锡壶竹编更为美观,受到人们的欢迎,由此形成瓷胎竹编。瓷胎竹编材质优良,实用性强,在生活中的应用极其广泛。它一方面可保护器皿,另一方面又有装饰作用。瓷胎竹编款式多样,富于地域特色,深受当地居民的青睐。

道明竹编是崇州市道明镇的特色传统手工艺品。文化部命名道明镇为"中国民间艺术(竹编)之乡",全镇 5800 多户农户有 30% 以上专业从事竹编。

制作技艺

瓷胎竹编工艺繁复,首先需选竹、刮青、破节、晒色成竹片,然后通过选料、烤色、锯节、启薄、定色、刮片、冲头、揉丝、抽匀、染色等十几道工序加工成丝,再将竹丝紧扣景德镇白瓷的瓷胎,以挑压方式进行编织,其中包括起底、翻底、翻顶、锁口等环节。编织过程中要求不露丝头,不起纹丝、叠丝,以保持竹丝经纬比例匀称地编织在白瓷外表。

传承人物

(1)陈云华,男,出生在青神的陈云华和很多当地人一样,自幼就跟家人走乡串户做篾匠活。他在10岁的时候就能编些椅子、扫帚、簸箕等生活用品,以补贴家用。年轻时,尽管陈云华当过老师、干过摄影,但他一直没有放弃过竹编。陈云华不断创新,创作了好多个新的品种。陈云华介绍说,为了迎接竹博会,他们准备推出五个系列产品进行展示,包括健身球、仿真茉莉花、"东坡筷乐"分菜夹、竹编银杯、仿真动物等竹编作品。

(2)丁春梅,新生代非遗传承人。"80后"丁春梅是土生土长的崇州人。丁春梅的父亲就是道明镇赫赫有名的竹编传承人丁志云。父女俩一同创立了道明竹编品牌"丁知竹"。自从竹艺村对外开放以来,他们的"丁知竹"就更受追捧。

发展现状

目前渠县刘氏竹编属于纯手工操作,编织耗时耗神,生产成本高,经济效益低,因此较多艺人都已被迫转行,学习竹编技艺的年轻人也越来越少,造成当地竹编业人才匮乏的局面。青神竹编也已陷入濒危境地,究其原因,一是环境恶化,竹节变短,韧性减弱,原材料出现问题;二是人们的消费观念发生很大改变,不少竹编制品为工业制品所取代;三是老艺人年事已高,年轻人不愿传承,导致这一民间手工艺后继乏人。在这种形势下,四川竹编的发展前景令人担忧,急需善筹长策,积极应对。近年来,随着国家及地方政府对于非物质文化遗产的重视,渠县、青神县、道明镇等均形成了自己独特的竹编产业,竹编技艺得以保护与传承下来。

近些年,青神县不断加大竹编推广力度,扩大了品牌影响力,吸纳更多人就业。组织竹编专家积极走出四川,先后为广西、贵州、云南等省份和"一带一路"沿线竹产区国家举办各类竹编扶贫培训班和讲座,为竹编文化的推广和传承起到积极的推动作用。在"一带一路"沿线国家建立非遗传习所61个,开办国际培训班。2020年,青神县竹产业总产值达到48.5亿元。预计到2030年,青神县竹产业将成为优势特色产业,竹产业产值将达150亿元,从业人员有望达到5万人。

传承创新

1.产品形式创新

格格务文创设计对竹编和灯饰进行融合,创造出竹编工艺灯,见图2-2-7。格格务文创设计依托四川本地丰富的竹资源和精良的竹编工艺,结合运用建筑废渣,在当下环境和资源危机的形势下,通过可持续设计的理念传递传统竹编文化和工艺;同时运用遥控控制元件和可变光 LED 光源,达到使用便捷和节约能源的要求。本设计充分考虑了产品的结构、功能和形式,为传统竹编工艺及其文化的转化提出了一种可能性。

图 2-2-7　文创竹编工艺灯①

新生代传承人丁春梅创立"丁知竹"品牌,把竹编非遗进一步推向年轻人推向市场。丁春梅如数家珍地说,道明竹编有着 2000 多年的历史。历经世代传承和演绎升华,现已创新发展出立体竹编、平面竹编、瓷胎竹编三大体系,其中尤以立体竹编见长。编制产品时大体按起底、编织、锁口三道工序循序渐进。"道明竹编历史悠久,成功发掘它的当代价值,形成产业化是竹艺村迅速崛起的关键。"在丁春梅的眼中,经过创造性转化,创新性发展的道明竹编助推了乡村振兴的脚步。她说,之前由于传统的竹编产品多是做包装盒,产品利润低又很辛苦,和她年龄相当的年轻人大都不愿意学习,同时,一些竹编户也纷纷转行或外出打工,再加上大量塑料用品取代了竹编用品,道明竹编曾一度没落。"我们意识到,要将竹技艺传承下去、发扬光大,就必须在传承中创新,融入时代生活,道明竹编才能永葆青春。我们一直在思考如何使传统手工艺在现今社会站稳脚。为此,我们在传统文化和工艺的基础上大胆创新,不仅是在编织技法上的创新,还有在表现形式上的创新,内容上的创新。"丁春梅说,"比如在编织过程中,在传统的经纬编织基础上,还穿插各种技法,如疏、编、插、穿、削、锁、钉、扎、套等,使编出的图案变化多样。按照现在的审美,多做创意、旅游和艺术欣赏品竹编,提高竹编产品的附加值。"

---

① 图片来源:https://www.sohu.com/a/443049110_120147984.

2. 非遗与旅游结合

与此同时,丁知竹临近网红建筑"竹里"(图2-2-8①)。从空中俯瞰,竹里这个建筑的外形类似"无限(∞)"这个符号。设计师团队主创者、同济大学建筑与城市规划学院教授袁烽由此获得了设计灵感——他把崇州道明竹编传统工艺以一种巧妙的方式融合其中,希望这种古老技艺能借此得到传承和复兴。除了竹里特立独行的建筑形态,更令人称赞的创意,是其巧妙地融合了当地的竹编特色。"竹里"与这里的一切浑然一体,刚刚开门迎客的竹艺村已成为"网红爆款",吸引着游客们纷至沓来。丁春梅也表示,如果没有道明竹编这项国家级非物质文化遗产的文化元素注入,竹艺村就与普通农家乐没有区别,没有吸引游客的"当家绝活"了。

图2-2-8 俯瞰竹里

---

① https://www.360kuai.com/pc/9cc821b788221cb7c?cota=4&kuai_so=1&tj_url=so_rec&sign=360_57c3bbd1&refer_scene=so_1.

三、四川扬琴

扬琴是我国民族乐器代表性乐器之一。四川扬琴,又称"四川琴书",并不仅仅指代一种乐器,而是四川曲艺代表性的曲种之一,因采用扬琴为主要伴奏乐器而得名。至今,四川扬琴已有200多年的历史,具有深厚的文学价值与音乐价值。据传,清代乾隆年间四川已出现以扬琴伴奏的说唱表演,演出时单人自弹自唱,以说为主,以唱为辅,唱腔比较简单,说白时还要使用醒木,故被人称作"话鼓扬琴"。传统四川扬琴由五个演员分成生、旦、净、末、丑五个行当表演,行话谓之"五方人"。2008年,四川扬琴被列入第二批国家级非物质文化遗产名录,曲艺类(768,V-75)。

历史故事

四川扬琴还有另一种故事版本,据传扬琴又被称为"洋琴",根据历史文献记载,自明末由波斯传入中国直到清末通称"洋琴",鉴于"洋琴"一度被称指为欧洲的古钢琴或钢琴,又经过明清时期的演变,故从民国初期改为"扬琴"。最早可见于1921年丘鹤俦所著的《学琴新编》一书。

还有一种传闻说扬琴由"卡龙"沿袭而来。"卡龙"是中国新疆维吾尔族乐器,演奏时将琴平置于桌上,以左手持金属棒按揉滑弦,右手带"指甲"拨弹,亦可双手皆用甲片拨弹,其外形、弦数、音色特点上都与扬琴极为相似。而"卡龙"是中亚地区的"嘎龙"演变而来。元史记载,元代征伐克什米尔,在克什米尔得到"七十二弦琵琶"这一乐器,就极有可能是"卡龙"。

历史传闻总是扑朔迷离,各种说法各执其词。现在普遍公认扬琴是我国民族器乐中代表性的乐器之一,它音色清脆悦耳,悠扬动听,艺术表现形式非常丰富,尤为适合演奏欢快、活泼的乐曲。学者代梓又著有《四川扬琴史稿》一书,对四川扬琴的发展历程做出了比较系统的归纳和梳理。全书分为七个章节,第一章节概述发展历程。而后的几章分别从传播普及、地区风格形成、乐器变革、曲艺形式、演奏形式、代表人物等方面对四川扬琴进行总体性的分析阐述,全面、系统地清理和展示出形成四川扬琴风格特征的各种元素。

制作技艺

四川扬琴曲目中的万千气象都由演员面部及嗓音表现,或含蓄羞涩,或嬉笑怒骂,或秋波传情。四川扬琴演员的表演特殊技巧全在唱功,其拖腔之长,委婉曲折和连续顿音之多,非经长期艰苦训练不能自由驾驭。四川扬琴音乐分为大调、小调,大调属于板腔体结构,是四川扬琴的主要腔调,以一字为基础,由一字、快一字、慢一字、二流、三板、大腔、垛子等组成;小调是联曲体,一般用于抒情的部分。四川扬琴音色清脆明亮,乐曲中常出现八度大跳或者旋律上或下的起伏,有明显的跳跃性,结束时还与之前的演奏形成强弱、快慢的对比,力度呈渐进式变化,音乐情绪朴实、豪放,注重内心的刻画,曲调委婉,刚柔并进。四川扬琴借鉴了川剧的唱腔,具有一定的戏剧性,大多数四川扬琴曲目都用大调谱腔,并形成了一套按照人物角色来区分的性格化唱腔。由于生角(男)和旦角(女)在音高上有明显的差别,又发展形成了男腔和女腔。

在四川扬琴中,扬琴作为主要成员,处于指挥的地位,发挥着决定性的作用,指挥着说唱时的开始与结尾,包括演出时的间奏与过板,同时承担着主奏曲调和花式旋律的骨干作用,音色明亮、穿透力强的小三弦、小胡琴在密集的旋律中则是起到凸显旋律的作用。而音色柔和的二胡恰好装饰了扬琴和三弦、胡琴的音色。扬琴引领着整个乐队,这种组合形式让四川扬琴的音乐拥有独特的音响效果。

首先,从扬琴乐器本身出发。长而窄呈梯形状的较大外形给观众稳健、端庄的视觉感受,其中琴码之间较长的间距,增加了有效的发音弦长,加大了演奏时的击弦准确率,降低了演奏的难度。其次,高音区扬琴所使用的钢弦使得音色清脆透亮,中低音区使用的是较粗的缠弦,具有音色浑厚圆润的特点。再次,用来击弦的琴竹,一般采用四川的老黄竹制作而成,琴竹头的击弦面较宽且不贴胶皮、不贴绒,琴竹短而硬,这些硬件条件使得扬琴在演绎四川扬琴的过程中起到了决定性的作用,尤其是大力度快速演奏时烘托出铿锵有力、明亮清脆的艺术效果,这些艺术特点都非常贴切四川扬琴的说唱特色。

另一方面,扬琴灵活多变的演奏手法和富有个性的演奏技巧在四川扬琴的演绎中也是密不可分的。扬琴除了单竹、齐竹、轮音等技法外,还有较多的特殊手法运用在四川扬琴当中:①压竹音。这种技法的演奏技巧是将琴竹头平压在琴弦上,制造类似于杂音的混响效果,通常用在轮奏或快速演奏当中,烘托了四川扬琴所需要的强烈紧张的气氛效果。②顿音。一是通过琴竹头终止琴弦的余音,二是击弦后,根据四川扬琴音乐时值的需要,用手将其止住。造出停顿感,增强四川扬琴的演唱效果。③弹轮,也叫咕噜音,因演奏时发出一连串"咕噜"的音色而得名。击弦时拇指下压,中指向掌内用力,产生弹性,让琴竹头在琴弦上连续的击奏而产生的。④浪竹,即连续的咕噜音。运竹方法和弹轮相同,只是在原有的基础上连续地快速压竹而成,体现棱角分明、粗犷有力的音乐特点,是四川扬琴最具代表性的一种演奏技法。

此外,从扬琴的伴奏手法来看,它分为以下几种伴奏形式:①随腔伴奏。扬琴在伴奏时跟随着现场唱腔的旋律而进行,再加上一些技巧来丰富旋律即可,是最为常用的伴奏方式。比如说在紧张刺激或者欢快跳跃的音乐中,使用"加花""齐竹"等技巧。在叙述性强或抒情柔和的乐段中运用"琶音""轮音""弹轮"等。跟腔伴奏主要是达到填充旋律内容、丰富伴奏音型和美化唱腔的作用。在随腔伴奏的过程当中,应避免喧宾夺主,伴奏技巧切忌过于华丽,但也不能过于统一让旋律显得单调,破坏了演唱者的情绪。②填充伴奏。这种伴奏是在演唱间隙的"过门""拖腔"或者是唱腔停止时等位置进行音乐上的衔接与填补,将不同曲牌间的情绪贯通或者曲牌间的起承转合。分解和弦、琶音,或者模进重复通常运用于抒情段落。而在激烈的快板中,往往是"紧打慢唱"的方式,用快速的旋律走动来渲染音乐情绪、丰富音乐效果,使音乐的律动逐渐紧凑;扬琴在四川扬琴的伴奏最重要的部分就是用于衔接段落的间奏与过门,我们可以称之为接腔送韵,如何在音乐较长的这部分恰当地衔接上下段,要求扬琴演奏者具备一定的素材积累和基本功扎实的素质,无论是运用分解和弦还是琶音,都需要斟酌再三,可以适当地运用八度音或者是音程的"双打",巧妙新颖地利用不同的节奏型,增强旋律的律动性,避免单纯的旋律重复或者是常规的分解和弦。③衬托伴奏。四川扬琴主要是以说唱为主,扬琴在演唱者"说"的过程当中,适当地加入一些旋律上的衬托与点缀,使得音乐显得不那么单调。或者是运用扬琴的一些特殊技法来渲染四川扬琴所需要的特定环境。扬琴通过"固定音型"、快速分解和弦和轮音等衬托方法,或者是运用音高节奏的变化,为四川扬琴的曲调唱腔营造更好的艺术氛围。

传承人物

(1)徐述,1937年12月生,四川成都人,国家级非物质文化遗产名录项目四川扬琴代表性传承人,巴蜀文艺奖终身成就奖获得者。从艺60多年,徐述的《伯牙碎琴》《白帝托孤》《百里认妻》《活捉三郎》《秋江》《船会》《拷红》《凤仪亭》等作品,让人印象深刻。我们一起看下徐述大师的学艺历程。1956年,四川广播电台对外招生,没有任何基础的徐述顺利通过初试、复试,成功加入《说新唱新》小栏目,学习曲艺。刚进入电台不久,徐述早已被扬琴美妙的声音所吸引,每天趴在扬琴办公室门外偷听,被大师李德才发现后收至门下。从此,开启了徐述与四川扬琴的不解之缘。徐述学唱曲,每次老师不点头,她绝对不会离开,一定要烂熟于心,得到师傅认可,方才离去。为了牢记曲子,平时走在路上,徐述就按照四八拍节奏,用手指敲打大腿进行练习,这个习惯一直延续了六十多年。

1958年,徐述和师妹表演的《拷红》在省内脱颖而出,顺利进入首届全国曲艺汇演团队。当时周恩来总理在长安剧场接见演出团队时,摄影师还拍下她与总理面对面站立的画面,那张照片至今保存完好。随后,她被分配到南方演出分队,又与侯宝林、骆玉笙等大师同台演出。

1992年,年满55岁的徐述退休了。此时,越来越丰富的大众娱乐形式不断冲击着传统文化阵地,四川扬琴不再受到追捧,演员们逐渐离开了舞台,扬琴越来越没落。但徐述依然坚守在寂寞的舞台上,并尽职尽责培养学生,先后培养了诸如万弘、张冰、李永梅、于兰、孙云金、吴瑕等多位男女扬琴演员。

（2）李伟，四川扬琴"90后"传承人，毕业于四川音乐学院音乐学系，师从杨晓教授，如今拜师四川扬琴国家级传承人刘时燕门下。由于笔者未能对李伟进行采访，以下内容总结于《四川扬琴90后传承人——李伟》报道文章。李伟表示与四川扬琴的结缘是一种机缘巧合，大学期间选择杨晓教授作为自己导师，并选定四川扬琴为自己的论文选题。后来，在走访调研四川扬琴时期，从一个研究者慢慢成为传承人。四川扬琴篇幅长，时间也长，曲中的唱词四川本地人都不一定能听懂。李伟依然记得刚开始听四川扬琴时听不太懂，他就把演出曲目公示牌拍下来，再到四川音乐学院图书馆查阅资料。就这样，坚持了几个月之后，李伟开始沉迷四川扬琴。李伟在调研期间，撰写了多篇论文，《四川扬琴60年研究综述》《大慈寺社区音乐活动调查报告》和《四川扬琴德派传人刘时燕的表演艺术研究——以〈秋江〉为例的考察与分析》，从研究四川扬琴到学习四川扬琴，李伟与国家一级演员、四川扬琴国家级传承人刘时燕等四川扬琴表演艺术家结下"忘年交"。于2017年4月，正式拜师刘时燕门下学习唱。李伟现就职于四川省曲艺研究院，正式从一名四川扬琴的研究者转变为传承人，或者说是兼传承和研究的双重身份。

在谈到传承与创新的问题时，李伟表示："我不反对创新，但是如何创新是一个问题。目前来说我觉得掌握传统是关键，很大程度上我们还不知道'自己是谁'就开始改，改来改去却失去了艺术原本的独特性，只会变得越来越不像它本身。"

发展现状

曾经盛行在大街小巷的四川扬琴，如今面临市场凋敝，艺人老龄化，受众减少，缺少创新等问题。与此同时，传统艺术的高门槛，正在被流行的"快餐文化"强烈冲击。国家非物质文化遗产传承人老艺人徐述在《光明日报》上表示"扬琴是苦苦奋斗在坟墓的艺术"。研究人员赖武也撰文《四川扬琴：听一回，少一回》，表述扬琴生存空间的狭小。学者张强指出让四川扬琴发展处于瓶颈状态的原因有以下几点：一是，从四川扬琴本身传统演出形式来看，在当今多元化的市场下具有一定局限性。在乐队编制和表演形式方面，仍然拘泥于传统四川扬琴的五方人坐唱形式。二是，四川扬琴演出场所缺失，传统的书场、茶楼、酒肆等休闲场所不断减少，即使有新时代下的休闲场所，大多也不采用扬琴这一表演艺术形态。三是，人才和作品的匮乏，也是制约四川扬琴行业发展的障碍之一。

传承创新

扬琴+智能机器人

　　自贡一家科技公司融合创新智能机器人和传统四川扬琴,使得一群扬琴机器人能以钢铁手指,弹奏出绕指柔的传统扬琴曲目,引得众人津津乐道。整个机器人高度在1米7左右,坐在木凳上也有1米多高。机器人一头乌黑垂肩的秀发,一身红色喜庆的绸缎,面部也是硅胶材质,完全看不出半点钢铁的痕迹,俨然一个正襟危坐的"演奏家"。这个弹奏扬琴的机器人大有来头,它曾和它的两名搭档,一个吹葫芦丝的机器人和一个弹奏阮的机器人组成了"女子民乐机器人"乐队。机器人手持琴竹,面前架着一台实体扬琴,电源接通后,旁边安装电脑显示屏及触摸屏的操作台上,就会显示出演奏曲目(图2-2-9)[①]。通过触摸屏点击曲目后,扬琴机器人开始说话了:"大家好,我是扬琴演奏机器人,即将为你演奏的曲目是《茉莉花》。"话音刚落,机器人便手拿琴竹开始弹奏,乐曲舒缓时,犹如叮咚的山泉,急促时又如潺潺流水。弹奏过程中,机器人面带微笑,并不时地眨眼睛。演奏结束后,它还不忘答谢:"亲爱的朋友,我的表演你喜欢吗?"机器人向观众微微点头致谢。尽管扬琴机器人弹奏一首乐曲只要短短几分钟,但"台上一分钟、台下十年功"。从扬琴机器人开发设计到制造成仿真活体模型,用了近两年多的时间,凝聚了100多人的智慧。扬琴机器人的重要意义不仅推动机器人技术的发展,从而渐渐朝着实用性机器人发展。娱乐机器人手部关节灵活运动,可以推动工业机器手的发展。此外,与扬琴结合的研发,还激发人们对扬琴的兴趣,将传统曲艺展现在人们眼前。

图2-2-9　弹奏扬琴的机器人

---

　　① http://news.huaxi100.com/show-104-100927-1.html

学者建议

　　胡郦珈,也是新生代传承者,在了解了四川扬琴辉煌的基础上,通过深入挖掘四川扬琴的传统表演方式局限性等瓶颈后,提出改进表现模式,提出了发展与创新的途径,在谈及四川扬琴表演方式的发展与创新的途径时表达,要改建表演模式,展现艺术张力;改进唱腔结构,吸收现代音乐;创新表演形式,丰富肢体语言;调配隐约配器,适应市场需要。将一些时代的新元素加入其中,让四川扬琴充分展现古典魅力的同时,流露出浓浓的时代特色。这样可以让四川扬琴符合当下的审美模式,吸引更多年龄层次的群体。

内蒙古

宁夏

陕西

山西

山东

甘肃

河南

青海

四川

第三站:甘肃省非遗及其文创产品

甘肃省,简称甘或陇,中国省级行政单位之一,位于黄河上游,省会为兰州市。甘肃是取甘州(今张掖)与肃州(今酒泉)二地的首字而成,由于西夏曾置甘肃军司,元代设甘肃省,简称甘;又因省境大部分在陇山(六盘山)以西,而唐代曾在此设置过陇右道,故又简称为陇。甘肃历史跨越8000余年,是中华民族和华夏文明的重要发祥地之一,也是中医药学的发祥地之一,被誉为"河岳根源、羲轩桑梓"。中华民族的人文始祖伏羲、女娲和黄帝相传诞生在甘肃。西王母降凡于泾川县回中山。周人崛起于庆阳,秦人肇基于天水、陇南。天下李氏的根在陇西。目前,甘肃省入选国家级非物质文化遗产代表性项目共计83个,本章节重点介绍兰州黄河大水车、高跷(苦水高高跷)、夜光杯雕三个非遗文创项目。

一、兰州黄河大水车

兰州黄河大水车(图2-3-1)又称为"天车""翻车""灌车""老虎车"。它起源于明朝,是兰州市古代黄河沿岸最古老的提灌工具。兰州黄河大水车是利用水流冲力工作的一种廉价高效的灌溉工具。据说,1556年,段续借鉴云南通河的筒车灌溉技术,在兰州创制了适合于本地的水车。黄河水车小者直径十七八米,大者二十多米,有单辆车、双辆车和多辆车等类型,一辆水车可灌溉农田七八百亩。兰州黄河大水车制造技艺是指制造水车的相关技术和技巧。黄河大水车是黄河文化的重要组成部分,它体现了中华民族的创造力,为中国农业文明和水利史研究提供了见证。水车的发明为人民安居乐业和社会和谐稳定奠定了基础。2006年,兰州黄河大水车制作技艺被列入第一批国家级非物质文化遗产名录,传统手工技艺类(398,Ⅷ-48)。1952年,兰州黄河岸边仍有水车252辆。自电力灌溉技术普遍应用后,水车逐年减少,制作者后继乏人,面临濒危状况,对黄河大水车制作技艺进行保护已成为迫在眉睫的重要任务。

图2-3-1　兰州黄河大水车

历史故事

兰州市地处亚欧大陆腹地,具有带状盆地城市的特征,干旱少雨。黄河自西向东穿城而过,河面距地面有十多米至二十多米落差,由此带来丰富的天然水利资源。对兰州历史熟悉的人一定知晓兰州黄河大水车的发明人——段续(图2-3-2)。据《重修皋兰县志》记载,兰州水车是由明代段续所创。段续,字绍先,明嘉靖二年中进士,段续考中进士后,曾宦游南方数省,对湖广地区木制的筒车产生了浓厚的兴趣,于是亲自绘成图样,保存在身边,晚年回故里后致力于水车的仿造,经过反复多次试验,终于在嘉靖三十五年(1556)获得成功,最早架设在现广武门外的黄河北岸,以灌溉附近六百亩菜畦果园,"水车园"这个地名即由此而来。

图 2-3-2　兰州黄河大水车的发明人段续雕塑

明末以来,大水车在黄河流域的皋兰、白银、泾川、平凉、银川及陕西得到了广泛使用,促进了这些地区农业生产的发展。段续的水车成功研制后,黄河两岸的能工巧匠们争相仿制,至清末时兰州已有水车 157 轮(据 1891 年统计)。到新中国成立前后,上至青海贵德,下至宁夏中卫的黄河岸边共有水车 350 多轮。直到 1952 年,兰州有水车 252 轮,黄河两岸更是水车林立,总提灌面积达 10 万亩。

制作技艺

黄河水车直径最大 20 米。兰州水车常用的直径为 18 米。它利用黄河水流的冲力,驱动木制巨轮徐徐转动,水桶依次舀满水,缓缓上升。至上方时,桶口向下倾斜,将水倒入掌盘子"集水槽",再流入木槽,引水入渠,灌溉农田。黄河水车不耗能,不费力,是真正的自来水,一辆 18 米水车一昼夜能灌溉约 300 亩土地。沿岸各地根据地亩多少,用水量大小,设立数量不等的水车。曾经有一段时间,黄河两岸水车巨轮高耸,水声隆隆。置身水车之下,那蒙蒙细雾、那隆隆水声、那道道彩虹,令人振奋,令人心醉,具有镇魂摄魄的气势。

兰州水车作为一种利用黄河水流自然的冲击力的水利设施,水车轮幅直径达 16.5 米,辐条尽头装有刮板,刮板间安装有等距斜挂的长方形水斗。水车立于黄河南岸,旺水季利用自然水流助推转动;枯水季则以围堰分流聚水,通过堰间小渠,河水自流助推。当水流自然冲动车轮叶板时,推动水车转动,水斗便舀满河水,将水提升 20 米左右,等转至顶空后再倾入木槽,源源不断,流入园地,以利灌溉。这种通过水车转动,自动提水灌溉农田的水利设施,是古代的"自来水工程"。

传承人物

段怡村,男,兰州黄河大水车制作技艺国家级非物质文化遗产代表性项目代表性传承人。看到"段"这个姓氏,对兰州历史熟悉的人就会自然而然联想到兰州黄河大水车的发明人——段续,而段怡村正是段续的第 20 代传人,他的身上肩负着把兰州水车发扬光大的使命。

段怡村 1943 年出生于兰州,1952—1960 年在兰州上小学中学,1960—1963 年在甘肃省邮电器材厂工作,1963—1969 年在城关区二服厂工作,1969—1971 年在酒泉农机厂工作,1971—1975 年在甘肃工业大学(今兰州理工大学)就学,1975—1987 年在甘肃省冶金工业厅工作,1987 年调往甘肃省乡企局企业总公司工作,2003 年退休。从 20 世纪 80 年代开始一直致力于挽救失传的兰州大水车制作技艺,系黄河水车省级非遗代表性传承人,2016 年被市委、市政府选评为兰州"金城文化名家",2018 年 5 月 16 日,入选国家级非遗代表性传承人。

段怡村回忆说,他小时候的家就在黄河边,一出门就能看到 20 多架水车。"兰州黄河两岸曾普遍使用水车,夏秋水涨时,水车日夜不停地转动,颇为壮观。胆子小的人是不敢站在水车下的,因为那强烈的气势和巨大的声音,会让人由心底产生一种敬畏之感。但是我从小就喜欢听水车的隆隆水声,喜欢看水车转起来水花飞溅形成的水雾,水雾在太阳的照射下形成一道道彩虹,落下的水雾如细雨般绵密地笼罩在自己的脸上,让人心旷神怡……"那是段怡村永远无法抹去的美好记忆。

发展现状

20 世纪 50 年代,黄河边安装了大批抽水机,"落后"的水车成了过时的灌溉工具,短短几年间,屹立在黄河兰州段的 250 多轮水车被拆除了,据段怡村透露,他的爷爷当年是水车"做头"(技艺高超并组织制造水车的人),在世时一直在制作和维修水车。新中国成立后黄河边未增加一轮水车,到段怡村的父亲这一代,"做头"的职业断了。曾经的水车之城完全找不到水车的踪迹。

"大"是兰州水车和江南系水车相比最显著的特点,兰州水车直径一般在 12 米左右,大的达到了 20 米,有些甚至超过了 20 米,这在全国绝无仅有。它依黄河两岸而建,自然跟黄河有密不可分的关系,黄河流经兰州段黄河谷地时,水流湍急,下切严重,岸高水低的自然形势造就了兰州黄河大水车体型巨大、古朴高昂的地方特点。兰州水车非常节能,一架水车,大的可浇三百亩农田,而且不需要其他能源,所以很受农民欢迎,在一个相当长的历史期内,成为兰州黄河沿岸唯一的提灌工具。段怡村跟记者算了一笔账,他说:"抽水机需要用电,每年的损耗总体加起来甚至要超过农作物本身的经济价值。其次,兰州水车设计精巧,外形美观。整个水车除轴端钢圈外,不用一根铁钉,水车制作遵循世代相传的规定和诀窍,代代相传。经数百年的制作和使用实践,水车造型美轮美奂。水车是件不易保存的非遗遗产,质量最好的也不会撑过 50 年,所以,将制作大水车的技艺流传下来是当务之急,目前来说,我能做到的就是让我的徒弟和孩子都掌握制作兰州大水车的技艺,但是至于之后传承的效果,还要根据市场的反馈和非遗保护的继续努力,我只能尽自己的微薄之力,为兰州水车贡献自己的力量。兰州水车是拥有 500 年历史的集体智慧的结晶,希望不要断在我们的手里。"

(来源:中国甘肃网 http://gs.ifeng.com/a/20180521/6593035_0.shtml)

传承创新

大水车实用到景观功能的转变

兰州黄河大水车不仅仅有实用功能,而且还具有美的价值。兰州黄河大水车外形挺拔壮美,其结构疏密有致。尺寸大一分嫌胖,小一分嫌瘦,一切恰到好处,妙不可言。水车极具结构学的匀称美,力学的平衡美,有极高的美学价值,是古代真正的"自来水"工程,可以说是黄河文化之魂(图 2-3-3)。

图 2-3-3　兰州黄河大水车景观

自电力灌溉技术普遍应用后,逐渐取代了大水车的实用功能,使得大水车逐渐淡出人们的视野。面对这一情形,段怡村心头非常焦虑,带着沉重而神圣的使命感,段怡村萌生了恢复水车制作工艺的念头,在其祖父留下的有限的资料的基础上,搜集、挖掘整理,这样一坚持就是数十年,他不但掌握了一整套古水车设计制造诀窍,而且拥有全市唯一的古兰州黄河水车图纸资料和全市唯一的观赏水车专利权。

段怡村不仅能制作兰州黄河大水车,还能制作小水车,单辆车、双辆车和多辆车等类型,他制作的水车北到内蒙古,东到济南,西到酒泉,南到海南岛,遍布了祖国大地,他制作的水车虽然结实耐用,但目前都以景观为主。

2005年8月26日,被誉为"水车之都"的兰州建起了一处水车博览园(图2-3-4),再现了50多年前黄河两岸水车林立的壮观景象。兰州水车博览园位于百里黄河风情线,滨河东路黄河南岸。兰州水车博览园由水车园、水车广场、文化广场三部分组成,是一个展现水车文化的主题公园。

图2-3-4　兰州水车博览园

学者建议

兰州黄河大水车是兰州人民在逐水而居的历史进程中认识自然利用自然的重大成果,是体现农耕文明和"天人合一"思想境界的具体实践。伴随着滚滚黄河转动不息,黄河大水车惠泽着流域内的几十万兰州人民,从而形成了兰州人特有的"水车情节"和"水车文化",因此在某种程度上,黄河大水车又是兰州地方人文精神的衍射。它是黄河文化的重要组成部分,它体现了汉民族的创造力,为中国农业文明和水利史研究提供了见证。水车的发明为人民安居乐业和社会和谐稳定奠定了基础。

二、高跷(苦水高高跷)

甘肃省永登县苦水街高高跷(图2-3-5),起源于元末明初,到现在已有近700年的历史。高高跷是当地一门祖辈相传的民间表演艺术,也是农历二月二龙抬头社火中一个传统的保留节目。表演者穿上传统的戏剧服装,画上秦腔剧中人物的脸谱,拿上道具,踩上高高跷,排成长队,在太平鼓队强大阵容的引导下上街表演。苦水高高跷跷腿的高度达3~3.3米,足有一层楼房那么高,居全国之冠。2006年,"苦水高高跷"被列入第一批国家级非物质文化遗产保护名录,传统舞蹈类(112,Ⅲ-9)。代表性传承人:巨海全、苗宝山等三人。

图2-3-5 高跷(苦水高高跷)①

历史故事

苦水高高跷也有一个有趣的民间传说:在苦水街东,有一道岭叫长山岭,形象酷似一条巨龙。在明代以前,这里和大通河流域一样,山清水秀,绿树成荫,相传元末时期,朱元璋的军师刘伯温途经苦水时,发现长山岭是一道长龙,当即斩断了龙身,赶走了龙魂,至今长山岭还有"斩龙岘"的地名纪念此事。刘伯温斩断龙脉后,长山岭和整个庄浪河流域的绿色植被就枯萎了,成为荒山秃岭。苦水街的人们为了记住这一历史悲剧,盼望龙魂回归,龙体合身,让长山岭和庄浪河流域重披绿装,就从元末明初开始兴起了二月二闹社火的习俗。而苦水高高跷也就是从那时起逐渐形成的。

———————————————

① 来源:中新网.

永登县苦水镇苦水街至今还保留着古老而独具特色的高高跷傩社火艺术(图2-3-6),这种傩社火共举行4天。第一天正月三十迎接高高跷天神;第二天傩社火表演队练踩高高跷,分配角色,有天将、神帅、王朝、马汉等;第三天高高跷傩社火出街游行,场面十分热闹;第四天是苦水街闹高高跷傩社火收场之日,此日下午要举行倒幡杆与倒踩表杆仪式。

图2-3-6　高高跷傩社火艺术①

制作技艺

高跷也叫"高跷秧歌",是一种广泛流传于全国各地的民间舞蹈,因舞蹈时多双脚踩踏木跷而得名。高跷历史久远,源于古代百戏中的一种技术表演,北魏时即有踩高跷的石刻画像;高跷一般以舞队的形式表演,舞队人数十多人至数十人不等;大多舞者扮演某个古代神话或历史故事中的角色形象,服饰多模仿戏曲行头;常用道具有扇子、手绢、木棍、刀枪等;表演形式有"踩街"和"撂场"两种,撂场有舞队体边舞边走各种队形图案的"大场"和两三人表演的"小场",角色间多男女对舞,有时边舞边唱。各地高跷所使用的木跷从30厘米至300厘米,高低不一。从表演风格上又分为"文跷"和"武跷",文跷重扭踩和情节表演;武跷重炫技功夫。

苦水高跷的突出特点是它的高。一般在9尺到1丈那么高,也就是说有3米多高,加上表演者的身高,苦水高高跷可达4.7~5米。因此在名称上,苦水高高跷比其他地方的高跷多了一个"高"。制造高跷的材料,是上好的松木,脚蹬用柳木。高高跷表演连演3天,每天都有5~6万人前去观看,场面极为热闹有趣。苦水街高高跷主要以传统秦腔本戏为主要表演内容,表演时表演者穿上传统的戏剧服装,画上秦腔剧中人物的脸谱,拿

---

① 图片来源:中新网.

上道具,排上长队,凌空飞舞,充满刺激。踩高跷的人数多少,由剧中人物多少决定,剧中人物多,踩高跷的人就多,人物少,踩高跷的人就少。传统中踩高跷都是男子的专利,而现在,苦水街的青春女子也加入踩高跷的行列,给这个苦水高高跷增添新的色彩。

现在,苦水高高跷表演的主要有《杨家将》《杨门女将》《辕门斩子》《赵飞搬兵》《白蛇传》《西厢记》《铡美案》《大闹天宫》《游西湖》等戏剧中的人物。

传承人物

巨海全,国家级非物质文化遗产代表性项目高跷(苦水高高跷)代表性传承人。对高高跷有多热爱?巨海全2022年2月18日接受中新网记者采访时说,曾经高高跷停演十多年,他"偷"来木棍,自己悄悄手工制作高高跷,接连摔好几天马趴,也要继续踩、继续演!

巨海全今年69岁,距离他第一次看到高高跷已过去62年,但提及与其"初相见",他仍能详细描述当时的场景和细节:"远远望去,整个高跷队像驾云的神仙,好不气派,我就下定决心要学。"

"苦水高高跷"表演历史悠久,相传始于元末明初,一般是民间"二月二"的重头戏之一。"高"和"活"是其两个突出特点,高高跷跷腿约3.3米,加上表演者的身高,可达4.7米至5米,令人望而生畏、叹为观止。

令巨海全遗憾的是,他还没有长到踩高高跷的年纪,高高跷却因种种因素停演了整整12年。20多岁时,他偶然在上班地点看到两根木头,捡回来制作成高高跷,和伙伴练习了七八天便如履平地。再后来,高高跷复演,他装扮成神话人物,演了三天,"兴奋、自豪,觉得内心愿望实现了"。

"苦水高高跷"也被业内人士称作"空中戏剧",以秦腔为表演内容。表演者穿着传统戏剧服饰,画上秦腔剧目中人物脸谱,手持道具,凌空飞舞,是其魅力所在。

2006年,经永登县文化馆申报,"苦水高高跷"被列入第一批国家级非物质文化遗产保护名录,巨海全成为其中一名省级传承人。他说,当时虽没听说过这个名词,但也感受到了肩上沉甸甸的传承责任,带领高高跷队前往上海、北京、敦煌等地演出,让更多人喜欢上木棍上的"空中戏剧"。巨海全总结了一套脉络清晰的传承经验,并与其他艺人共同传授,使得镇上的高高跷有了数十位"铁粉"后辈。

现年51岁的赵建军是巨海全徒弟中较年长的一位。记者走访苦水镇时,他和同伴在国家级非物质文化遗产保护基地,练习高高跷技艺。他们先爬上3米多高的铁架,坐稳后用扁麻绳将脚固定在高高跷踏板上,再在小腿处缠绕六七圈,要确定绑得不紧不松,不然会有摔跤危险。"要牢记师傅传授的'松紧合适绑跷腿,胆大心细迈步稳'等要领。"因好奇而练习、表演"苦水高高跷"已有30年的赵建军,下巴处还留有初学技艺时不慎摔倒后留的伤痕。近些年,他前往各地表演,听到赞美和惊奇之声,让他感觉一切都值得。因年龄渐长,体力不支,今年是赵建军踩高高跷的最后一年。他称,会以老师身份留在表演队伍之中,希望将技巧悉数教给年轻人。

巨海全坦言,以前他的儿子、孙女都踩高高跷,但近年来越来越多年轻人外出,"苦水高高跷"面临传承压力。因此,他也主动吸收外村的年轻人,并上传表演视频至网络,盼望更多人加入高高跷队伍。①

发展现状

苦水高高跷是一种祖辈相传的民间表演形式,从它产生至今,基本上没有文字记载,没有相关的历史资料。居住在当地的农民世世代代祖祖辈辈口传心授,自娱自乐,但是没有谁去记录、挖掘、整理、采访报道这种极为独特的传统艺术。直到 2001 年和 2002 年,由苦水籍词曲作家杨昭亮经多年研究创作的电视音乐片《千禧龙抬头在乡村》和《龙抬头乡情》才对苦水高高跷做了生动的介绍,苦水高高跷才有了正式的文字和音像记载,并且在国内外产生影响。2004 年 7 月,苦水街高高跷在首届兰州市农民艺术节上亮相表演,永登县和苦水乡拨款 1.5 万元予以支持;2005 年春节期间,苦水街高高跷在甘肃省精品社火表演兰州赛区获得表演特色奖。近期,美国德克萨斯州有意邀请他们去美国表演。

目前,苦水街能够表演高高跷的人多达上百人,且以二三十岁的年轻人居多,真正挑大梁的则是一些初高中学生。每个高高跷好手都是从小小年纪练起,先踩小高跷,熟练后,再练踩 4 尺至 5 尺的中高跷,到了十六七岁练踩八尺到丈二的高高跷。这个过程是不断淘汰,金字塔式的发展过程。要练就踩高高跷的绝活,首先要有强健的身体,不然,身上要穿服饰,两腿要提起 20 多斤重的跷腿,行走表演三个多小时。其次,从练踩小高跷开始,就要掌握方法要领,这就是:松紧合适绑跷腿,沉稳踏实不慌张,胆大心细迈步稳,用劲挺腰目远望(图 2-3-7)。

---

① 摘录来源:澎湃新闻·澎湃号·政务《甘肃非遗传承人的"空中戏剧"情:"未怕罡风吹散了热爱"》https://www.thepaper.cn/newsDetail_forward_16787519.

图2-3-7　苦水高高跷表演者

永登县苦水镇苦水街的高高跷是和当地人"二月二龙抬头"闹社火连在一起的。每年农历二月初一到初三,是苦水街人"二月二龙抬头"闹社火的日子。苦水街村分北街和南街,长近一公里。耍社火,北街的向南舞,南街的向北舞,互相竞争,各显精彩。"二月二"这天是闹社火的高潮,也是踩高高跷高手们最露脸的日子,火火的社火队伍上街了,长长的高高跷方阵过来了。表演者彩绸服饰迎风飘动,手中道具,不时舞动,好似天神天将,甚是威武壮观。

传承创新

与许多"非遗"项目渐成"化石"不同,惊险刺激的苦水高高跷表演不但吸引了越来越多年轻人学习、传承,频繁的演出也让这项古老技艺走入大众视野。

近年来,在多方保护和活态传承下,苦水高高跷"长腿善舞"走四方,在国内大型节会展示、展演300余场次,受到了各地观众的热烈欢迎。

苦水高高跷省级传承人薛树华介绍,强健的身体是踩好高高跷的基础。在演出时,表演者的双腿要提起重达20多斤的松木制跷腿,能行走表演两三个小时。

与此同时,掌握要领也能让踩高高跷事半功倍。"松紧合适绑跷腿,沉稳踏实不慌张,胆大心细迈步稳,用劲挺腰目远望。"薛树华说这是苦水高高跷行走江湖的"秘诀"。[1]

学者建议

今天的苦水高高跷已经逐步淡化了当初祭祀神灵的意义,成为当地民众之间增进团结和友谊的纽带。它不但丰富了人们的文化生活,而且还具有很高的健身价值,同时更具较高的艺术价值和民俗文化,通过社火表演推动当地民众文化生活,这让更多的人了解和重视苦水高高跷这一民间艺术,用虔诚的心热爱并传承。

---

[1] 摘录自:《陇原非遗百科丨苦水高高跷:"长腿善舞"走四方》http://gs.ifeng.com/a/20191017/7761237_0.shtml.

三、夜光杯雕

甘肃省肃州区在历史上曾称为酒泉郡,自西汉置郡至今已有两千多年的历史,是著名的古河西四郡之一,也是丝绸之路上重要的历史文化名城。

酒泉夜光杯雕(图2-3-8)是一种琢玉而成的名贵饮酒器皿,是甘肃省酒泉市民间传统美术。2006年,夜光杯雕入选为第一批国家级非物质文化遗产代表性项目,传统美术类(330,Ⅶ-31)。

图2-3-8　夜光杯雕

历史故事

据东方朔的《海内十洲记》中的《凤麟洲》记载:"周穆王时,西胡献昆吾割玉刀及夜光常满杯。刀长一尺,杯受三升。刀切玉如切泥,杯是白玉之精,光明夜照。"这就说明,早在2000多年前,酒泉就出产夜光杯,而且是稀世之宝。

到了西周之时,已有夜光杯向中国政权进贡的历史了。只是那个时候是以和田玉制成夜光杯,运往长安、洛阳等地。后来因为玉杯在运输途中易损,则改为把和田玉运到酒泉,在当地加工成夜光杯再运输。后来和田玉供应不上,就改用在祁连山开采的酒泉玉来制作夜光杯。

西汉东方朔《海内十洲记》载:西周国王姬满应西王母之邀赴瑶池盛会,席间,西王母馈赠姬满一只碧光粼粼的酒杯,名曰"夜光常满杯"。姬满如获至宝,爱不释手,从此夜光杯名扬千古。夜光杯造型别致,风格独特,质地光洁,一触欲滴,色泽斑斓,宛如翡翠,倒入美酒,酒色晶莹澄碧。尤其皓月映射,清澈的玉液透过薄如蛋壳的杯壁熠熠发光。

到了唐代,夜光杯更是闻名遐迩,唐代诗人王翰的《凉州曲》称:"葡萄美酒夜光杯,欲饮琵琶马上催。醉卧沙场君莫笑,古来征战几人回。"由此可见,酒泉夜光杯至少在唐代就已出现。葡萄美酒产于凉州(武威),夜光杯产于肃州(酒泉),酒因杯而质愈显,杯因酒而名更著,相得益彰,名驰千秋。

相关传说一:长期以来,酒泉民间流传着这样一个有趣的故事,西汉时,年轻有为的骠骑将军霍去病,奉汉武帝之命,率兵到西北边疆攻打侵边掠民的匈奴。后来这位将军大败匈奴,凯旋归来,驻扎在风景秀丽的泉边,进行庆功。皇帝闻知打了胜仗的喜讯,赐御酒一坛,派人千里迢迢送来,犒赏将军。霍去病将军以为打了胜仗,功在全军将士,御酒不能独饮,但酒少人多,不足分配,于是倾酒于泉中,与众将士共饮同享。从此,酒泉之名,流传千古,遂称此泉为酒泉。其后,以泉名为地名。酒泉郡治禄福县城,即今酒泉市。晋时改为福禄县。隋末始改为酒泉县。

相关传说二:传说古酒泉城下之泉水,有股浓浓的酒香,黄昏时酒香特别浓,五里以外都能闻到。有一天,酒香被天上出来巡视的两个神仙——南斗星君和北斗星君闻见了。这两个老头儿是天上有名的酒仙,闻见浓浓的酒香,自然不会放弃,于是按低云头,落在泉边的大柳树旁。北斗星君蹲在泉边一闻,连声称赞:"好一个酒泉!"南斗星君顺手拣起块石头,吹了口气,变成两个酒杯。他们一边在泉边开怀痛饮,一边在石板上下起棋来。不觉渐渐天黑,正巧又无月光。但奇怪的是,棋盘还是看得清清楚楚。一留心,原来是酒杯发出的光。从此以后,这个地方就取名为"酒泉",仿二位神仙留下的酒杯琢成的酒杯就叫"夜光杯"了。

制作技艺

酒泉夜光杯的制作要经过28道复杂的工序,工艺复杂,制作精良。首先要选料,选上乘的好料,祁连山老山窝子的料最为上乘。祁连山终年白雪皑皑,高远神秘,凛然不可侵犯。制作夜光杯的祁连玉就来自海拔三四千米以上的祁连山上,玉呈墨绿色,制成杯盏,苍翠欲滴,即使在炎炎夏日也让人顿生冰凉之感。受交通限制,祁连玉的开采外运至今仍十分困难,供应到市场上的玉料非常有限;制作玉杯,玉料的利用率通常只有60%左右,因此夜光杯的产量很有限,珍贵自不必说。

酒泉夜光杯造型独特,式样精巧,分传统夜光杯和仿古夜光杯两大类,其色黑赛乌漆,白如羊脂,墨绿似翠,纹饰天然,杯薄如纸,光亮似镜,内外平滑,玉色透明鲜亮,用其斟酒,甘味香甜,日久不变,尤为月光下对饮,杯内明若水,似有奇异光彩,因而自古就有"酒泛夜光杯"的佳传。传统夜光杯有大、中、小高脚杯、平底杯、啤酒杯、微型杯、三泡台玉盖碗;仿古杯有爵杯、凤杯、牛头觥、觥、双凤杯、双龙海棠杯及酒具、茶具、玉雕工艺挂件等80个品种,是旅游纪念、馈赠亲友之珍品。(图2-3-9)

图 2-3-9 夜光杯

　　根据酒杯的尺寸,将料切成不同规格的形状,制成圆柱体,再按一定尺寸切下做毛坯,毛坯的制作需 5 道工序。制作的毛坯经过切削,粗磨外型,夜光杯的初型就已形成,初型的制作要经过 4 道工序,然后是掏膛,掏膛需 5 道工序。此道工序完成后,夜光杯基本成形,剩余就是细磨、冲、碾、拓、抛光、烫腊等 14 道工序,最后用马尾网打磨,即制成晶莹剔透的夜光杯。制作的酒杯要求杯薄如纸,高矮、粗细、薄厚、颜色一样,表面光滑细腻。

　　酒泉玉按颜色可分为墨玉、碧玉、黄玉,都可用来制作夜光杯。夜光杯的纹饰乃天然形成,其墨黑如漆、碧绿似翠、白如羊脂。酒泉夜光杯具有耐高温,抗严寒的优点。斟烫酒,不爆不裂;寒冬时,不冻不炸。盛酒后,色不变,味更浓,被称为白玉精。而且,保管方式简单,使用完毕,不洗不刷,只要用干净布轻轻擦拭,装入盒内,避免沾积尘垢,谨防烟熏,就能长久保存天然的光彩色泽。更在夜晚,对着皎洁月光,把酒倒入杯中,杯体顿时生辉,光彩熠熠,令人心旷神怡,豪兴大发。(图 2-3-10)

　　制作流程:

　　第一道工序就是必须选取上乘的好料。一直以来被工匠们公认的祁连山老山窝子的料最为上乘。工匠们根据不同酒杯的尺寸,将料切成不同规格的形状,首先切成圆柱体,再按一定尺寸切下做毛坯,毛坯的制作就需要 5 道工序。这样制作出的毛坯再经过切削,打磨外形,夜光杯的初步模型就形成了。初型的制作需要经过 4 道工序,然后是掏膛,就掏膛都得需要 5 道工序。这道工序完成后,夜光杯才基本成形,然后再经过复杂细致的打磨、冲、碾、拓、抛光、烫蜡等 14 道工序,最后一道就用马尾网打磨,才能最终制成晶莹剔透的夜光杯。夜光杯的制作要求非常严格,杯薄如纸,高矮、粗细、薄厚、颜色必须一样,表面要光滑细腻。

图 2-3-10　夜光杯

钻棒料→定尺→开坯→头钻→二钻→定底→扎杯→冲杯→碾杯→头砣→二砣→三砣→清底→拉帮→溜槽→粗磨→拓杯→细磨→抛光→烫蜡。

折叠工艺要求:

(1)定尺:将棒料根据产品尺寸切削成玉坯,要求玉坯尺寸≥产品尺寸5毫米。

(2)开钻(头钻、二钻、定底):按器皿规格,使用钻筒对玉坯进行头钻、二钻,并对玉坯底部开钻定型。

(3)扎杯:根据杯型用金刚粉切片将多余部分切除,要求切除八片,外形匀称,呈八棱锥形。

(4)冲杯:用砂轮将杯体冲磨成型,要求杯体外形平整、匀称、无棱角。

(5)碾杯:按器皿规格用砂轮将杯把碾磨成型,要求表面平整,无棱角。(只适用于高座杯制作工艺)

(6)掏膛:掏膛分头砣、二砣、三砣、清底、拉帮。要求杯体内侧平整,无棱角,杯壁薄厚匀称,厚度不得小于2毫米。

(7)拓杯:将杯口、杯底拓平,要求杯口、杯底平整,杯口与杯体垂直90度角。

(8)细磨:用细砂浆将成型夜光杯内外打磨光滑,要求夜光杯内外光滑平整。

(9)抛光:用抛光材料将夜光杯打磨光滑,要求杯体内外光亮、润滑,杯体呈透明或半透明状,无加工痕迹。

传承人物

黄越肃,男,汉族,1950年生,浙江诸暨人。2007年6月5日,经文化部确定,被选为该文化遗产项目代表性传承人,并被列入第一批国家级非物质文化遗产项目226名代表性传承人名单。他1967年参加工作,师从老艺人王三忠学习夜光杯雕制作工艺,对传统的28道工序均能把握到位,雕磨出的夜光杯薄如蛋壳、曲线流畅、光亮似镜。代表作品有《仿古夜光杯》《高脚杯》等。已培养代表性传承人20多名。

发展现状

20世纪80年代以来,酒泉夜光杯的制作遍及酒泉各地。由于滥采玉料,不懂采玉技术,采的玉料成品率低,造成浪费,并使玉料资源稀缺。酒泉市市政府扶持的酒泉夜光杯厂于1983年7月5日注册登记了"酒泉"牌夜光杯品牌商标,并于2005年6月申请了地方产品原产地地域保护。通过质监、地质技术部门进行的取样检测分析,确定酒泉夜光杯为绿色环保型产品。采取收集、复制已被淘汰的设备、工具等措施,再现其工艺特点。

传承创新

酒泉夜光杯的生产历史十分悠久。而今,采用祁连山的老山玉、新山玉、河流玉精制的夜光杯,色彩绚丽,造型优美,玲珑剔透,早已远销海外。几千年来,酒泉以其独特的历史文化风貌谱写了威武雄壮的画卷。历年来经过工匠们对制作工艺的改进,现生产的夜光杯已有三十多种造型、六大类产品,各类品种造型独特,既保持了传统的生产工艺,又增添了花色品种,使夜光杯更加熠熠生辉。地方政府已组织实施五年保护计划,挖掘、整理民间原始的夜光杯制作工艺。2012年4月11日,在商务部主办的"2012年全国消费促进月——畅想品牌展活动"中,夜光杯在其中得到展示。2017年5月11日,在中国乡村之声推出系列报道《"一带一路"风物志》中,第一篇为《葡萄美酒夜光杯》,夜光杯雕在其中得到展示(图2-3-11)。目前夜光杯雕已成为酒泉民间工艺品及旅游工艺品的缩影。

图2-3-11　夜光杯

学者建议

　　酒泉夜光杯是研究古代西域文化及民间手工工艺、民风民俗等的宝贵史料来源。保护酒泉夜光杯雕可以丰富祖国民间的文化艺术,使流传至当代的两千多年的民间传统工艺得以发扬光大;可促进玉器行业的兴旺,对酒泉旅游产业的发展起到推动作用。

第四站:宁夏回族自治区非遗及其文创产品

宁夏回族自治区,简称宁,是中国五大自治区之一。处在中国西部的黄河上游地区,东邻陕西省,西部、北部接内蒙古自治区,南部与甘肃省相连。南北相距约456千米,东西相距约250千米,总面积为6.6万多平方千米。自治区首府银川。

宁夏是中华文明的发祥地之一,位于"丝绸之路"上,历史上曾是东西部交通贸易的重要通道,作为黄河流经的地区,这里同样有古老悠久的黄河文明。

早在三万年前,宁夏就已有了人类生息的痕迹,1038年,党项族的首领李元昊在此建立了西夏王朝,并形成了西夏文化。古今素有"塞上江南"之美誉。目前,宁夏回族自治区入选国家级非物质文化遗产代表性项目共计28个,本章节重点介绍宁夏回族花儿、回族服饰和宁夏回族剪纸三个非遗代表性项目。

一、宁夏回族花儿

花儿是广泛流传于甘、青、宁及新疆四省区的回、汉、土、东乡、保安、撒拉、藏、裕固等8个民族地区的一种民歌,实际上是一种高腔山歌,并一律使用当地汉语方言,只能在村寨以外歌唱的山歌品种,通称"野曲"(与"家曲"即"宴席曲"相对),在"花儿"对唱中,男方称女方为"花儿",女方称男方为"少年"。其传唱分日常生产、生活与"花儿会"两种主要场合。"花儿会"是一种大型民间歌会,又称"唱山"。2006 年,花儿入选为第一批国家级非物质文化遗产代表性项目,传统音乐类(51,Ⅱ-20)。

山花儿在文学与音乐方面特色鲜明,风格独特,乡土气息浓郁,保持了山歌野曲粗犷豪放的特点,又具有流畅优美的小调韵味倾向;它是宁夏地区回族文化的生动表现,具有民族学和民俗学方面的研究价值;山花儿三句一叠、双字尾押韵等,是陇山地区较为独特的民歌形式,有较高的文学价值。它在商徵型四声腔和五声徵调的基础上演变成为曲式、调性、旋法、节奏多样,风格独特的花儿歌种。宁夏回族花儿的代表曲目有《黄河岸上牛喝水》《看一趟心上的尕花》《花儿本是心上的话》等。花儿音乐高亢、悠长、爽朗,民族风格和地方特色鲜明。不仅有绚丽多彩的音乐形象,而且有丰富的文学内容。反映生活、爱情、时政、劳动等内容,用比、兴、赋的艺术手法即兴演出。虽然大部分花儿的内容与爱情有关,但在歌颂纯真的爱和控诉封建礼教及社会丑恶现象给恋人造成生死苦难的同时,深刻反映了社会生活的各个方面,而且语言朴实、鲜明,比兴借喻优美,有比较高的文学欣赏和研究价值。20 世纪 80 年代,花儿的演唱形式已发展到花儿歌舞剧。

历史故事

宁夏六盘山(古陇山)地区,自古流传着一种在山野地域即兴而作的徒歌。到公元 7世纪初(隋末唐初),中西亚的穆斯林(回族先民)陆续来华经商定居,中西文化碰撞,几经交融,于明代以后形成独特的复合性与多元性文化体征——"回族山花儿"。"山花儿"(俗称干花儿、山曲子、野花儿)继承了陇山地区古代山歌(徒歌、相合歌、立唱歌)的特征。《诗经·豳风》《汉魏南北朝乐府》中的《陇山歌》《陇板歌》《陇原歌》即其先声。史籍乐志中记述其特点为"一唱众和,恰似顾曲之周郎,三句一叠,酷似跳月之苗俗"。复合性、多元性文化使这些山歌更多地呈现过渡文化和边缘文化的特征,广泛传唱的回族山花儿就是其中最有代表性的一种,有着广泛的群众基础和丰富的民俗文化内涵。

制作技艺

宁夏回族山花儿带有浓厚的回族民俗文化特征,在继承古陇山民歌"三句一叠"的基础上多以单套短歌的形式即兴填词演唱,多用五声音阶式迂回进行。山花儿音乐继承古陇山徒歌四声、五声徵调特征,吸收信天游、爬山调、洮岷花儿、河湟花儿以及伊斯兰音调的多种因素,宁夏回族山花儿,是指主要流传于六盘山宁夏回族中的代表性民歌体裁。演唱形式有自唱式和问答式,曲目无令之称,属抒情短歌。

情歌是花儿的主体,艺术水平高超,充满思想激情,集中了历代人民群众的天才智慧,是花儿中最动人、最精彩、最丰富的部分,产生的时代远,流传的时间长,有着多方面的价值。

传承人物

马汉东,男,回族,1962 年 5 月出生,第一批国家级非物质文化遗产代表性项目花儿代表性传承人。1980 年至今在海原县文工团唱花儿。他从毕业后就到农村跟石平秀老人学唱花儿,石平秀 1981 年去世后,他又跟马生林学唱花儿,现在跟随他学唱花儿的歌手有马永强、李海军、撒丽娜、罗建华等。

马汉东于 1993—2001 年先后在固原市的花儿演唱会、"民族团结杯"比赛中分别获得二等奖;全国少数民族歌手邀请赛及"98 中国西北'沙湖杯'花儿比赛"中获得三等奖。1993 年 10 月随宁夏民族民间歌舞团出访日本演出,受到国外人士好评,1995 年受宁夏电视台邀请参加宁夏电视台春节联欢晚会的演出。现在跟他学唱花儿的人很多,他还在花儿进校园活动中担任主讲老师。

马汉东是听着海原的"花儿"长大的,到了幼年时,上山放羊、下地割麦时,农民歌手"漫花儿"拨动了他的心弦,于是产生了学唱"花儿"的念想。很快,他的天赋就呈现出来,"花儿"演唱的形式、韵律等学得很快,张口就能编唱。

可以说,他拥有唱"花儿"的天赋。独特的声音条件,声音高亢、清脆而不失圆润和厚重,他演唱的花儿曲调悠扬、高亢、婉转、圆润、清脆,曲调丰富,文词优美,结构严谨,并以抒情见长。1986 年,马汉东在延安举行的西北五省区"花儿会"上选入参加五省区巡回演出,获得了"西北花儿王子"称号,他在西北艺术界"花儿"演唱中渐渐有了名气。之后,他不断代表宁夏在全国及地区各类艺术舞台活动中频频亮相,不仅把"花儿"漫出了海原,漫上了荧屏,而且漫到了北京、上海等全国各地,更漫到了国外的舞台。

"马生林先生 2008 年被评定为'回族山花儿'国家级非物质文化遗产传承人,一直到 2009 年 67 岁病故。他的一生中,演唱及编创的'花儿'及民歌无数,是宁夏最有影响力的民间'花儿'歌手。我曾师从于马生林先生,老师对我影响比较大。尤其是他对'花儿'的感悟和执着,一直激励着我。"马汉东回忆道。因为对山花儿的热爱,从 18 岁开始马汉东先后在西吉县文工团、海原县花儿艺术团、海原县文化馆等单位从事回族山花儿的创作、研究、教学、演唱等工作。

他先后参与完成了"中国民间集成·海原卷"《民间音乐》《民间舞蹈》《民间歌谣》等编纂工作,他全身心投入群众文艺工作中,这些工作也日益滋养着他的"花儿"演唱、创作、传承与保护。现在,马汉东依然从事着这些工作。

发展现状

中国最早意识到"回族山花儿"的艺术与学术价值的人是"西部歌王"王洛宾。

1936 年,王洛宾、肖军、洛珊赴西北参加战地服务团,途经六盘山下,由于迷恋花儿唱家五朵梅的山花儿,放弃赴欧洲深造机会,扎根西北,采集民歌。他当年搜集整理的大批山花儿作品多已散失,仅留下一首典型的山花儿《眼泪花花把心淹了》,是三句一叠的体裁,也是中国最早用现代记谱形式完整记录的山花儿。

1958 年自治区成立后,宁夏文化文艺工作者搜集挖掘了一大批当地民歌(含山花儿),汇集成册,拯救了濒于消亡的"回族山花儿"。

1980 年,文化部与中国文联为编纂七套艺术集成与三套民间文学集成而实施了一次拉网式大规模普查与搜集整理战役,"回族山花儿"分别载入《中国民歌集成·宁夏卷》和《中国歌谣集成·宁夏卷》内。并在各级政府的重视和保护下,日益传承发扬光大。

传承创新

19 世纪 80 年代,一批陕甘宁青回族群众沿丝绸之路翻越天山迁徙到了苏联,家乡的"花儿"民歌也被他们带到了异国他乡。"花儿"在苏联集体农庄时期曾经非常流行。1993 年,在宁夏和日本岛根缔结友好关系之际,宁夏西吉、海原的原生态回族"花儿"歌手李凤莲和马汉东,被日本方面组织此次文化交流活动的有关专家选中,被认为是最能代表中国宁夏的文化。两位"花儿"民歌手,跟随宁夏访问团,把回族"山花儿"带到了日本岛根县。他们的令人耳目一新的"花儿"连唱,赢得了日本人民的喜爱,获得了极大成功。两位农民歌手在日本的日子里,也倍受日本工作人员的"高看"和关照。20 世纪80 年代以后,宁夏回族自治区文化厅为传承回族山花儿,先后组织编辑了《宁夏民歌选》,创作排演了大型花儿歌舞剧《曼苏尔》(根据王正伟同名故事改编)、《花儿四季》、《花儿吹绿西海固》,并进京演出和赴福建巡演。

作为"回族山花儿"主要流传地,海原县于 2000 年创演了大型花儿歌舞《花儿故乡》《海风吹绿黄土地》《花儿红、香山香》等,2002 年成功举办了首届"宁夏(海原)花儿艺术节",编辑出版了《宁夏回族山花儿 200 首精选》一书,在第七届中国西部民歌花儿歌会期间召开了第四届民歌花儿研讨会。2009 年中国宁夏首届文化艺术旅游博览会期间,还成功举办了"第七届中国西部民歌花儿歌会",中央电视台第三套《民歌中国》栏目对歌会进行了全程录制和播出。通过各种形式实现非遗项目的活态传承、可持续发展,使非遗项目得到广泛传播,而且形成了开拓市场、增收富民、深化民族文化的新途径,成为开展非遗项目生产性保护的典型。

学者建议

对于花儿这些非遗传统音乐项目,如何把"花儿"传承下去,除了继续挖掘历史文化外,更多的期待是如何让非遗能与当代的生活更好地联系在一起。要走进社区、走进学校,把"花儿"民歌引入初中音乐课堂。为青少年传授"花儿"。通过非遗进校园、民间艺人进课堂、编写校本教材等方式,将宁夏优秀非物质文化遗产融入素质教育。

二、回族服饰

回族服饰具有鲜明的民族特色,主要有坎肩、戴斯达尔、麦赛海袜、准白、礼拜帽、盖头等。

宁夏回族自治区的回族服饰是回族宗教信仰、生存环境、文化活动的生动写照,也是回族文化传承的重要载体,具有一定的学术价值。2006 年,入选为第一批国家级非物质文化遗产代表性项目,民俗类(514,Ⅹ-66)。

历史故事

《新唐书》第一次记载了回族人的形象和服饰。据称:"大食本波斯之地,男子鼻高,面黑而髯,女子白皙,出门障面,系银带,佩银刀……"

唐代流行西域地区以及波斯等国的胡服,形制为锦绣浑脱帽,翻领窄袖袍,条纹小口裤和透空软锦鞋。当时被称作"帏帽"的帽子,就是由波斯一带遮沙挡风、遮蔽面容的面纱演变而来。

宋代,回族人服饰开始分为两种,一种是民众生活服饰,一种是宗教人士或仪式的服饰。

元代,回族纺织业的能工巧匠,把中亚、波斯一带的嵌绣、毛布混织技法以及各种回族花纹、图案巧妙地与中国传统结合起来,不仅使回族人的服饰文化更加丰富多彩,也大大促进了中国丝织业和服装业的发展。(图 2-4-1)

图 2-4-1　元代回族人制造的精美服饰——纳失失

明代,回族服装样式受到了统治阶级的限制。明清以后回族服饰习俗发展也受到阻碍,只能说在一定程度上继承,各地回族人受当地或职业的影响,失去了部分本民族服饰的特点。

回族服饰主要有坎肩、戴斯他勒、麦赛海袜、盖头、回回帽等。

（1）坎肩是回族男子服饰的一个重要组成部分，表现了回族简朴、大方的民族特点。黑白对比鲜明，清新、干净、文雅，很多带有精美伊斯兰图案和各种花色，穿在身上给人感觉很利索、干练。

（2）戴斯他勒意为阿訇或教长头上缠的布。回族除了戴白帽外，有些也用白、黄色毛巾或布料缠头，俗有"缠头回回"之称。缠头时有许多讲究，前面只能缠到前额发际处，不能把前额缠到里面，这样不利于叩头礼拜，缠巾的一端要留出一肘长吊在背心后，另一端缠完后压至后脑勺缠巾层里。

（3）麦赛海袜亦称麦赛袜子，是北方穆斯林老人冬天穿的一种皮制袜子。一般用近似皮夹克软、薄的牛皮制成，洁净光亮，结实耐用。

（4）盖头，旨在盖住头发、耳朵、脖颈。戴盖头的习俗，一是受阿拉伯国家的影响，二是受伊斯兰教的影响。回族妇女的"盖头"，讲究精美，大都选用丝、绸、乔其纱、的确良等高中档细料制作。

（5）回回帽是回族男子戴的无檐小白帽，亦称"礼拜帽"。回回帽从颜色上看，有的是纯色，也有很多带伊斯兰风格花边或图案、文字的，可根据季节和场合的不同选择戴哪种合适。一般春秋季戴白色帽最多，冬季戴灰色或黑色。最寻常的还是以白色为寻常帽式，结婚的新郎多戴红色帽子，以示喜庆。

制作技艺

回族服饰的主要标志在头部。男子们都喜爱戴白色的圆帽。回族妇女常戴盖头。回族老年妇女冬季戴黑色或褐色头巾，夏季则戴白纱巾，并有扎裤腿的习惯。青年妇女冬季戴红、绿色或蓝色头巾，夏季戴红、绿、黄等色的薄纱巾。山区回族妇女爱穿绣花鞋，并有扎耳孔戴耳环的习惯。

坎肩的原料为布、绸、绢、麻等，有夹、棉、单等多种，冬夏均可穿用，可作内衣，也可作外衣，便于挽袖子洗小净、干活，且不易受凉。

戴斯达尔是波斯语，意为缠头巾，它源于伊斯兰教创始人穆罕默德早期传播伊斯兰教时头缠的"戴斯达尔"，色以白、黄为主。麦赛海袜是阿拉伯语，意为皮袜子，牛皮加工制成，洁净光亮，结实耐用。伊斯兰教规定，穆斯林每日五次礼拜须洗小净，如果穿上麦赛海袜子可以免去小净中的洗脚程序，用湿手在袜子的脚尖至脚后跟处抹一下即可代替。准白也是阿拉伯语，意即袍子，用棉布、化纤和毛料制作，有单、夹、棉、皮四种，款式近似现代的长大衣，领子为制服领口，色多为黑、白、灰三种。礼拜帽亦称回回帽，系一种无沿小圆帽。回族在礼拜磕头时，前额和鼻尖必须着地，戴无沿帽行动更为方便，遂发展成为一种服饰习俗。礼拜帽色以白、黑为主，也有灰、蓝、绿色。白色回回帽多用棉布制作,有的用白线缩成,用于秋冬季节。因所处地区和教派不同,礼拜帽的样式有集中类型,除圆帽外,还有圆边角帽和尖顶六角帽。

盖头是回族等穆斯林妇女传统的头巾,《古兰经》强调指出,穆斯林妇女必须"俯首下视,遮其羞体",为了遮发,同时也为了防沙保洁,于是逐步形成了穆斯林妇女披盖头的习俗。

发展现状

如今,随着社会环境的发展,城乡回族的服饰较之新中国成立前和20世纪五六十年代有了很大变化。特别是居住在城市里的中青年男女,穿戴打扮丰富多样。回族男子的衣服由单一的白汗衫、青坎肩、便装、中山装转向西装、夹克等款式新颖的方式发展,城市里的一些回民打扮,已很难从服饰上辨清他们的族属。而具有时尚感的回族服饰更容易被大众所接受,回族服饰在创新中正在由传统走向现代,得到传承和发展。

传承创新

服饰文化是民族文化的重要组成部分,随着现代化和全球化进程的冲击,回族服饰发生了很大变化,2007年9月16日,首届回族舞蹈回族服饰展演在宁夏举行,来自全国不同地区的设计师们送上的238套精美回族服饰让人耳目一新。在回族传统服饰的基础上,加入时尚的元素,被回族普通群众所接受。因为世界越来越开放,对服饰也越来越追求现代美,颜色的改变更贴近时代。以前正宗的回族妇女的服装是不能突出线条,比较宽松,而现在的回族服饰融入了曲线。青年一代更需要漂亮、现代而又不失民族特点的服饰。宁夏回族正以多彩的形式将文化的传承与市场结合,创新回族服饰时尚风,从而吸引开发商做回族服饰市场。

学者建议

多年研究回族服饰的宁夏社会科学院图资中心副研究馆员陶红老师曾说过:"发展回族服饰,首先要在有需求的回族群众中去挖掘市场,有了这个固定的市场,各相关服装企业在做工、面料选择上就显得尤为重要。在此基础上,开展回族服饰的设计,比如回族婚礼服、礼拜服、高档生活装等才可能有所作为。"回族的服饰文化底蕴很深厚,之所以没有形成自身风格,与回族的散居有很大关系,加上受汉文化影响比较大,民族特征不是很明显。

发展回族服饰首先要在回族服饰的基调和设计上大胆创新,把民族文化与市场结合起来,把回族传统文化和现代生活方式结合起来,回族服饰是回族文化的继承者,是中国少数名族服饰方面的独特角色,它折射了丰富的非物质文化意义,民族服饰是一个民族族类群体的外在标志,是这个民族物质文化、精神文化的外显符号,又是这个民族的民族性格、民族心理与气质的外化形态。在继承民族服饰传统表现方式的基础上强化造型构图观念的创意,在继承民族服饰传统审美观念的基础上强化市场化的产业开发,通过创新与创意使民族传统文化符号获得新的表达形式,才能使民族传统服饰焕发生机与活力。

三、宁夏回族剪纸

中国剪纸是用剪刀或刻刀在纸上剪刻花纹,用于装点生活或配合其他民俗活动的一种民间艺术。在中国,剪纸具有最广泛的群众基础,它交融于各族人民的社会生活,是各种民俗活动的重要组成部分。其传承赓续的视觉形象和造型格式,蕴含了丰富的文化历史信息,表达了广大民众的社会认识、道德观念、实践经验、生活理想和审美情趣,具有认知、教化、表意、抒情、娱乐、交往等多重社会价值。

历史故事

作为中国国粹之一的中国剪纸,是一种民间艺术,是民间艺术中的瑰宝,还是世界艺术宝库中的一种珍藏。剪纸是一种镂空艺术最为流行的民间艺术,在视觉上给人以通透的感觉和艺术享受,是中国最普及的民间传统装饰艺术之一,有着悠久的历史。2006 年5 月 20 日,剪纸艺术入选第一批国家级非物质文化遗产名录,2014 年,宁夏回族剪纸列入国家级非物质文化遗产代表性项目扩展项目名录传。

不同于汉族妇女在节日贴窗花的习俗,回族妇女剪纸多用于婚嫁喜事和服饰裁剪。每逢婚嫁喜庆之际,谁家要娶媳妇或嫁闺女,主人家便早早备好彩纸(以红、绿、蓝为主),远亲近邻的剪纸能手们便应邀而至,有七八十岁的老奶奶,也有十岁的小姑娘,在相互逗趣的欢笑声中,各自手持一把剪刀,选择自己喜欢的纸,不摹不仿,放剪直取。剪好后大家互相观摩、传抄、练习,争奇比巧。

制作技艺

剪纸大致有准备材料、构思、裁剪、装裱等几个步骤。通过一把剪刀、一张纸,就可以剪出各种山水鸟画、福禄寿喜、团圆美满、农村场景,其作品蕴含了丰富的文化信息,表达着生活中的喜怒哀乐。

传承人物

伏兆娥(图 2-4-2),生于 1960 年,国家级非物质文化遗产代表性项目——"剪纸"代表性传承人,作品多次参加国家级展览并获奖。《饭馆春风》农民画入选全国农民画展;1995 年,世界妇女大会期间,伏兆娥荣获"中华巧女"终身称号;2001 年,《老鼠偷油》在第二届中国国际民间艺术博览会评选中荣获"山花奖·民间工艺"银奖;2013 年,《回乡风情系列》荣获第十四届中国人口文化奖（民间艺术品类）优秀奖；2016 年，作品《伏羲女娲》入选《中国民间美术精品集》，并被选入第四届中国非物质文化遗产博览会的中国传统工艺剪纸大赛作品成果集；2017 年，伏兆娥被文化部公示为"国家级非物质文化遗产代表性项目代表性传承人"。

伏兆娥出生在宁夏海原县农村，那里曾经是贫瘠甲天下的山区，但伏兆娥自幼受外祖母和母亲的熏陶，喜爱剪纸、刺绣，5 岁就展露出剪纸的天分，10 多岁就会裁衣绣花，是村里心灵手巧的姑娘，更是村里的剪纸、刺绣的高手。村里谁家有喜事，都要找伏兆娥剪喜字和窗花。在那个物资匮乏的年代，年少的伏兆娥经常怀揣着一把小剪刀，领着妹妹去揽些剪窗花的活计贴补家用，剪纸不仅是她的爱好，还成了她改善家里生活的小技能，逐渐成为她生活中不可缺少的一部分，以致后来还改变了她的命运。到了谈婚论嫁的年纪，已经有些见识的伏兆娥选择了村里的退伍军人小伙儿，婚后，伏兆娥开起了饭馆，闲暇之余并未放弃自幼的剪纸爱好，并且根据自己开小饭馆的经历，创作了剪纸《饭馆春风》，并发表在《宁夏日报》上，20 世纪 80 年代初，纸媒的影响力还

图 2-4-2　伏兆娥

是非常大的，从此，伏兆娥的名气越来越大，她独立创作剪纸的能力引起了诸多业内人士的关注，应邀为多部西部题材的影视剧献艺，其中为《女人这一辈子》《黄河绝恋》设计创作的剪纸作品，获得电影美工设计奖。1997 年，应镇北堡西部影视城创始人、著名作家张贤亮先生的邀请，伏兆娥成立了"伏兆娥剪纸工作室"，入驻西部影视城，众多游客找她即兴剪头像，她的艺术天分得到更大的发挥，也激发了她更大的创作热情。2006 年，伏兆娥作品《永久和平》获得了第二届国际剪纸艺术界"最佳作品"奖，伏兆娥还特意为建党百年创作了一幅作品（图 2-4-4）。

她的作品不流俗，不拘泥于传统图案，风格自成一派，随着时代发展不断创新，被国内外许多文化艺术界人士誉为"西北第一剪"。

图 2-4-3 伏兆娥作品《永久和平》

图 2-4-4 伏兆娥作品《庆祝建党百年》

发展现状

　　20 世纪八九十年代之前,剪纸曾经是过年过节时,贴在纸糊的木制窗框里的五彩斑斓的花草鸟鱼,是村里的巧媳妇用一双巧手剪出的缤纷世界。她们曾经给予冬日黄土高原上平淡单调的生活几抹浪漫和温馨。但近年来,随着农村渐次盖起了大瓦房,明亮的玻璃窗不再适合贴上纸质的窗花,于是,最富有民间传统的剪纸渐渐淡出了人们的生活,转而代之的是可以无限复制的印在塑料薄片上的剪纸图案。这种新型材料保证了剪纸图案的经久耐用,不易凋零,不论是过年,还是婚庆,它们也是不可少的装点热闹气氛必备品，但是那份手工剪裁的素朴和创造之美也随之消失了。剪纸的身影愈加稀薄，即便是我们走进大街小巷稀落的书画店，偶尔寻到的纸质剪纸，也是尺寸固定、花样有限的现代剪纸作品。剪纸图案简单，数量、品类非常稀少，市场日益萧条。

传承创新

　　传统文化想要传承与延续，首先要让它"活起来"。伏兆娥的二女儿李剑是这个家族剪纸技艺的第四代传承人（图2-4-5）。2009年大学毕业后，李剑回到宁夏创业，成立了一家文创公司，将母亲的剪纸艺术融入文创产品中，将剪纸和文创、动漫等形式结合，不断以"传统剪纸+文创+教育+科技+动漫"的模式探寻剪纸艺术的新路子。

图2-4-5　伏兆娥（左三）及其女儿李剑（右一）和其他家人

　　李剑开发的第一个产品是剪纸贺卡，第一年制作了3000多张，收入不到1万元，这让她觉得剪纸需要创新。经过无数次试验，她成功将丝绸与剪纸融为一体，产品推出后大受欢迎。2011年，公司总销售额达370万元，2012年突破500万元。后来，公司发展到拥有3名联盟艺术家、50多名专业技术人员和200多名女性手工制作承包商，剪纸品牌"伏兆娥剪纸"名扬国内外。目前，该公司文创产品已达200多种，帮扶了2000多名贫困妇女。

　　牛年春节期间，李剑参与策划的剪纸动画《过年》（图2-4-6）备受追捧，并以8个语言版本向全球播放。短片以伏兆娥的剪纸作品结合二维动画制作，讲述中国"年"故事，传达春节所承载的辞旧迎新、感恩祝福。伏兆娥说，让作品走出国门，讲好中国故事，让剪纸文化绽放出它的光彩，让更多的人看到剪纸散发的光芒，这就是她向往的生活,"如果将来再有一间博物馆,我希望把所有的作品都陈列其中,永久保存下去"。

图 2-4-6   李剑参与策划的剪纸动画《过年》

学者建议

　　文化部非遗司司长陈通指出,作为中华优秀传统文化的代表,非遗的保护得到了足够的重视,但如何让这些古老技艺融入现代生活,焕发新的生命力,依然是一个大课题。

　　"非遗的传承也需要与时俱进,只有保护,没有发展是走不远的。一旦非遗作品成为纯正艺术品的时候,它其实是失去了传统非遗的意义。"陈通说,作为非遗的传承人,要一手托着传统,一手连接未来——在原汁原味传承非遗技艺的基础上,思考非遗的创造性转化、创新性发展。非遗和动漫跨界融合,是一条可行的路径。通过动漫这种时髦、贴近青少年的载体,把剪纸、皮影、年画等元素根植进去,能够在全国乃至全世界更好地提升非遗的知名度,而动漫也需要从传统文化中汲取养分和创作灵感,实现新的飞跃。

第五站:内蒙古自治区非遗及其文创产品

内蒙古自治区,位于中华人民共和国北部边疆,首府呼和浩特,横跨东北、华北、西北地区,接邻八个省区,是中国邻省最多的省级行政区之一,北与蒙古国和俄罗斯联邦接壤,是中国五个少数民族自治区之一。内蒙古全区面积为118.3万平方千米,占全国总面积的12.3%,主要分布有汉族、蒙古族,以及满、回、达斡尔、鄂温克等49个民族,民族众多。内蒙古资源储量丰富,有"东林西矿、南农北牧"之称,草原、森林和人均耕地面积居全中国第一,稀土金属储量居世界首位,同时也是中国最大的草原牧区。目前,内蒙古自治区入选国家级非物质文化遗产代表性项目共计106个,本章节重点介绍桦树皮制作技艺、蒙古族养驼习俗、牛羊肉烹制技艺(烤全羊技艺)三个代表性非遗文创项目。

一、桦树皮制作技艺

桦树皮制作技艺是我国北方游猎民族的独特手工技艺,具有浓厚的民族特色和地域性,内蒙古鄂伦春自治旗、鄂温克族自治旗、莫力达瓦达斡尔族自治旗、额尔古纳左旗(根河市)和黑龙江流域均有这门技艺流传。这些民族的日常生活中,桦皮占有一定的位置,可称之为"桦皮文化",其打猎、捕鱼、挤奶等用的制品很多都是用桦皮制作的。如餐具、酿酒具、住房、皮穿船等等。2008 年,桦树皮制作技艺入选为第二批国家级非物质文化遗产名录传统技艺类(433,Ⅷ-83)。

历史故事

考古资料证明,大约 3000 年前,中国北方少数民族已经有了桦皮制品,1959 年,呼伦贝尔盟满洲里市扎贵诺尔发现的汉代鲜卑墓中,曾出土上千件桦皮器皿盖。1960 年扎资诺尔汉墓中,又发现多种桦木、桦皮制作的器皿。在呼伦贝尔盟白辛墓和兴安盟科右中旗巴札嘎墓中也出土过辽代北方少数民族使用过的桦树皮器皿残件。史料中,也可见中国三江流域的古代民族使用桦皮造物的记载,《北史》记室韦族"用桦皮盖屋";《吉林外史》记载:"当地有桦皮船及以桦皮盖的窝棚。"

古代北方游猎、游牧民族如东胡、匈奴、鲜卑、契丹、女真等都有过制陶时代,而鄂伦春、鄂温克、达斡尔、赫哲等民族均无制陶历史。这几个民族结合自己所处的地理环境,制作了大量形态各异的桦树皮器皿,创造了多姿多彩的桦树皮文化,桦树皮器皿在生产和生活中代替了陶器和瓷器,体现了森林狩猎民族的文化特色。

制作技艺

桦树皮具有良好的防水、抗腐蚀性能,以此制成的器具轻便、易携带、不易破碎,是狩猎民族喜爱的生产工具和生活用品。它形式多样,造型各异,主要有船、篓、箱、盒、碗等种类。这些器具都是将桦树皮以兽筋、马尾绳缝制而成,上面刻压有各种花纹和图案,它们不但是重要的用具,也是精美的艺术品。

传统的桦树皮加工技艺有四个步骤:

1. 剥取树皮

桦树皮制品的材料桦树皮来自于白桦树,白桦树是多年生高大乔木,具有轻便样树皮制品的材料和易加工的特点,还很易燃。每年农历五月底六月初直到立秋的头天都是剥树皮的好时机,这段时期是桦树生长旺盛期,树皮光滑且洁净。按需要用刀在树干上切割一周,再在其中用竖线切割桦树皮便自然裂开一条缝,从粗起的一边慢慢揭开撕下,树皮便自然脱落。里面还有一层木质嫩皮不受损伤,过一段时间又会长出新皮。刚刚剥下的桦树皮含有一定水分,质地柔软,可以直接用来制作工艺品。但放置一段时间后,由于水分的大量蒸发,桦树皮变得非常干燥,质地硬而脆,很容易折断,需要进行一定的处理。

2.浸、煮以软化树皮

处理一般采用蒸煮法。蒸煮时,为了防止桦树皮变形,首先要将它们打成捆,放入加有清水的锅中,由于桦树皮质量较轻,需要用重物压在桦树皮上,确保桦树皮卷可以完全浸在水中。然后开始加温,并保持水温在100摄氏度左右。桦树皮需要蒸煮12小时。其间,随时查看,注意保持温度,保持水量。树皮煮好后,放在一旁晾干待用。蒸煮之后,桦树皮质地更加柔软,且恢复了较强的韧性,便于下一步的加工制作。

3.剪裁缝合

缝制前,要根据树皮的大小和层次,安排不同的用处,做出不同的器皿。用剪刀进行剪裁,然后用野兽的筋线、马尾缝合成型,再打上楦,或用木架支上,以防变形。

4.装饰图案

第四步是装饰。为了使器皿美观,须饰以各种花纹,最通常的方法是用"托格托文"在带有自然纹理、呈浅咖啡色的桦皮器皿上雕刻。"托格托文"是用鹿的骨头或狍下腿骨制成的雕刻工具,有二齿、三齿、四齿之分。雕刻时一手握住"托格托文",一手持木棒敲打"托格托文"顶部,这样就在桦皮器皿上留下了各种各样的花纹,有动物图案,也有圆花、几何纹等图案。

传承人物

付占祥,赫哲族,黑龙江省饶河县人,1955年12月出生。饶河县四排赫哲族乡文化站站长、馆员。世界华人书画艺术联合会理事,黑龙江省民间艺术家协会理事,双鸭山市美术家协会理事,是一位出色的桦皮工艺的传人。第一批国家级非物质文化遗产项目桦树皮制作技艺代表性传承人。他在挖掘整理本民族前辈传下来的桦皮工艺的基础上,创意绘画桦皮画。

付占祥少时就读于勤得利小学和友谊农场八分场中学。1982年从同江市街津口乡迁入饶河县四排村定居。1987年四排建乡后被县文化局录用为乡文化站合同制干部。1989年入黑龙江省民族干部学院音乐大专班主修歌曲旋律写作二年。

自1982年起,师承赫哲族民间艺人尤连仲先生,在研习桦树皮传统工艺的基础上,创作出民间婚俗,冬夏捕鱼、狩猎等反映赫哲族风土民俗的桦树皮刻画系列和烫画系列作品。十多年来,他创作有三百余幅,主要是反映赫哲族的风俗习惯和渔猎生活,为弘扬民族文化做出了贡献。他的桦皮画作品《冬钓》《拖日气》《织网》荣获全国文艺作品交流会二等奖,还有一些作品被四排赫哲风情园和街津口赫哲风情园收藏展出。

迄今为止,有84件作品被县、市、省级博物馆收藏;有70余件作品远销美国、日本、加拿大、台湾、澳门等地。《织网》《狩猎》《拖日气》入选全国文艺作品交流会,获国家级二等奖。2006年6月,赫哲桦树皮工艺被国家列为"非物质文化遗产"保护项目,作为桦树皮工艺第三代传人的付占祥,同时被确定为此保护项目负责人。从2000年开始,还相继创作出反映赫哲族风土民俗等鱼皮画系列作品。

为了使传统桦树皮制作工艺不失传,身为乡文化站长的付占祥,多年来一直致力于桦树皮制作工艺的研究和开发,他在挖掘、整理本民族前辈传承下来的桦树皮工艺的基础上,大胆创新,开发了别具一格的桦皮画。付占祥的桦皮粘贴画,大多以赫哲族传统渔猎生活为素材。内容丰富,情趣质朴,反映了赫哲族特有的原始生活状貌,不失为表现赫哲族生产、生活、精神信仰的一种上佳的艺术表现形式。

如今,生产、生活条件的改变,已使很多赫哲人忘记了用桦树皮制作生产生活用具的手工艺。付占祥是为数不多的仍在从事这种工艺的赫哲艺人之一。付占祥认为,这种工艺是赫哲族的传统文化,不能丢,丢了,本民族就失去自己的特色了。多年来,付占祥固守着这门技艺,还收了徒弟,希望能把这门技艺传承下去①。

发展现状

桦树皮制作技艺是狩猎民族在特定的生活环境中创造出来的一种特殊文化,体现了狩猎民族的聪明才智,具有浓郁的民族和地域特色,主要流传在中国鄂伦春、鄂温克和达干尔族聚居地,以及古代黑龙江流域的赫哲族聚居区。桦树皮文化在中国有着悠久的历史,这种文化具有较高的历史、科研和艺术价值。随着生活环境的变迁,桦皮制品渐渐失去了原有的功能属性,技艺本身也随之失去了生存和发展的内在动力,游猎民族的生产生活方式发生了巨大变化,狩猎文化已渐衰微,并受民间艺术自身发展的局限,桦皮制作技艺后继乏人,桦树皮制作技艺面临着越来越大的生存和发展危机。

目前,桦树皮制作技艺传承与发展中存在以下问题:

(1)桦树皮制品原有功能属性的缺失。千百年来,鄂伦春族人民都以游猎为主要的采集方式,族人在狩猎中,用桦树皮做号角,吸引野物,然后将其射杀,已经成为一种固定的生活状态,并在这种生活状态中自给自足,学会敬畏自然,崇拜自然,甚至有在特定时节向大自然跪拜请求恩赐的习俗。20世纪50年代起,为了更好地改善这一少数民族的生存条件,使其享受正常公民所拥有的居住、医疗和受教育的权利,政府号召内蒙古鄂伦

① 文章来源:https://www.zhwh365.com/article_1125.html.

春族的人们走出山林，改变野外游猎的生活方式，集体定居。虽然这一政策为内蒙古鄂伦春族人民生活提供了较多帮助，改善了他们的生活水平，但也使桦树皮制品越来越少，甚至很多鄂伦春族人的家中已经看不到桦树皮制品的踪影。

（2）桦树皮制作技艺缺乏传承人。任何文化都需要代际传承，桦树皮制作工艺蕴含着鄂伦春族的独特文化气息，它的传承需要引入专业人员。20世纪以前，鄂伦春族的每一位族人都会接触桦树皮制品的制作，这一制作技艺不仅是鄂伦春族人民生活中的一部分，更是老一辈族人精神情感的寄托。但是随着时代变迁、现代文化的渗透，鄂伦春族生活和生产方式发生了变化，青年一代逐渐抛弃了这一制作技艺，研究桦树皮制作的技术人员也相对匮乏，使这一非物质文化遗产无法得到传承与发展。

（3）桦树皮原材料难以收集。内蒙古鄂伦春族活动的地域是桦树皮的重要产区，这一区域内有着适合桦树生长的温度、湿度等地理环境要素，因此桦树的生长速度较快。该地区五月中旬降雨较多，这时桦树生长最快，桦树皮的剥离也较为简单，所以每年这个时候鄂伦春人就会进入山林，选择长势较好的桦树，取其表皮用来制作。在取表皮的过程中，也要注意技巧，不能伤及树木内部影响来年的生长。鄂伦春人在收集好桦树皮后，就会根据需求制作一些物品，鄂伦春人的各种日用品，几乎都取材于自然。但是近年来我国倡导保护山林资源，维护生态平衡，封山育林，遏制树木的随意开采，使得鄂伦春人无法再自由进山取材，也导致桦树皮制品制作原材料的缺失，影响了这一技艺的传承与发展。

传承创新

随着社会的发展，游猎民族的生产生活方式发生了巨大变化，狩猎文化已渐衰微，并受民间艺术自身发展的局限，桦树皮制作技艺面临着越来越大的生存和发展危机。为了传承与发扬该非遗项目，当地政府和民众结合社会发展需求，紧贴市场，制作桦树皮工艺品，又称桦树皮制品，以桦树皮为主要原料，纯手工制作家居装饰、日用摆设、个人饰品等生活用品，做工精细，设计简单，风格各异，色泽自然，新颖别致，是中国独具风格的工艺品之一。产品种类有100多种。如桦树皮酒壶、桦树皮水壶、桦树皮工艺品酒壶、桦树皮工艺品水壶、运动水壶、户外运动水壶、酒盒包装、名车钥匙扣、汽车钥匙扣、木相框、文件夹、花盆、笔筒、茶叶盒、首饰盒、杯子、鞋垫、杯垫、首饰、生肖首饰、鱼篓、树皮船、女士背包、女士挎包、灯罩、包装盒、桦树皮船、桦皮船、实木相框、木制相框、女士背包等。（图2-5-1）

图 2-5-1　桦树皮工艺品

学者建议

　　桦树皮制作技艺非遗项目之所以闻名天下，是传承与创新、历史与时代的结合，它不仅具有独有的特质——防水、隔凉、隔热、透气、防腐、杀菌、柔软、光滑、纹理细腻，而且各层纹理、色泽各不相同，既可剪裁、缝制，也可精巧地咬合，尤其可在上面雕绘各式图案。这些图案利用桦树皮的自然纹理，经过巧妙的加工，赋予作品更深刻的民族传统文化内涵。并立足于市场，创新的传承值得广泛推广与赞誉。

二、蒙古族养驼习俗

内蒙古自治区阿拉善盟素有"驼乡"之称,这里独特的地理环境为双峰驼的生存和大规模牧养提供了良好的条件。

在长期的牧业生产实践中,骆驼逐渐成为阿拉善和硕特、土尔扈特蒙古族牧民重要的生产生活资料。在此前提下,阿拉善的驼具制作工艺不断趋于精细,制品种类日益繁多,形成了一套系统的制作技巧。祭骆驼是流传于阿拉善的一种民俗活动,由祭公驼、祭母驼、祭驼群等内容组成,仪式十分完整。

阿拉善蒙古族养驼习俗集宗教信仰、人文思想和生产技能于一体,其中渗透着阿拉善蒙古族纯朴的民族精神和独特的民俗文化内容。驼具制作技艺的不断成熟对阿拉善地区经济和社会的发展产生了深远的影响,祭骆驼活动所展示的人性化内容孕育了蒙古族忠厚善良、坚韧不拔的精神,活动中产生的"功臣驼""骆驼赞""祝颂词""劝奶歌"等大量口头文化,隐含着温柔敦厚、知恩图报、弃恶扬善的朴素哲理,成为蒙古族的生活理念和文化载体。2008 年,蒙古族养驼习俗入选为国家级非物质文化遗产代表性项目民俗类(999,X-92)。

历史故事

我国北方游牧民族,早在 5000 年前就开始驯养骆驼了。《山海经·北山经》记载:"其兽多橐驼,有肉鞍,知水泉所在,善行流沙中,日行三百里,力负千斤。"《史记·匈奴列传》记载:"唐虞以上"时期,居住在今新疆、内蒙古和中亚细亚一带的"山戎、猃狁、荤粥"等戎族(秦汉时称匈奴),就将野生"橐驼"作为"奇畜"驯养起来,和马、牛、羊一道"随畜牧而转移"。随着历史的发展,秦汉抗击匈奴、唐三彩陶俑、丝绸之路、宋代《清明上河图》中、成吉思汗越大漠征西夏、明清开通的归化城(呼和浩特)驼运"茶叶之路",都有骆驼被驯化而用于生产、生活、军事的身影,中华民族骆驼文化真可谓历史悠久。

制作技艺

(1)蒙古族赛驼是蒙古族传统体育竞技项目之一,是历史继承下来的骆驼文化遗产的重要组成部分。据调查、考证,骆驼被驯化并用于生产、生活及军事中以后,赛驼活动也就随之产生了。生活在大漠戈壁的蒙古人是驯服使用骆驼最早的民族,他们不仅把骆驼用于生产、生活中,而且把骆驼引入竞技比赛,形成了传统的体育运动项目——蒙古族赛驼。起初,骆驼主要被用于驮运,而赛驼则交融在走亲访友的追逐游戏中。后来,蒙古族人民群众在祭祀敖包、举办庙会、举行那达慕等群体活动时开展赛驼,并逐步形成规模,传承延续下来。

(2)驼球竞技项目源自于马球竞技项目,一次比赛分上下两场,一支球队每场比赛出6名队员,每场比赛时间从10分钟到20分钟不等。2005年7月,乌拉特后旗从蒙古国引进了驼球竞技项目,并从蒙古国邀请了教练员,通过严格挑选和训练,这个旗组建起前达门、西尼乌素两支骁勇善战牧民驼球队,已有40多名驼球队员。乌拉特后旗牧民驼球队组建虽然只有两年多时间,却已在内蒙古参加了40多场赛事,并两次代表中国应邀出席蒙古国举办的国际驼球比赛。驼球竞技已成为这里广大干部群众喜爱的群众性体育项目,乌拉特后旗也被誉为"中国第一驼球之乡"。

(3)蒙古族驼具制作工艺是一项具有系统制作理念和技巧的传统手工制作技能,它包含和渗透了阿拉善骆驼文化和地域文化的独特元素,是地区文化传承和发展的重要载体。它的传承和发展,对于保护阿拉善独特的骆驼文化和地域文化的完整性,至关重要。驼具是人类驯化、役使骆驼的产物,来源于驼产地居民驯驼、牧驼、控驼、乘驼、育驼、护驼、祭驼等朴实的生产、生活需要,简洁实用是其最大的特点。驼具的制作往往因地制宜、就地取材,手法简易,完全依靠手工完成,凭经验传承,质朴的形式中积淀着深刻的生存智慧,包含着牧驼人朴素辩证的生活哲理和敦厚务实的生活态度。

驼具制作在阿拉善分布广泛,具有一定的群众基础,是一项普及性很高的传统技能,每个牧驼户都可以根据自己的需要进行生产,自给自足。但近年来,由于受养驼业萎缩、现代文明冲击等多方面影响,驼具制作技艺只有一少部分主要牧驼区的老牧民掌握,从分布上看,衰势明显。此外,驼具制作技能在我盟以外的其他一些产驼区,如区内的巴彦淖尔、鄂尔多斯,区外的新疆等地也有传承。

驼具制作技能传承久远,从唐三彩载乐驼俑、清明上河图等古代遗物上,以及一些史料记载中,可以看到唐宋时期的驼具已较为成熟。阿拉善和硕特、土尔扈特蒙古族驼具制作工艺,是对历史的有效继承和发展,与之一脉相承。

使役骆驼,需具备相应的驼具。驼具不同于其他畜用器具,是别具一格的。驼具主要分为绳类和鞍类。绳类包括笼头、缰绳、驼绊,其中笼头又包括公驼笼头、驼羔笼头、骑驼笼头、母驼系绳;缰绳又包括驯驼绳、套驼绳、骑驼绳、大绳、蹄绳、拴绳。鞍类分为骑鞍和驮鞍两类。驼具内还包括鼻棍、驼铃、驼印用具、阉驼用具、驼搭裢等。相关器具主要有:蒙古刀(削鼻棍、阉公驼)、萨巴(掸毛用具)、额尔古勒格(合绳用具)、特奔(缝制驼用笼头、肚带、毛毡、毛口袋等制品的针)、额如勒(打驼毛线用具)、海如勒(烫阉骆驼的工具)。驼具的制作工艺充分体现了西北少数民族劳动者在生活中的智慧和才干。驼具大多就地取材,以皮毛、红柳、手工毛毡、牛羊角等原料制成。

传承人物

额尔登达来,国家级非物质文化遗产传承人。1948年出生于阿拉善右旗阿拉腾朝格苏木阿拉腾塔拉嘎查,16岁后到瑙滚布拉格嘎查生活。从小就跟着长辈放牧骆驼,传承了完整的骆驼养育技术和习俗。经过长期的生产生活实践,他在选驼、育驼、赛驼等方面总结了很多经验和技术,成为阿拉善右旗土生土长的骆驼养育专家,目前拥有90多峰骆驼,其中有40多峰白骆驼。

额尔登达来是阿拉善右旗养驼能人。他生活在有"万驼之乡"之称的阿拉腾朝格苏木努日盖地区,传承祖辈的养驼技术,爷爷达格乃、父亲巴勒基尼玛是他的老师,教给了他接羔、喂料、驯养、驼运、配种、骑乘、赛跑等技艺。他又把这些技艺传承给了三个儿子,巴图巴特尔(大儿子)、金龙(二儿子)和哈斯鲁(三儿子),起到了承前启后的传承作用,且年富力强,生活经历深厚,在蒙古族养驼习俗这一项目中承担了应有的传承义务。除三个儿子外,还培养了额尔登巴图、阿拉腾桑、辛春来、永东等徒弟,现在每家都拥有骆驼100多峰。

额尔登达来善于养白骆驼。白骆驼是"福气""尊贵"的象征,但饲养难度大,所以养驼户很少养育白骆驼。额尔登达来看到此情形,便开始抢救性地保护发展此品种,经过多年努力,额尔登达来和他的儿子们拥有200多峰白骆驼。2005年来自苏尼特的阿拉腾桑跟额尔登达来学习白骆驼养育技术,回去后联合其他牧户成立了骆驼协会。

额尔登达来是阿拉善蒙古族养驼习俗最有影响力的代表性传承人之一。2004年12月12日,他个人举办了"百峰白骆驼文化节",这在当时的阿拉善地区很少见,属于先知先觉骆驼文化发掘者之一,成为当时的重大新闻。在这次文化节上,举办了赛驼、扎鼻棍、骟驼、驼队展示等系列活动,得到了旗、盟、自治区新闻媒体和中国国际广播电台《中国之窗》的关注和报道。同年内蒙古蒙语电视台在他家拍摄专题《儿驼的伤痛》,并荣获金鸡奖。此后,额尔登达来的名声越来越大,每年旗内和周边旗县举办的各种节庆活动中,都邀请额尔登达来和他的骆驼参加比赛和表演。额济纳旗、阿拉善左旗邀请他担任赛驼、骆驼评比的评委。他自己每年都举办祭敖包骆驼比赛活动,并出资发奖,有效带动了蒙古族养驼习俗赛驼活动的开展与传承。1990年获得内蒙古自治区科委、农委颁发的"内蒙古自治区阿拉善双峰驼新品种培育工作三等奖"。1999年获得阿拉善右旗"努日盖苏木第二届骆驼选育大会"种公驼评比三等奖、赛骆驼第二名。2009年参加内蒙古电视台蒙语频道《百家讲坛》栏目,连续播放9期节目,额尔登达来作为主讲人就养驼技艺和骆驼文化进行讲解,获得了良好效果。2008年额尔登达来被批准为第一批自治区级非物质文化遗产代表性项目"蒙古族赛驼"代表性传承人。

子达,男,蒙古族,1952年11月生,内蒙古自治区阿拉善盟额济纳旗达来呼布镇乌苏荣贵嘎查牧民,自治区级非物质文化遗产项目"蒙古族驼具制作技艺"第一批自治区级非遗代表性传承人。

子达从小跟从父亲德力格贡吉学习技艺,在长期的牧业生产实践下,他了解了祭驼仪程,熟悉了赛驼竞技规则,掌握了驼具制作工艺,养驼各种习俗文化理念得到进一步加深,在思维上得到认知和融会贯通。近几年驼具制作结合和融入了现代工艺使驼具制品日益精细,不仅骑乘、驮运适用,而且造型美观,具有经济适用的特征和观赏收藏价值;他多次接受区、盟、旗电视台采访,介绍制作流程和经验,大力宣传骆驼文化推广驼具制作工艺,积极开展传承活动培养后继人才,为研究骆驼文化提供了活资料,为保护、传承、发展骆驼文化做出了新贡献。

土木尔敖其尔,男,蒙古族,1945 年 1 月生,内蒙古自治区阿拉善盟额济纳旗达来呼布镇吉日格郎图嘎查牧民,自治区级非物质文化遗产项目"蒙古族驼具制作技艺"第一批自治区级非遗代表性传承人。

他的父亲乌力吉、母亲杜勒木道尔吉都是当地有名的工艺制作艺人,擅长驼具、蒙古包、民间工艺等技能,他在自然环境和父母亲的影响下,深深地爱上了驼具制作工艺这一行当,经过父母亲的口传心授以及长期的牧业生产实践,不断学习,逐步掌握了驼具制作工艺,能够独立制作驼笼头、缰绳、驼绊、骑鞍、驼鞍、鼻棍、阉驼用具、驼褡裢等全套驼具。近年来,在文化部门的帮助和自筹下,建立了驼具制作基地,积极开展传徒授艺培训工作,授徒 10 余人,所授徒弟大都能独立完成驼具制作,并有所创新。

乌日古木勒(南斯勒玛),女,蒙古族,1934 年 3 月生,内蒙古自治区阿拉善盟阿拉善右旗人,蒙古族驼具制作技艺项目第一批自治区级非物质文化遗产代表性传承人。她从小跟随母亲学习编织蒙古族驼具制作工艺,后来在长期的放牧生产生活实践中,借鉴、吸收其他人的技法,总结出一套编织蒙古族驼具制作工艺手法和经验,在搓毛绳、砍制单片、缝毛口袋、缰绳和肚带等方面技艺精良。她制作的蒙古族驼具,不仅是传统的生产生活用具,也是精美的工艺品,具有色彩丰富、图案精美的特色,得到了养驼户的肯定,并作为传统民俗工艺品被爱好者收藏。蒙古族驼具制作技艺,蕴含和渗透了阿拉善骆驼文化和地域文化的独特元素,是地区文化传承和发展的重要载体,乌日古木勒对驼具制作的传承,蕴含了她质朴的生产生活理念和智慧,包含着牧驼人朴素辩证的生活哲理和淳厚务实的生活态度。

发展现状

蒙古族牧民举办大大小小各项赛驼比赛,比如进行雪地驼球比赛,一场别开生面的蒙古族骆驼文化迎新年那达慕大会在内蒙古克什克腾旗达尔罕乌拉苏木冰雪覆盖的草原上举行。来自周边临近旗(县)、苏木(乡)的千余名蒙古族牧民携带 500 多峰骆驼欢聚一堂,参加极具蒙古族传统文化的赛驼、搏克(蒙古式摔跤)、驼球、骆驼良种选拔等系列活动。内蒙古乌拉特后旗牧民驼球队还应邀参加了在蒙古国首都乌兰巴托举办的第五届驼球冠军联赛。在为期两天的比赛中,乌拉特后旗牧民驼球队与蒙古国实力最强的12支参赛队展开角逐,并夺得第6名。当鲜艳的五星红旗在乌兰巴托体育场上空升起时,代表我国出征的这些蒙古族牧民队员们激动地流下热泪。这些项目活动拉近了人们交往的距离,也通过这些娱乐活动达到了旅游业宣传和推广的效应,是当地旅游业重要的特色项目。

传承创新

蒙古族历史悠久,民族文化底蕴深厚。在长期的历史发展过程中,先民们创造了丰富多彩、弥足珍贵的文化遗产,既有以物质形态为主的"有形"文化遗产,又有主要通过"口传心授"的方式传承下来,以非物质形态存在的非物质文化遗产,它们充分展现了我们祖先充沛的创造力、特有的思维方式、宗教信仰和审美情趣。

学者建议

蒙古族养驼习俗估计到牧民作为养驼习俗实践者的主体地位,根据具体材料分析,一是文化习俗与生活实践的结合,二是从"技艺"到"技术"的进化顺承,三是历史性与开放性是构成"活态文化"的重要因素,赛驼近些年成为具有地方特色的娱乐活动,在大大小小的骆驼文化节上都会举办骆驼比赛,通过比赛,选育优良品种。这种与生产相结合的活动一直延续并发扬,对牧民来说,赛驼是当地特有的文化符号,作为社会环境中的环境赋予,可以是社会交往的纽带,也可以赋予娱乐或审美价值,甚至在生态文明的话语下可以附加某种环境保护的意义。

从某种角度来看,"传承人"这一身份同样会被牧民所利用,作为其获取社会、经济资源新的渠道。而这些文化传承或文化供给项目,往往有意识地强调民族认同及地方认同,它既是文化多样性的诉求,也是一些久已失传的仪式和习俗在以新的面貌重新上演,这一现象在以旅游业为支柱产业的地区尤为常见。因此,既要做好非遗保护,又要平衡地方经济发展诉求,在传承与创新中找到契合的支点。

三、牛羊肉烹制技艺(烤全羊技艺)

烤全羊是内蒙古自治区少数民族,尤其是蒙古族人民膳食的一种传统地方风味肉制品,一道最富有民族特色的大菜,是该民族千百年来游牧生活中形成的传统佳肴,蒙古族传统名菜,招待贵宾或举行重大庆典时的盛宴特制的佳肴。阿拉善烤全羊(图2-5-2)是内蒙古自治区阿拉善地区特有的美味佳肴,早在300多年前就已成为阿拉善王府宴席上的珍品。其烤制方法系由蒙古族传统的烤羊技艺发展而来,是游牧民族智慧的产物,在我国饮食文化中占有重要的一席之地。阿拉善烤全羊以色、香、味、形俱佳而闻名,它所采用的原料为土种绵羯羊,肉质细嫩而无膻味。燃料则采用当地植物梭梭,火力强而持久,且无异味。全羊烤制时,须使用特制的烤炉和特殊的配料,要经过十几道工序才能最后完成。2008年,牛羊肉烹制技艺第二批入选国家级非物质文化遗产代表性项目名录传统技艺类(951,Ⅷ-168)。烤全羊技艺是蒙古族人民世代传承下来的宝贵文化遗产,富于地方风味和民族特色,是蒙古族餐饮中的珍品。保护和传承阿拉善烤全羊传统手工技艺,对于研究游牧民族的生活和民俗,丰富和发展中华民族饮食文化,具有不可低估的意义。

图2-5-2 阿拉善烤全羊

历史故事

关于烤全羊的由来,有这样一个有趣的传说。相传清代共有12位京城的格格嫁到草原汗王之家,其中阿拉善盟的汗王娶得了一位美丽的京城格格为妻,将其视为珍宝,格格说要什么汗王就给什么。有一天,京城格格说要吃烧鸭子,这可难坏了汗王的厨师,因为阿拉善是一个半草原半沙漠的干旱地区，很难找到鸭子。可如果做不出烧鸭子定会引来大祸。聪明的厨师急中生智，找来一只二岁的小绵羊，按照烧鸭子的制作过程进行烹制。

而另一个比较被认可的说法是，清朝年间，阿拉善旗第三代旗王罗布藏多尔济因战功被赐封为驸马亲王，并建王府于北京，他在阿拉善传统烤全羊基础上吸收了北京烤鸭的特点，形成了现今阿拉善烤全羊。不论是哪种说法，烤全羊都是游牧民族智慧的产物，在我国饮食文化中占有重要的一席之地。阿拉善烤全羊是内蒙古自治区阿拉善地区特有的美味佳肴，早在300多年前就已成为阿拉善王府宴席上的珍品。据史料记载，烤全羊是成吉思汗最喜爱吃的一道宫廷名菜，也是元朝宫廷御宴"诈马宴"中不可或缺的一道美食，是成吉思汗接待王宫贵族，犒赏凯旋将士的顶级大餐。

制作技艺

一整只羊在烤架上不停翻转，浓浓的羊油"滋拉"滴在炭火上，肉香扑面而来。烤制好的羊肉金黄油亮、焦香发脆，切下一块放入嘴中，醇厚鲜香的肉汁在舌尖搅动着，再来上一口马奶酒，肉香与酒香融合在一起，让人回味无穷。阿拉善的烤全羊之所以好吃，据介绍是因为这里的羊吃的是白虫草，喝的是矿泉水，选料上等，要求独特，并加入祖传秘方炒制的调料，使用专门制作的烤炉，恰到好处的火候烤制，烤制出来的羊皮脆肉嫩、色泽光亮、味道鲜美、香味四溢。这一技艺属蒙餐传统厨艺。一只完美的烤全羊，制作工艺有十八道之多。

阿拉善烤全羊从选羊、烫羊毛到调料的配置，火候的控制都是有严格要求的。烤全羊选取的是阿拉善本地羊，两岁大小，也称为"二齿"，体态匀称，多用羯羊。皮毛的处理十分关键，切忌用火，因为阿拉善烤全羊是带皮烤制，羊皮可以直接食用，处理完皮毛后要一遍遍地擦拭羊的全身，擦拭完后开始下料，在羊身上的五个开口处塞进去葱和蒜。接下来最重要的一步就是将秘制的调料放到羊的肚子和四肢里，秘制调料中包括黄芪、党参、当归、天麻等中草药，烤出来的羊肉不但口感好，同时还能起到养生的作用。除了调料配置外，烤羊的烤炉也格外讲究。炉不能更换，要长期用，用的时间越长越好，就像过去厨师们的老汤一样，厨师讲究炒勺，烤羊要讲究烤炉。烤炉的堆砌十分讲究，要打成坛子形状，这样烤出来的羊肉才能均匀熟透，不能用耐火土和耐火砖制作，要用红砖、黑胶泥掺红泥砌起来，烤出来的羊肉才飘香四溢。烤全羊是利用炉壁的热力将羊烘熟，接着把汤盆放入炉子，烤羊不断渗出汤汁，整个烤制过程持续四个半小时，而烤羊人需要每隔15分钟给炉中加一次炭火，一共需要36次看火加炭。

在一米多高的大型烤炉外，在当地植物梭梭木的炙烤中，色、香、味、形在时空中散发相聚，味蕾生津，给人以期盼。

传承人物

赵铁锁,男,蒙古族,1952年1月出生于内蒙古阿拉善盟巴彦浩特镇,1960—1965年在阿拉善左旗读小学,1963—1982年开始跟随父亲学烤全羊技艺,1983—1984年在阿拉善左旗牧民招待所从事烤全羊工作,1985—1994年在阿盟宾馆从事烤全羊工作,1994年退休以后在家继续从事烤全羊工作,并将烤全羊技艺传授给徒弟。最早,阿拉善烤全羊只是在王府中才有。那时在重大的节庆日,王府常请广宗寺的师傅制作烤全羊。当时的王府厨师赵布音(赵六六)学会了这一技艺。后又传授给了儿子赵铁锁。赵铁锁继承了传统的阿拉善烤全羊技艺,他出色的技艺为提高阿拉善烤全羊的知名度做出了重要的贡献。作为烤全羊技师,赵铁锁曾经在许多重大节日和重要的接待工作中担任烤羊工作,得到大家的一致好评,1988—1993年连续6年荣获"先进工作者"荣誉称号。

发展现状

"这些年来,阿拉善烤全羊越来越被区内外游客所熟知,从事烤全羊技艺的传统民族餐饮行业开始发展壮大,但是真正做到不失老味道的却是少之又少。"赵铁锁感慨地说:"这些年来,不少商家改良烤全羊技艺,用电炉代替土炉、减少烤羊工序等,让阿拉善的老味道越走越远。"

"阿拉善的'老味道'不仅为世人带来了口味独特的美味,更向国人、向世界打开了一扇展示阿拉善文化魅力的窗户,只有深度挖掘阿拉善地方美食文化内涵,打造传统美食文化品牌,才能进一步提高城市的知名度、美誉度,提升城市的传播力和影响力。"赵铁锁说:"这些年来全国各地来跟我学技艺的年轻人也很多,但坚持下来的人却少之又少,多数年轻人都是简单地学一些皮毛知识,就开始烤羊了,这让我对我们阿拉善烤全羊今后的发展之路很是担忧。"赵铁锁表示,希望政府能出台相应政策,明确阿拉善传统美食品牌价值界定,或通过考试要求从业人员持证上岗,或政府建设专用场地培养非遗传承人,让阿拉善烤全羊以及过去王府的阿拉善名菜一起传承下去,让"阿拉善老味道"真正成为游客心中最美的记忆。

传承创新

烤全羊技艺+仪式

阿拉善烤全羊的创新之处在于结合独具特色的上餐仪式(图2-5-3),使上餐仪式为技艺赋能,技艺反哺仪式的文化属性。烤全羊宴有一套完整而充满蒙古民族风情的仪式,它不仅是舌尖的享受更是蒙古民俗文化的大餐。在烤全羊上席时,香飘大厅,掌声四起,这时会有专门的司仪,用蒙语和汉语两种语言高吟全羊赞词,并介绍烤全羊的来历。烤全羊是元朝时期蒙古大国宫廷内的一道名菜,享用烤全羊是身份和地位的象征,用烤全羊接待客人不但体现了主人对客人的尊崇,更用剪彩的仪式表达了主人的真诚。接下来请客人中最德高望重的一位做为"王爷",代表各位宾客受到主人的礼敬,蒙古族吉祥大师给大家朗声宣唱颂词,其内容翻译成汉语就是祝福客人吉祥如意,祥和美满。有双手捧着洁白的哈达的蒙古族姑娘,唱着甜美的祝酒歌,用银碗向尊贵的客人敬酒。"王爷"接过蒙古刀,在羊的身上划个"十"字,从羊身上割下一块肉,再接受蒙古族姑娘的银碗敬酒,用无名指蘸酒弹酹,举杯祝辞,然后一饮而尽。

其实,上餐仪式本就存在。对阿拉善烤全羊上餐仪式的重视及运用,让仪式成为用餐必不可少的环节,加重仪式所占比重,这是对阿拉善烤全羊非遗技艺的创新传承发展。不仅使得阿拉善烤全羊在味道上让人流连忘返,同时让游客更能现场感悟到独特的文化,形成特殊的饮食和文化记忆。

当下有些餐饮企业为降低经营成本,从而简化流程,导致上餐仪式不规范,使得蒙古族传统文化的差异和误解。近年,各组织机构对阿拉善烤全羊上餐仪式进行研究和梳理,进而对阿拉善烤全羊仪式进行统一规范,让阿拉善烤全羊技艺及其文化属性得到统一规范,减少受众文化理解偏差。

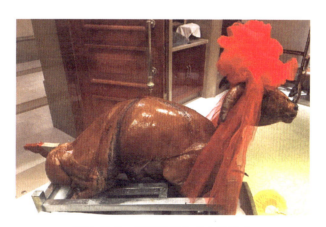

图2-5-3　阿拉善烤全羊上餐仪式

学者建议

阿拉善烤全羊是内蒙古自治区阿拉善地区特有的美味佳肴,早在300多年前就已成为阿拉善王府宴席上的珍品。其烤制方法系由蒙古族传统的烤羊技艺发展而来,是游牧民族智慧的产物,在我国饮食文化中占有重要的一席之地。

阿拉善烤全羊以色、香、味、形俱佳而闻名,它所采用的原料为土种绵羯羊,肉质细嫩而无膻味。燃料则采用当地植物梭梭木,火力强而持久,且无异味。全羊烤制时,须使用特制的烤炉和特殊的配料,要经过十几道工序才能最后完成。

　　烤全羊技艺是蒙古族人民世代传承下来的宝贵文化遗产,富于地方风味和民族特色,是蒙古族餐饮中的珍品。保护和传承阿拉善烤全羊传统手工技艺,对于研究游牧民族的生活和民俗,丰富和发展中华民族饮食文化,具有不可低估的意义。

第六站：陕西省非遗及其文创产品

陕西（Shaanxi Province），简称"陕"或"秦"，中华人民共和国省级行政单位之一，省会古都西安。位于西北内陆腹地，横跨黄河和长江两大流域中部，连接中国东、中部地区和西北、西南的重要枢纽。陕西历史悠久，是中华文明的重要发祥地之一，上古时为雍州、梁州所在，是炎帝故里及黄帝的葬地。西周初年，周成王以陕原为界，原西由召公管辖，后人遂称陕原以西为"陕西"。陕西自古是帝王建都之地，九个大一统王朝，有五个建都西安（咸阳），留下的帝王陵墓共79座，被称为"东方金字塔"。目前，陕西入选国家级非物质文化遗产代表性项目共计91个，本章节重点介绍秦腔、靖边跑驴、陕西皮影戏三个代表性非遗文创项目。

一、秦腔

秦腔是元明之际流传于关中一带的劝善调及当地民间音乐与关中方言结合形成的一个戏曲声腔剧种，主要流行于陕西、甘肃、宁夏、青海、新疆等西北部地区。明清之际，秦腔由陕西商人传入中原及华东、华中、华南一带，在清初成为全国有重大影响的戏曲剧种。

现已发现的秦腔传统剧目有 3000 多种，多取材于历史故事及各种神话和民间传说，其中包括《春秋笔》《和氏璧》《玉虎坠》《紫霞宫》《麟骨床》《长坂坡》《卖华山》《临潼山》《斩单通》《取洛阳》《三娘教子》《柜中缘》《反延安》《破洪州》《三上殿》《献西川》等代表性剧目。

秦腔音乐分欢音和苦音两种，前者主要表现欢快喜悦的情绪，后者主要表现悲愤凄凉的情绪。秦腔演唱时有慢板、二六板、代板、起板、尖板、滚板等板式变化形式，伴奏乐队分为文场和武场，文场以板胡为主，辅以笛、三弦、月琴、唢呐等；武场基本使用打击乐器，包括指板、干鼓、暴鼓、战鼓、钩锣、手锣、水水等。秦腔的脚色行当传统上分为四生、六旦、二净、一丑，各有自己完整的唱腔和表演程序。秦腔的生、净行唱腔高亢激越、慷慨悲凉、雄迈豪放；旦角唱腔委婉细腻、婉转流变、细腻典雅。秦腔演员还极重工架和特技，在长期的舞台实践中形成了趟马、拉架子、担柴、喷火、梢子功、扑跌等富有特点的表演模式。此外，秦腔的脸谱也别具特色。

秦腔是西北黄土高原人民共同拥有的精神财富，也是三秦文化的典型代表样式，有着广泛的群众基础。它在历史上曾流传至中原和沿海一带，影响和孕育了数十个地方剧种。20 世纪 80 年代以后，秦腔和其他戏曲剧种一样受到现代文化的巨大冲击，专业演出团体生存艰难，优秀演艺人才缺乏，传统表演技艺正面临失传的危险，急需采取切实的保护措施。2006 年，秦腔入选为第一批国家级非物质文化遗产代表性项目传统戏剧类（160，Ⅳ-16）。

历史故事

秦腔的产生与发展有着深刻的历史渊源与厚重的文化背景。在秦腔发展与传播的各个阶段，都有着独特的文化背景，都深深烙上了鲜明的时代印记。

秦腔起源于古代陕西、甘肃一带的汉族民间歌舞，是在中国古代政治经济、文化中心长安生长壮大起来的，经历代人民的创造而逐渐形成，因周代以来，关中地区就被称为"秦"，秦腔由此而得名。因以枣木梆子为击节乐器，又叫"梆子腔"，因以梆击节时发出"恍恍"声，俗称"桄桄子"。

清人李调元《雨村剧话》云:"俗传钱氏缀百裘外集,有秦腔。始于陕西,以梆为板,月琴应之,亦有紧慢,俗呼梆子腔,蜀谓之乱弹。""乱弹",词在中国戏曲声腔中的含义很多,过去曾把昆曲、高腔之外的剧种都叫"乱弹",也有曾把京剧称为"乱弹",也有的剧种以乱弹命名,如温州乱弹、河北乱弹,但更多的仍用在以秦腔为先、为主的梆子腔系统的总称上。

秦腔历史悠久,明代万历间的《钵中莲》传奇抄本中,有一段注明用"西秦腔二犯"的唱腔演唱的唱词,且都是上下句的七言体,说明秦腔在当时或在那以前不但形成,而且已外传到其他地方了。

然而,它的起源,众说不一,大体有形成于秦代(或先秦),形成于唐代,形成于明代三种说法。《钵中莲》是江南无名氏之作,证明已传播到江南。江南远离陕西,传播需要时间,据此,秦腔在明中叶当已形成。另据调查,明代最早的秦腔班社是周至人所创办的华庆班,曾驰名甘、陕一带。后来,秦腔在陕西省内又发展成东、西、中、南四路。东路即同州梆子,西路即西府秦腔,南路演变为汉调桄桄,中路为西安乱弹,即今通常所称的秦腔。秦腔艺术源远流长。相传唐玄宗李隆基曾经专门设立了培养演唱子弟的梨园,既演唱宫廷乐曲,也演唱民间歌曲。梨园的乐师李龟年原本就是陕西民间艺人,他所作的《秦王破阵乐》称为秦王腔,简称"秦腔"。这大概就是最早的秦腔乐曲。其后秦腔受到宋词的影响,从内容到形式上日臻完美。明朝嘉靖年间,甘、陕一带的秦腔逐渐演变成为梆子戏。清乾隆时期,秦腔名角魏长生自蜀入京,以动人的腔调、通俗的词句、精湛的演技轰动京城,如今京剧的西皮流水唱段就来自于秦腔。

秦腔可分为东西两路:西路流入川成为梆子;东路在山西为晋剧,在河南为豫剧,在河北成为梆子。秦腔又名"秦声""乱弹""梆子腔"。民间俗称"大戏",清代中叶以后,北京等地亦称"西秦腔""山陕梆子"。秦腔在陕西境内,因各地方言、语音的不同而演变形成了四路:流行于关中东府同州(今大荔)地区的,称"同州梆子"(即东路秦腔);流行于中府西安地区的,称"西安乱弹"(即中路秦腔);流行于西府凤翔地区的,称"西府秦腔"(即西路秦腔);流行于汉中地区的,称"汉调桄桄"(即南路秦腔)。秦腔流传十分广泛,盛行于陕西的关中、商洛、汉中等地,流行区域西抵陇州,东至潼关,北达榆林,南过宁强,向外曾流行至京、津、冀、鲁、豫、皖、浙、赣、湘、鄂、粤、桂、川、滇、青、宁、新、藏等省区。1949年后还传至台湾,域外远达吉尔吉斯斯坦。

制作技艺

秦腔分欢音和苦音两种,前者主要是表现欢快喜悦的情绪,后者主要表现悲愤凄凉的情绪。秦腔演唱有慢板、二六板、代板、起板、尖板、滚板等板式变化形式,伴奏乐队分为文场和武场,文场以板胡为主,辅以笛、三弦、月琴、唢呐等;武场基本使用打击乐器,包括指板、干鼓、暴鼓、战鼓、钩锣、手锣、水水等。秦腔的脚色行当传统上分为四生、六旦、二净、一丑,各有自己完整的唱腔和表演程序。秦腔的净行唱腔高亢激越、慷慨悲凉、雄迈豪放;旦角唱腔委婉细腻、婉转流变、细腻典雅。秦腔演员还极重工架和特技,在长期的舞台实践中形成了趟马、拉架子、担柴、喷火、梢子功、扑跌等富有特点的表演模式。

传承人物

(1)卫赞成,男,汉族,出生于 1939 年,陕西华阴人。国家一级演员,中国戏剧家协会会员,曾任华阴剧团团长、渭南戏剧家协会副主席等职。2018 年 5 月,确定为第五批国家级非物质文化遗产代表性项目代表性传承人。

1948 年卫赞成经西安尚友社著名演员傅凤琴介绍进入尚友社学艺,1952 年又进入华阴县新中社学艺,主工文武小生。12 岁便因扮演《黄鹤楼》中的周瑜赢得了附近地区戏迷的赞誉。

24 岁时,卫赞成开始学习戏曲导演,他导演的第一个戏《江姐》就轰动了渭南,后参加了中国社科工作团开办的表导演学习班的学习,得到了王琨、孟盂、杜鹏、许可的赏识。

卫赞成戏路宽,文戏武戏、小生须生均能胜任,50 多年的艺术生涯,他先后扮演了秦腔《黄鹤楼》《柴桑关》中的周瑜、《闹龙宫》中的孙悟空、《长板坡》中的赵云、《夜战马超》中的马超、《貂蝉》《辕门射戟》中的吕布、《梁祝》中的梁山伯、《血溅鸳鸯楼》中的武松、《三岔口》中的任堂会、《辕门斩子》中的杨延景、《周仁回府》中的周仁、老腔《借赵云》中的赵云等一系列栩栩如生的舞台艺术形象。

多年来他的演出剧目及唱段曾多次在陕西省广播电台录音并作为专题播放。秦腔《周仁回府》、眉户《血泪仇》等播放后均受到好评。同时由省电台录制的《卫赞成谈声腔艺术的提高》专题也多次播放。《龙凤呈祥》中的赵云以及《五典坡·别窑》中的薛平贵均受到广大观众的喜爱和好评。他的《表八节》《乞讨》《激友》《卧薪尝胆》等戏被省音像出版社录制成盒式磁带发行,《杀庙》《哭墓》《别窑》等也已录制成光盘在全国各地发行。

(2)李淑芳(艺名小若兰),陕西周至人,西安秦腔剧院易俗社演员。1985 年考入周至县剧团,1988 年正式拜著名表演艺术家肖若兰为师学艺,继承了肖派代表剧目《藏舟》《数罗汉》《河湾洗衣》《于无声处》等剧目,1998 年调到易俗社后先后主演了易俗社传统优秀剧目《游龟山》《三滴血》《打金枝》,并主演了新编剧目《皇后梦》等。

发展现状

清代是秦腔的繁盛时期。秦腔的鼎盛时期在乾隆年间,这个时期,全国很多地方都有秦腔班社,仅西安一地就有 36 个秦腔班社,如保符班、江东班、双寨班、锦绣班等。康熙四十四年(1705 年)前后出现的张鼎望《秦腔论》,乾隆年间严长明《秦云撷英小谱》、吴长元《燕兰小谱》、周元鼎《影戏论》,都是较有影响的论述秦腔著作。《秦云撷英小谱》载:"西安乐部著名者凡三十六。"这些班社均为秦腔班社,每个班社均拥有一批有影响的艺人。乾隆、嘉庆年间(1736—1820 年),秦腔演员魏长生曾三次到北京演出,使京腔六大班几无人过问,不少昆曲、京腔艺人改习秦腔。此后半个多世纪,秦腔几乎一直是北京舞台上的一个重要戏曲剧种,同时也是流行全国许多地区的剧种。就清代有关史料统计,当时除山海关以外的东北三省尚未有秦腔的足迹外,其他各省都有流行。在流行过程中,秦腔与其他戏曲形式和民间艺术结合,逐渐地变形成各地多种多样的梆子声腔剧种,秦腔在各地流行的地位遂被代替而渐趋缩小。至清末,又变成流行于西北一带的地方剧种。

1912 年,在西安成立了以"移风易俗"为宗旨的陕西易俗社,对秦腔剧目、音乐唱腔、表演艺术、导演、舞台设计等方面进行了一些革新,并大量编演反映资产阶级民主革命的新剧目。在此影响下,山东、河北、天津、甘肃、宁夏等地,都相继成立了仿陕西易俗社建制的戏曲团体。如山东、河北、天津的易俗社、甘肃的化俗学社、平乐学社、宁夏的觉民学社等。易俗社曾先后两次赴北平、武汉和甘肃等地演出。西安先后成立的还有三意社等秦腔班社。

抗日战争期间,陕甘宁边区秦腔艺术工作者,为戏曲表现革命的现实生活,塑造工农兵英雄形象,进行了大胆的探索。1938 年 7 月成立的陕甘宁边区民众剧团,在抗日战争和解放战争中,紧密配合革命斗争,创作排演了大批新秦腔剧目,如《血泪仇》等。

新中国成立后,陕西、甘肃、宁夏、青海和新疆五省、区陆续在县级以上建立了专业秦腔剧团,至 20 世纪 80 年代初,共达 300 个,其省属剧团有陕西戏曲研究院秦腔剧团、甘肃省秦腔团、宁夏回族自治区秦剧团、青海省秦剧团(后改为西宁市秦腔剧团)、新疆维吾尔自治区猛进剧团。此外,各地还建立戏曲学校,为繁荣秦腔艺术积累了大量的人才资源。

传承创新

秦腔如何创新?如何培养人才?陕西省第十三届人大常委会第二十九次会议通过了《陕西省秦腔艺术保护传承发展条例》(以下简称《条例》),对秦腔艺术的保护传承、人才培养、创新发展和保障措施等进行规范。《条例》于 2022 年 1 月 1 日起施行。

秦腔艺术是中华民族优秀文化瑰宝,是首批列入国家级非物质文化遗产名录的保护和传承项目。随着经济社会发展,传统戏曲特别是地方戏曲面临着严峻挑战,保护传承发展刻不容缓。条例规定秦腔艺术保护传承对象包括下列具有历史、美学、艺术价值的秦腔传统文化表现形式以及相关的实物、场所秦腔艺术的代表性剧目、流派、唱腔、方言、音乐和传统表演技艺及相关知识产权;与秦腔艺术相关的乐器、服饰、道具等制作技艺;与秦腔艺术相关的历史性建筑设施、文献档案、影音资料、器具实物;秦腔艺术特有的传统习俗;与秦腔艺术相关的其他需要保护传承的对象。

对于秦腔的保护和传承,《条例》明确,县级以上文化旅游行政主管部门应当组织开展秦腔艺术资源普查,征集、抢救、保护具有历史价值、艺术价值的档案资料、口述历史和珍贵实物,对濒临失传的经典传统剧目、曲牌进行挖掘整理、修改提升和复排演出。县级以上人民政府及其文化旅游行政主管部门应当保护修缮具有历史价值的秦腔艺术场所、设施,根据需要建设秦腔艺术纪念馆、博物馆、展览馆,开展秦腔艺术影视观赏、表演展示、普及培训等活动,并按照有关规定免费向公众开放。县级以上人民政府应当加强对历史悠久、享有盛誉、具有代表性的秦腔艺术品牌的保护。

对秦腔艺术代表性传承人给予场所、经费等支持,保障其开展传承、传播活动。秦腔艺术品牌保护办法和秦腔艺术名团、名家、名剧保护目录,由省人民政府制定公布。在创新发展方面,《条例》规定,鼓励秦腔院团开拓演出市场,加强优秀剧目宣传推广,开展驻场演出和巡演,创作、编排、演出适合年轻消费群体观演需求的优秀剧目。鼓励秦腔院团加强与互联网平台合作,建设在线剧院、数字剧场,制作适合线上观演的秦腔剧目、动漫和影视剧等优秀作品,提高线上传播能力,培育发展线上演播新业态。鼓励推出具有秦腔艺术特色的旅游演艺项目、沉浸式体验场景和主题旅游线路。鼓励合理利用秦腔艺术资源开发文化创意产品。

《条例》还规定,推动开展秦腔艺术进校园活动,推进中华优秀传统文化传承发展。支持学校通过举办展演展示、知识讲座、组建社团等形式,增进学生对秦腔艺术的了解和体验,培养秦腔艺术兴趣爱好①。

学者建议

秦腔是西北地区的传统戏剧,更是一朵芳华馥郁的艺术奇葩。自明朝中期发展成熟以来,秦腔以豪迈、粗犷、刚健的艺术风格风靡西北地区,它把悲壮苍凉的韵味沉淀在了西北人的血液里,可以说,它是西北人的一种精神寄托。随着国家对传统戏剧扶持力度

---

① 摘录:https://www.360kuai.com/pc/9ef8df4d35455b3fe? cota = 3&kuai _ so = 1&sign = 360 _ 57c3bbd1&refer_scene=so_1.

的加大,秦腔在天水有很广阔的市场。挑战就是创新。很长时间以来,戏剧演员一直局限在传统秦腔剧当中,秦腔要发展,就必须有目的地吸收话剧、舞蹈、小品等其他艺术形式的优点,并将其与秦腔艺术进行深度融合。

　　此外,艺术也应紧随时代步伐,在不破坏传统戏曲文化精神内涵的基础上,跟时代相关联,让中华优秀传统文化蕴含的思想观念、道德规范在戏剧创新过程中展现出无穷魅力。①

---

　　① https://www.360kuai.com/pc/902b6ba4c7f4fdff4? cota = 3&kuai_so = 1&sign = 360_57c3bbd1& refer_scene = so_1.

二、靖边跑驴

靖边跑驴(图2-6-1)是陕西靖边社火中的一种歌舞形式,在民间有"骑毛驴""耍驴儿""拉犟驴""赶毛驴"等俗称,主要流传于靖边的宁条梁镇、东坑镇、镇靖乡等乡镇。据光绪《靖边县志》记载,跑驴在清代的靖边已相当盛行。

跑驴表演技巧丰富,风格独特,充满生活情趣。它通常用钢筋、铁丝焊接"驴"框架,加上可以转动的"轴承",下有支架和4个小轮子,用电灯泡做眼睛,以兔皮、驴皮、驴耳、驴尾等不用加工的原料进行装饰,使"驴"成为"活道具",不仅可以完成动耳、摇尾、眨眼、张嘴等动作,还可完成"旋转360度倒骑""落鞍下驴""双人同骑驴"等高难动作,一般尾随在秧歌队后进行即兴表演,主要特点是将驴拟人化,表演时传神、传情、诙谐、幽默,充分展现出民俗艺术的魅力和价值。

靖边跑驴具有浓郁质朴的乡土风情和生活气息,体现了当地独特的地理环境和悠久的历史,具有社会学、民俗学的研究价值,是陕北地区的代表性艺术表现形式。曾多次参加各种演出活动,在国内外产生了较大影响。2008年,靖边跑驴入选为第二批国家级非物质文化遗产代表性项目传统舞蹈类(653,Ⅲ-56)。

图2-6-1　靖边跑驴

历史故事

靖边跑驴根据地理、历史、生产方式以及光绪年间《县志》对"社火"的记载证明,在清代已很盛行。当地有关靖边跑驴的传说有三种:其一说,靖边跑驴最早是来自神话《八仙过海》中的"张果老倒骑毛驴"这一民间故事,民间艺人根据这一故事编创并流传至今。其二说,在明成化年间是由靖边民间艺人姚福有根据当地盛兴的"跑竹马"改编发展而成的。其三说,是从民国初由定边、安边流传到靖边的。这三种传说,看起来都有一定的由来和依据,虽然当地志书及其他资料、碑文中没有明显提及跑驴的踪迹,靖边民俗跑驴的艺术水平,普及程度,舞蹈本身的古朴韵味,以及靖边群众世代春节"闹社火"离不开跑驴的习惯,说明这是一种古老的艺术品种。靖边跑驴以耐人寻味的乡土风情与浓郁质朴的生活气息为百花园中增添了土香土色、清新瑰丽的色彩。

制作技艺

1. 舞蹈内容

陕北靖边跑驴一般情况下尾随秧歌队在行进间表演。靖边跑驴不受秧歌队及鼓乐节奏的约束进行即兴表演。春节"闹社火"时先"打场子"的就是要靠跑驴,在激越欢快的锣鼓声中开始,表演者根据当时当地风土人情,环境条件即兴作舞,常以夸张的形象动态,风趣的舞姿技巧,滑稽的嬉逗,幽默的演唱道白,抒发对美好生活的追求之意。

2. 折叠表演形式

陕北靖边跑驴在表演形式上有一人跑驴,双人跑驴,多人跑驴,多数为双人跑驴,一个骑,一个赶。其表演内容传统的跑驴纯属情趣性即兴表演,男女之间互相挑逗,后来经过民间艺人及传承人的演变,给这种传统形式赋予了新的内容,如"夫妻探亲""回娘家""赶集路上""爷孙赶集"等,使古老的艺术焕发出了新的生命。跑驴的基本动作有:"慢步闪腰""上坡步""下坡步""过河步""小跑步""大跑步""撒欢跳"等。动作组合有:"惊驴打斗""陷泥救驴""双人骑驴""太平跳跃"等。表演时,表演者即兴使用,不受限制。

3. 折叠舞蹈道具

陕北靖边跑驴道具所用的"驴",过去是用柳条、竹条、丝麻、线绳进行编制框架,然后外加麻纸,报纸用浆糊粘贴,最后用墨汁涂刷而成。制作时分前后两截,中间用柳条连接,下部围上黑绸布或绒布,另外用两把笤帚装进一条裤子的双腿内,加上鞋和袜子、绑腿带,做成两条假腿。表演者在演出前先将道具"驴"挂绑在腰间,两条假腿挂绑在"驴"鞍两侧的部位,表演者露出上身与两条假腿成一体,然后即可进行表演。赶驴者,则挂着一个柳筐筐,拿着一根赶驴的红缨子鞭杆,腰间挂一支旱烟锅和绣着山丹丹花的烟袋,头扎白毛巾,戴一支夸张的鼻胡儿。

传承人物

张有万,男,"靖边跑驴"国家级代表性传承人。1945年出生于靖边县东坑镇。从小爱好文艺活动,经常参加乡村秧歌队的表演活动,受老艺人孟占雄的影响,经常进行跑驴表演。1979年春节,由靖边县文化馆编导,张有万表演的跑驴《探亲路上》参加了榆林市文艺调演,并获表演一等奖。由于跑驴艺术的风格独特,后来在榆林市成立民间艺术团时他便与"跑驴"同时踏上民间艺术舞台,成了市民艺团的主要职员。1982年,他所表演的《探亲路上》参加了中国农业电影制片厂《泥土的芳香》的拍摄,并在北京中南海为中央首长进行汇报表演。《探亲路上》还以其独特的民族风格和高超的表演技巧,参加了国际亚舞会舞蹈艺术交流演出。曾随市民艺团出访了十几个国家和地区,受到出演国家的高度赞誉,为弘扬我国民族文化做出了重要的贡献。

张有万出生在靖边县宋渠村的一个农民家庭,8岁就加入村里的吹手班,还扭秧歌。作为一名放牛娃的他,15岁才开始上学,因为记忆力好,不断跳级,最后进入榆师进修。

在过去的年代,男扮女装表演是被许多人鄙弃的事情,张有万承受了不少白眼、嘲笑和压力。但他凭借着自身的天赋,不断创新跑驴内容,精心编排动作,情景夸张幽默、内容贴近生活的节目使他在当时的靖边县越来越有名气。1978年,他自编自演的靖边跑驴节目《老两口参加三干会》获靖边县奖励;1979年,该节目获得榆林市文艺调演一等奖。后来,他将《老两口参加三干会》改为《探亲路上》,参加全省文艺调演;1980年,参加全国文艺调演,获文化部奖励。为形容张有万扮相的逼真,当时还流传出这样一句话:"满脸胡子张有万,探亲路上扮老旦。"

当张有万将《探亲路上》在中南海表演的时候,获得了一致赞扬。"那是多大的荣誉啊,那情景我一辈子也忘不了,当时是文化部先选,没选上的人都大哭,有的大男人也在那儿哭。"张有万回忆说,那次表演,中央领导接见了所有演员,还和他们拍大合影,"国务院招待我们吃饭,我第一次喝到茅台酒"。

此后,他还陆续创作了《蓝采和嬉戏张果老》《娶亲》《拉毛驴的小女婿》等作品,最让他高兴的是他的作品不仅被摄入电影《泥土的芳香》及电视片《中国风》《源泉》《民舞集锦》等中,他还作为中国传统艺术家代表出访美国、法国、瑞士、荷兰等国家表演跑驴,将中国传统艺术传向世界。

没经过任何专业训练的张有万,身上时刻都带着一个小本,他会把生活中的点滴随时记下,作为创作的灵感和素材,甚至人们在交谈中的表情,也会被他编排进舞蹈里。"慢步闪腰""上坡步""下坡步""过河步""小跑步""大跑步""撒欢跳"等都是张有万表演跑驴的基本动作,还有"惊驴打斗""陷泥救驴""双人骑驴""太平跳跃"等著名的动作组合。他即兴作舞,常以夸张的形象动态、风趣的舞姿、滑稽的嬉逗、幽默的演唱道白抒发对美好生活的追求和向往,引发观众的阵阵笑声。

近年来,作为靖边跑驴国家级非物质文化遗产项目代表性传承人的张有万,积极开展跑驴传承活动,他举办跑驴培训班,还免费招收徒弟。"我们到大学去表演,受到意料之外的欢迎。我没想到在人们眼中不起眼的民间艺术能让大学生们非常欣赏和喜欢。"

张有万说,虽然欣赏,但很少有人想学习跑驴。

"只要有人想学,我就会倾囊相授。但现在的社会,年轻人对跑驴这一类的传统技艺不感兴趣,觉得没出息,也不挣钱。在这样的观念下,传承是一件比较困难的事情。"张有万不无唏嘘地说,自己会尽最大的努力,转变人们的传统观念,让跑驴这样的技艺真正走进社会、得到传承。

接下来,他会继续努力扩大培训班的规模,争取举办"跑驴"项目的非遗展出等,在传承非遗的这条道路上开拓出新的色彩①。

发展现状

靖边跑驴是流传在民俗社火中的一种歌舞表演形式,传说是由"张果老倒骑毛驴"的民间故事创编或明成化年间由艺人姚福根据"跑竹马"改编而成。跑驴通常尾随秧歌队后即兴表演。后经著名艺人张有万和舞蹈家孟海平加工整理,已成为生活情趣盎然、技术丰富、独树一帜的陕北民间舞台表演艺术。其特点是将"驴"拟人化,表演时传神、传情、诙谐、幽默,展现出诱人的民俗文化艺术魅力与审美价值。

目前,这一独特的民间舞蹈已处于濒危状态,急需保护传承。与许多其他民间传统舞蹈一样,靖边跑驴在传承与保护上也面临诸如艺人创作能力有限、演出作品脱离时代、受众群体局限、演出市场萎缩、传承人断层等许多的困难。

首先,从艺人本身来讲,跑驴表演者多为民间艺人,他们大都文化水平不高,自己不能很好地创作、编写剧本,有时有了想法只能口头描述给编剧导演或其他创作者。这样听者稍加修改利用,民间艺人的成果就会被他人窃取。久而久之,无疑会打击传承者创作的积极性,也在很大程度上降低了作品的新颖度,更不利于跑驴的推广宣传。

其次,随着现代社会的发展,社火文化、跑驴文化遭受到现代化进程中强势文化的激烈冲击,受到的关注大大降低,生存空间也一再被时尚的"新舞蹈"挤占,出现前所未有的生存危机。年轻人对传统文化不了解,失去了欣赏、传承传统舞蹈的热情。只有年龄稍长的人才会对跑驴秧歌等感兴趣。跑驴表演没有经常性、长期性的展示平台,不能适应市场经济下的生存条件,受众群体缩小,生存空间萎缩。

最后,跑驴传承人出现断层。青年学习者很难能坚持下来,总是半途而废,学成后专门从事跑驴表演的更是寥寥无几。跑驴爱好者和传承者多为中老年人,而他们的体力,记忆力,身体状况等因素都严重影响着他们对跑驴文化的有效传承。随着时间的流逝,老一辈跑驴艺人锐减,传承人后继乏人,出现断层,跑驴技艺处于失传的边缘。

近些年来,靖边跑驴频频在国内国际艺术节上获奖,受到各国人民和艺术家的欢迎

---

① 摘录自:http://www.jbxc.gov.cn/whjs/whac/10002.htm.

和好评,为祖国赢得了荣誉。可以说,经过多年的努力,靖边跑驴已走出国门,扬名海外,这些成就为弘扬我国民族文化、促进我国对外文化交流做出了较大的贡献。

传承创新

靖边跑驴是流传在民俗社火中的一种歌舞表演形式,传说是由"张果老倒骑毛驴"的民间故事创编或明成化年间由艺人姚福根据"跑竹马"改编而成。跑驴通常尾随秧歌队后即兴表演。后经著名艺人张有万和舞蹈家孟海平加工整理,已成为生活情趣盎然、技术丰富、独树一帜的陕北民间舞台表演艺术。其特点是将"驴"拟人化,表演时传神、传情、诙谐、幽默,展现出诱人的民俗文化艺术魅力与审美价值。近年来,靖边跑驴已蜚声国内外舞坛,以耐人寻味的乡土风情与浓郁质朴的生活气息为艺术的百花园增添了土香土色、清新瑰丽的色彩。

学者建议

靖边跑驴在生活和艺术特征上有以下几点。

其一,源于生活,在生活的常态中巧妙提取感人的驴趣和人与驴的交流态,编织成感动人的乐趣,让人们在乐趣中体会生活的美。

其二,艺人的聪明智慧将生活的驴变成艺术的"驴",又通过艺术的"驴"美化生活,让人们体会到生活中如何创造美。

其三,人与驴和谐相处,互相依靠,为了生存结下割不断的真情,进而将这种真情升华为艺术的情感来娱乐人们的生活。

三、陕西皮影戏

皮影戏是一种用兽皮或纸板剪制形象并借灯光照射所剪形象而表演故事的戏曲形式。是我国优秀的传统民间艺术形式,是珍贵的非物质文化遗产,其流行范围极为广泛,几乎遍及全国各省区,并因各地所演的声腔不同而形成多种多样的皮影戏,如甘肃的环县道情皮影戏,山西的孝义碗碗腔皮影戏,河北的唐山皮影戏、冀南皮影戏,浙江的海宁皮影戏,湖北的江汉平原皮影戏,广东的陆丰皮影戏,辽宁的复州皮影戏、凌源皮影戏等。本部分内容主要介绍陕西皮影戏(图2-6-2),主要包括华县皮影戏、华阴老腔皮影戏、阿宫腔皮影戏、弦板腔皮影戏。18世纪的歌德到后来的卓别林等世界名人,对中国的皮影戏艺术都曾给予高度的评价。可以说皮影戏是中国历史悠久、流传很广的一种民间艺术。这种源于中国的艺术形式,迷恋了多少国外戏迷,人们亲切地称它为"中国影灯"。在中国,不少的地方戏曲剧种都是从皮影戏中派生出来的,而皮影戏所用的幕影演出道理,艺术手段,对电影的发明和美术片的发展也起到先导作用。如今,中国皮影被世界各国的博物馆争相收藏,同时也是中国政府与其他国家领导人相互往来时的馈赠佳品。皮影戏在2008年被列入第二批国家级非物质文化遗产名录传统戏剧类(235,Ⅳ-91)。

图2-6-2　陕西皮影戏

(1)华县皮影戏。华县碗碗腔皮影戏(曾名时腔)(图2-6-3),形成于清代初叶。因其主要流传于关中东府渭南二华、大荔一带,所以也称其为东路碗碗腔。该剧种唱腔板式齐备,伴奏乐器很有特性,细腻幽雅、婉转缠绵,表现形式丰富多彩。皮影造型优美,人物个性特征明显、选料考究、制作精细。清乾隆、嘉庆年间,戏剧家李芳桂等文人、举子,为碗碗腔皮影著有《十大本》等许多传统剧目,至今流传,并被其他剧种移植、改编搬上舞台,久演不衰,为陕西的戏曲艺术做出了巨大的贡献。皮影班多由五六人组成,行动方便,不择场地,长年可活动于民间的村镇、宅院,在广阔的农村扎下牢固的根基。

图2-6-3　华县碗碗腔皮影戏①

（2）华阴老腔皮影戏。华阴老腔系明末清初，以当地民间说书艺术为基础发展形成的一种皮影戏曲剧种（图2-6-4）。长期以来，久为华阴县泉店村张家户族的家族戏（只传本姓本族，不传外人）。其声腔具有刚直高亢、磅礴豪迈的气魄，听起来颇有关西大汉咏唱大江东去之慨；落音又引进渭水船工号子曲调，采用一人唱众人帮合的拖腔（民间俗称为拉波）；伴奏音乐不用唢呐，独设檀板的拍板节奏，均构成了该剧种的独有之长，使其富有突出的历史和文化价值，世代流传，久演不衰。但又鉴于该剧种这一特殊情形（家族戏），目前依然处于行将消亡的濒危状态，迫切需要长期保护。

图2-6-4　华阴老腔皮影戏

---

① 来源：https://www.meipian.cn/28csgvho.

(3)阿宫腔皮影戏。阿宫腔系陕西关中中北部地区(礼泉、咸阳、泾阳、高陵、临潼、耀县、富平等市县)皮影戏中独具特色的一枝奇葩。其唱腔旋律不沉不躁、清悠秀婉;行腔中的"翻高""低遏""一唱三遏"为其特色。阿宫腔音乐长于刻画、抒发人物复杂的心理活动。如《王魁负义》中焦桂英唱段的凄楚哀怨、热耳酸心;《白蛇传》借伞中许仙与白素贞对唱婉转情切、缠绵悱恻;《杜鹃山》中雷刚哭大江则高亢激越、荡气回肠。这些经典唱段不但为广大观众所喜爱,也为戏剧界专家、同仁所肯定。新中国成立后,阿宫腔从皮影搬上舞台是一次发展和革新。1961年曾进京演出,受到中央首长和在京戏剧界人士的赞许。多年来创作演出的《四季歌》《两家亲》《三姑娘》等剧目曾获文化部和省级奖励。但近十多年来却发展缓慢,濒临灭亡,亟待予以抢救和保护。

(4)弦板腔皮影戏。弦板腔皮影戏(图2-6-5)流传于关中乾县、兴平、礼泉、咸阳等地。弦板腔又称"板板腔",由主要伴奏乐器"二弦子"和敲击乐器"板子"而取名。形成于清代初年,最早为一人左手摇"呆呆子"(二板子),右手掌结子(即蚱板子)的说唱形式,到了清代中叶,艺人们加上了自制的土三弦和土二弦等弦乐伴奏,开始形成了以弦子调为主的[正板调],并相继延伸出[慢板][二六]等曲调,使弦板腔开始进入了第一个发展兴盛时期。道光、咸丰年间,礼泉的王秀凯,又以[正板]为基础,创造出[大开板]等多种唱调,乐器又加进了二胡,采用二板子配二弦和三弦的伴奏形式,形成了浑厚、清脆、明快的声腔特色,奠定了弦板腔音乐的基本格局,再次使弦板腔进入班社林立、艺人迭出的最佳时期,各地班社一度最多达60多个班。

图2-6-5　弦板腔皮影戏

历史故事

皮影戏从有文字记载,已经有2000多年的历史,汉武帝爱妃李夫人染疾故去了,武帝思念心切神情恍惚,终日不理朝政。大臣李少翁一日出门,路遇孩童手拿布娃娃玩耍,影子倒映于地栩栩如生。李少翁心中一动,用棉帛裁成李夫人影像,涂上色彩,并在手脚处装上木杆。入夜围方帷,张灯烛,恭请皇帝端坐帐中观看。武帝看罢龙颜大悦,就此爱不释手。这个载入《汉书》的爱情故事,被认为是皮影戏最早的渊源。

据南宋孟元老《东京梦华录》记载,已有不同流派的皮影戏盛行各地。至晚在宋代已经成熟和盛行,东京汴梁瓦舍中的影戏艺人已有董十五、赵七、曹保义等9人。山西繁峙岩山寺文殊殿金代壁画中有一幅《影戏图》,生动形象地表现了当时山西皮影演出的实况。经过宋、金、元、明四个历史时期的发展,流行全国各地的皮影戏在清代呈现出繁荣局面。

制作技艺

皮影戏虽然种类繁多,但区别主要在声腔和剧目方面,至于影人制作和表演技术则大同小异。影人一般是先将牛皮或驴皮、羊皮刮去毛血,加工成半透明状后再刻制上彩,其雕绘工艺讲究刀工精致,造型逼真。影人一般分头、身、四肢等几部分,均为侧影,头部附有盔帽,身部、四肢皆着服饰,涂油彩后用火砖烘烤压平即成。演出时将影人的头插于身部,身与四肢相接,同时在身部和两手安上三根竹扦,即可操作演出(图2-6-6)。除了人物造型外,还要刻制一些砌末道具、桌椅和景物造型,以便配合表演。

图2-6-6 操作皮影戏

道具主要为影窗,俗称"亮子",一般高3尺,宽5尺,最高不过4尺,宽不过6尺,以白纸作幕,以便单人操作。其次为油灯一盏,用以映射影人和表演动作。皮影戏是我国重要的民间传统艺术,近年来由于现代影视艺术的冲击,观众和演出市场日益减少,许多皮影戏面临消亡的危险,亟待抢救与保护。

传承人物

(1)刘华,男,汉族,1943年生,陕西华县人。第二批国家级非物质文化遗产项目皮影戏(华县皮影戏)代表性传承人。刘华1958年进入陕西省戏曲研究院戏剧班学习秦腔、碗碗腔、眉户等戏,1959年进入甘肃省戏剧学校学习月琴,1964年参加了华县名艺人潘京乐先生的"华县光艺皮影社",司职板胡,并且能够表演前声、扦手、拉二弦等技艺。他的板胡演奏与皮影戏的前声配合默契,充分展现了音乐的民间韵味,有"东府碗碗腔一绝"和"月琴王"的称号,收有徒弟刘天文、刘进瑞等。1993年,张艺谋改编拍摄电影《活着》,中间渭南皮影戏贯穿全剧。葛优饰演的主角福贵在战争的间歇有一段皮影戏唱腔,就是刘华献声的。

刘华是渭南皮影戏"非物质文化遗产"传承人之一,他所在的剧团里,有7名从事皮影表演的老艺人,最年轻的已73岁,他们怀着对皮影艺术的热爱,仍然坚守皮影舞台。1958年,15岁的刘华考入陕西省戏剧院演员训练班,学习秦腔、迷胡、碗碗腔、板胡、月琴、二胡、大提琴的演奏,是科班出身的板胡艺术大师,至今已从艺50多年,既能唱、能跳,更会演奏,是个全能艺人。据他回忆,从小就看村中老艺人演戏,村里人过红白喜事,或者有钱人专门请去唱戏,庙里祭神敬神时候也唱戏。"一本戏五六个钟头,从天黑唱到天明,看戏的人经久不散。"其后年代跌宕,皮影戏暗淡了许多年,到20世纪80年代开始,皮影戏又恢复了生命力。1995—2006年是最辉煌时期,刘华和许多老艺人都曾多次远赴法国、德国、意大利、台湾、香港、北京等国内外演出,收获了更多的掌声和认可。

(2)汪天稳,1950年生,汉族,陕西华县人,国家级非物质文化遗产项目(陕西华县皮影戏)代表性传承人,中国工艺美术大师(新中国成立后唯一的国家级皮影工艺美术大师),中国明清皮影鉴定权威专家,中央美院特聘艺术专家。作为中国皮影唯一的国家级工艺美术大师,他完整继承和掌握了从制皮、雕镂、敷色和缀钉等全部24道工艺及"推皮走刀法"。对于中国皮影雕刻艺术的传承和开拓,汪天稳起到了承前启后、继往开来的作用,是陕西东路皮影乃至整个中国皮影界最为杰出的代表性人物,首屈一指,在行业内被赞誉为"天下第一刀"。汪天稳大师对于陕西皮影的历史渊源、传承流变、风格特点、旧稿古谱甚至行规风俗都烂熟于胸,尤其是对于皮影工艺的继承与创新,对失传图稿的整理与复制,对老皮影的鉴定与修复起着不可代替的作用。中外关于皮影学术研究的第一手资料大都来源于他。在业界被称为"活的皮影博物馆"。

半个多世纪以来,在汪大师不懈的努力推动下,他的个人皮影雕刻事业经历了三个辉煌的阶段:第一个阶段是他对传统皮影的整理和继承,其中全本《白蛇传》是其代表作;第二个阶段是把传统皮影工艺与书画结合,创造出了当代牛皮雕刻画工艺,其中世界最大的牛皮雕刻画《清明上河图》是其代表作;第三个阶段,他与中央美术学院合作,完成了重量级的现代艺术作品《九重天》《刑天》《蚩尤》,这套作品完全突破了传统的藩篱,并使皮影工艺取得了革命性的突破,奠定了皮影雕刻艺术在现代美术中的地位。

发展现状

皮影作为一种重要的中国艺术元素,曾在张艺谋执导的电影《活着》中登上国际舞台,曾在周杰伦的歌曲《皮影戏》中被广为传唱,曾多次赴德、法、意等国展示演出。近年来,从参加"中俄人文合作委员会第16次会议非遗展"、江苏卫视《最强大脑》节目的录制,到成为韩国知名化妆品牌悦诗风吟2017年限量礼盒的设计主题和百度2017新年logo元素,渭南皮影再次走进了人们的视野。但传统皮影戏表演依然面临着后继无人的困境。正如渭南皮影表演团领队赵彬所说,渭南皮影失传危机的本质是这门手艺既不能提高社会地位,又不能养家糊口,徒弟们看不到希望所以转行离开。

陕西作为皮影戏的发源地,其皮影制作中的雕刻刀法精湛、造型精美,皮影戏唱腔类型多样,再加上皮影签手出神入化的操纵技能,可谓"一口叙说千古事,双手对舞百万兵"。而随着现代大众娱乐方式的演化,陕西皮影戏行业面临从业者老龄化、皮影戏班凋零且后继无人的境地。

为了给愿意学习这门技艺的年轻人创造一个更好的学习环境,渭南华州皮影文化园特意设立了皮影传习所。但在华州皮影园进行的多次传承人招募培养活动中,中小学生因为学习的压力不能胜任,大学生面临就业不愿选择,有基础的科班演员因为收入太少也都拒绝参加。谈到渭南传统皮影的传承,吕崇德老人面露失望:"虽然我们愿意免费教,但是年轻人不愿意无薪学习。如果再没人学,恐怕这门技艺真的要断了。"

如今,在渭南华州区,仅剩渭南皮影表演团的10位老艺人还在坚持表演这种传统皮影戏。这10位平均年龄70多岁的老人中,有国家级皮影戏非遗传承人刘华,省级皮影戏非遗传承人吕崇德、卫兴宝和7位资深皮影老艺人,而他们中年龄最大的已经76岁,年龄最小的也已经60岁了。这些年逾古稀的老人们依然每天坚持为前来观光的游客演出,就是希望社会各界对这种古老的民间艺术形式有更多的了解和认识,让更多的人愿意学习传统皮影艺术,让这项技艺能够得以传承。据了解,渭南文化旅游产业发展有限责任公司负责人已在2017年全面通过发展旅游+文化+非遗演出的形式开展全方位抢救性保护和多元化产业发展。

传承创新

传统皮影+皮影动漫+真人动漫

为讲好黄河故事，由清华大学的教授、博士及博士后，国内知名音乐人、画家，海内外知名设计师们及设计学院学生组成的主创团队，与陕西一批平均年龄 70 岁以上的皮影老艺人们共同完成了一部皮影实验剧《长至归》(图 2-6-7)，实现千年皮影的创新实验和"越狱"实验。

《长至归》是一部以寻根为主题的当代实验皮影剧。离家多年的主人公唐索，从海外回到故乡与家人共度春节，旧时的景致催生了怀旧的触角，异乡的疏离衬托出家的温暖(图 2-6-8)。除夕夜一家人各抒胸臆，唐索内心千回百转……最终，唐索的焦虑与痛楚在故乡家人、传统文化的拥抱中得以消解。故事的结尾，主人公唐索与父亲在秦腔版《桑塔露琪亚》的歌声中和解。人物的设定牵扯着一个时代的焦虑和现实的痛楚，最终在山河故人和文化传统的拥抱中圆满结局。

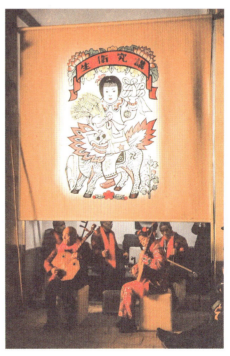

图 2-6-7 《长至归》画面

图 2-6-8 影桥皮影文化园团队正在表演《长至归》第三幕"年席"

国际范儿十足的设计师、国内顶级学府的专家,与三秦大地上最传统的老艺人联袂创新传统皮影戏,宛如千年老树抽出了新枝! 新与旧、传统与现代、国内与国际、单一与多元的融合对话,像千百年来一直翻滚奔腾的滔滔黄河水,在此跃出一个新浪头。已经拉开序幕的颠覆式皮影演出,将黄河沿岸的这个古老艺术形式激发出新活力。各路大师贡献智力,"文化之美·影戏人间"年度成果展之皮影实验剧《长至归》的创作,便是传统皮影戏的创新结果。要把皮影戏的行当保留下来,更需要让皮影戏在新时代中有新的发展活力。作为集美术、雕刻、表演、唱腔于一体的综合性艺术形式,皮影戏的创新必然是视觉、表演、音乐、美术、编剧的集合。《长至归》的意义便在于试图激发皮影戏这个古老体系的活力,为皮影做一次"越狱"的示范。尤其是舞台空间的延展将皮影拓展到了更广阔的一片天地,给大家带来了前所未有的冲击力和惊喜。

国家级非遗项目华阴老腔代表性传承人张喜民曾与知名歌手谭维维在电视上合作演唱过《华阴老腔一声喊》等节目,引发了不小的轰动。他对皮影剧的创新深有体会,他觉得皮影戏的创新"提高了老腔的知名度,让更多的大众喜欢看了"。张喜民表示:"皮影戏就是要不断改进,让更多人欣赏。"张喜民认为年轻一代觉得在《长至归》中加入意大利民歌,更利于向年轻一代传播。把现代和传统糅合在一起表达却并非易事。传统皮影戏,要么幽默,要么是非常激烈的武打场面,如《三英战吕布》等,而《长至归》属于现代生活题材的文戏,更多是靠对白来表现,没有太多变化,文绉绉的只靠对话,难免乏味。在这次创作过程中发现,这群看似传统的老艺人们都渴望创新。王进法用地方语言唱意大利民歌,他打破了过去碗碗腔的调子,最终形成两种调式的融合。在演出现场,老艺人们对传统技艺的坚守和创新的开放态度感染着在场的每一个人,观众们多次报以热烈的掌声。

希望这门古老的传统艺术能在社会各界的关注和帮助下,绽放出新的生命力,焕发出历经岁月沉淀的明丽华光。

学者建议

以陕西地方文化为代表的皮影戏扎根于民族文化传统,世代相传,具有鲜明的地方特色。千百年来,皮影戏这门古老的艺术,伴随着祖祖辈辈的先人们,度过了许多欢乐的时光。因而大家把以前皮影中的角色与人物都以更精湛与更细腻的雕刻工艺表现出来,更强调了皮影的艺术性与装饰性。把皮影制作好以后,加以装裱用于展览与装饰。2011年11月27日,总部位于巴黎的联合国教科文组织宣布,正在巴厘岛举行的保护非物质文化遗产政府间委员会第6届会议正式决定把中国皮影戏列入"人类非物质文化遗产代表作名录"。2018年12月,教育部办公厅公布上海戏剧学院为皮影戏中华优秀传统文化传承基地。

皮影戏是我国重要的民间传统艺术,展现了中华民族文化创造力的杰出价值。皮影戏表演形式的传承及其传承人的保护,肩负着传承与保护非物质文化遗产的双重责任。皮影制作和皮影戏表演是艺术家通过传统艺术口传心授传递给下一代人的,是活的历史文化的载体。

　　近年来由于现代影视艺术的冲击,观众和演出市场日益减少,皮影戏也因各种原因面临失传和生存的危机,面临消亡的危险,现拯救和保护皮影戏这一群众喜闻乐见的优秀传统文化,成为当前一项刻不容缓的重要任务。联合国教科文组织《保护非物质文化遗产公约》指出,应该"承认各社区,尤其是原住居民、各群体,有时是个人,在非物质文化遗产的生产、保护、延续和再创造方面发挥着重要作用,从而为丰富文化多样性和人类的创造性做出贡献"。这就要求国家"在开展保护非物质文化遗产活动时,应努力确保创造、延续和传承这种遗产的社区、群体,有时是个人的最大限度的参与,并吸收他们积极地参与有关的管理"。因此,国家和地方民间团体的建立是做好非遗抢救和保护工作的重要基础。

　　非遗的传承主体与保护主体是紧密相连、相辅相成的。非遗的传承主体也是积极地保护主体,成功的传承就是有效的保护,应在博物馆、学校等文化机构积极开展对非遗的传播和展示,普及科学及民族传统文化知识,充分发挥教育的作用。皮影戏鲜活生动、浓郁特色的活态文化遗产引导广大青少年提高艺术素养的能力,了解优秀民族文化,增强非遗保护意识,在传承中体会皮影戏的民族价值。

第七站：山西省非遗及其文创产品

　　山西，因居太行山之西而得名，简称"晋"，又称"三晋"，省会太原市。"东依太行山，西、南依吕梁山、黄河，北依古长城，与河北、河南、陕西、内蒙古等省区为界"，柳宗元称之为"表里山河"。山西是中华民族发祥地之一，山西有文字记载的历史达3000年，被誉为"华夏文明摇篮"，素有"中国古代文化博物馆"之称。总面积15.67万平方千米，东有太行山，西有吕梁山，山区面积约占全省总面积的80%以上。

　　目前，山西入选国家级非物质文化遗产代表性项目共计182个，本章节重点介绍杏花村汾酒酿制技艺、老陈醋酿制技艺、平遥推光漆器髹饰技艺三个代表性传统技艺非遗文创项目。

一、杏花村汾酒酿制技艺

汾酒也称"老白汾酒"（图2-7-1），因产于山西省吕梁市汾阳县杏花村，故又称杏花村汾酒。"清明时节雨纷纷，路上行人欲断魂。借问酒家何处有？牧童遥指杏花村。"一首脍炙人口的诗歌，总让人情不自禁把山西杏花村和老白汾酒联系起来。虽然诗歌中杏花村的具体地点有不同考证版本，可人们貌似更愿意相信杜牧诗中的杏花村就是盛产汾酒的汾阳县杏花村。

图2-7-1　老白汾酒

汾酒是清香型白酒的典范，堪称中国白酒的始祖。中国许多名酒如茅台、泸州大曲、西凤、双沟大曲等都曾借鉴过汾酒的酿造技术。汾酒的酿造技艺是一套将高粱、大麦、豌豆、水等原料在一定的生态条件下发酵酿造的完整技术体系，人的自觉和悟性在其中起着至关重要的作用，像制曲、发酵、蒸馏等就都是经验性极强的技能。千百年来，这种技能以口传心领、师徒相延的方式代代传承，并不断得到创新、发展，在当今汾酒酿造的流程中，它仍起着不可替代的关键作用。2006年，杏花村汾酒酿制技艺第一批入选为国家级非物质文化遗产代表性项目名录传统手工技艺类（409，Ⅷ-59）。

历史故事

汾酒拥有6000多年酿造的历史，1500年的成名史，1300年的蒸馏史，300年的品牌史。汾酒产地杏花村已发现有6000年前的仰韶文化遗址，从出土器物可以判断当时就有酿酒的活动（图2-7-2）。汾阳当地至今仍保存着明清时期的酿酒作坊、古井、石碑、牌廒、老街等遗迹,传统技艺的传承链也还在延续,这种历史的承接性,已成为保护汾酒传统酿制技艺的坚实基础。早在 1500 年前的南北朝时期,汾酒就作为宫廷御酒受到北齐武成帝的推崇,被载入廿四史。1915 年,在巴拿马万国博览会上汾酒一举荣获中国白酒品牌唯一甲等大奖章,使汾酒名扬海内外。新中国成立以后,在国家举办的五次全国评酒会上,汾酒 5 次蝉联国家名酒,竹叶青酒 3 次被评为中国名牌产品,并 5 次获得国际金奖。毫不夸张地说,汾酒是中国白酒产业的奠基者,是传承中华五千年酒文化的火炬手,是中国白酒酿造技艺的教科书,是中国白酒发展历史的活化石,"国酒之源、清香之祖、文化之根"的历史定位当之无愧,"中国酒魂"实至名归。

图 2-7-2　汾酒酿造史插画①

　　杏花村汾酒饮后回味悠长,酒力强劲而无刺激性,使人心悦神怡。汾酒享誉千载而盛名不衰,是与造酒的水纯、工艺巧分不开的。名酒产地,必有佳泉。杏花村有取之不竭的优质泉水,给汾酒以无穷的活力。跑马神泉和古井泉水都流传有美丽的汉族民间传说,被人们称为"神泉"。《汾酒曲》中记载,"申明亭畔新淘井,水重依稀亚蟹黄",注解说"申明亭井水绝佳,以之酿酒,斤两独重"。明末爱国诗人、书法家和医学家傅山先生,曾为申明亭古井亲笔题写了"得造花香"四个大字,说明杏花井泉得天独厚,酿出的美酒如同花香沁人心脾②。

---

①　图片来源:http://k.sina.com.cn/article_1766543252_694b4f9400100juoy.html.

②　百度百科。

制作技艺

杏花村汾酒酿制技艺以晋中平原的"一把抓高粱"为原料，用大麦、豌豆制成的糖化发酵剂，采用"清蒸二次清"的独特酿造工艺。所酿成的酒，酒液莹澈透明，清香馥郁，入口香绵、甜润、醇厚、爽洌。酿酒师傅的悟性在酿造过程中起着至关重要的作用，像制曲、发酵、蒸馏等就都是经验性很强的技能。千百年来，这种技能以口传心领、师徒相延的方式代代传承，并不断得到创新、发展，在当今汾酒酿造的流程中，它仍起着不可替代的关键作用。

1932 年，微生物和发酵专家方心芳先生把汾酒酿造的工艺归结为"七大秘诀"，即"人必得其精，水必得共甘，曲必得其时，高粱必得其真实，陶具必得其洁，缸必得其湿，火必得其缓"的"清蒸二次清"工艺。

传承人物

郭双威，男，1949 年出生，国家级非物质文化遗产代表性项目代表性传承人，序号（03-1327）。郭双威 1965 年参加工作。自 2002 年起，任山西杏花村汾酒集团有限责任公司董事长、党委书记。郭双威重视企业管理，致力于建设现代企业制度。郭双威还制定了汾酒发展战略，其核心内容就是酒业为本、市场导向、品牌经营、内涵发展，理顺母子公司体制，建立白酒、保健酒、酒文化旅游三个基地，同时全面创新营销体系、财务体系、物流体系、科技质量体系四大体系。郭双威在企业管理和品牌建设方面也颇有建树。1993 年汾酒股票在上海证券交易所挂牌上市，为中国白酒第一股、山西第一股。公司拥有"杏花村""竹叶青"两个中国驰名商标。

发展现状

汾酒经过 19 道酿造工序的严格把关，3 种粮食的科学配比，拥有"一滴沾唇满口香，三杯下肚浑身爽"的独特体验。汾酒酒系在发展中逐渐扩大，以汾酒为母酒产生了老白汾酒、竹叶青酒、玫瑰汾酒、白玉汾酒等系列酒。现在杏花村地区的酒厂还有"分杏""杏花"等。汾酒酿造技艺于 2006 年列入首批国家级非物质文化遗产名录，竹叶青泡制技艺于 2009 年列入山西省非物质文化遗产名录，汾酒老作坊是全国重点文物保护单位，于 2012 年被列入了世界物质文化遗产预备名录。汾酒集团党委书记、董事长李秋喜在 2019 年被列为第五批省级非物质文化遗产代表性项目代表性传承人。李秋喜将白酒酿造技艺申遗作为行业传承创新的重要抓手，放眼全行业，抱团发展，致力于推动中国固态酿造技艺进入世界非物质文化遗产名录。他曾表示:"中国白酒,纯粮白酒,是中国的独特发明,世界上唯有中国有这种固态发酵酿造工艺。这种工艺已经传承几千年,如何在传承中创新、在创新中发展,是我们这一代酿酒人义不容辞的责任,我们有责任把中国固态发酵的技艺传承下去。"

吕梁市现有白酒酿造企业 74 户,中国驰名商标 4 个和山西省著名商标 20 个,白酒年产量突破 15 万千升,产值超 150 亿元,已成为全国最大的清香型白酒产销基地、全国著名的酒文化旅游目的地和"中国酒魂"承载基地。近年来,吕梁市大力发展多种白酒产业业态,先后举办了三届世界酒文化博览会和第 20 届比利时布鲁塞尔世界烈性酒大奖赛,启动了国家级白酒交易中心、白酒质量检验检测中心等 11 个总投资 137 亿元的酒瓶制造、包装彩印、物流运输等全产业链延伸项目,形成了产业集聚、企业集群的发展优势。

汾酒的大工业生产给手工作坊式传统酿造工艺的传承带来了巨大的挑战。汾酒集团重视杏花村汾酒酿制技艺传承,重建汾酒手工作坊,恢复传统手工用具及手工工艺流程,生产极高商业价值的极品汾酒,并与旅游业相融合。杏花村汾酒老作坊位于汾阳市东堡村原汾酒义泉泳公司旧址,是中国唯一的原址型白酒遗址博物馆,其历史可以追溯到宋代,1915 年这里生产的汾酒曾荣获巴拿马万国博览会甲等大奖章,是国家级重点文物保护单位(图 2-7-3)。杏花村汾酒老作坊分为南北两大区域,堡墙式院落,总面积约9000 平方米。南院原为花园院,院墙与北房完整保存。北院为清代酿酒作坊遗址,由5 个院落组成,共 50 余间房屋,遗存有 300 年前的 150 多个发酵地缸,是国内现存保护最好的古酿酒场所。杏花村汾酒老作坊的墙头、门脸上的"宝泉""勤俭""杏花名迹""味重西凉""泉甘酒列""名闻海外""申明亭酒泉记"等题刻,申明亭、古井亭、老作坊等建筑,虽然经历了漫长的文化荒芜岁月,但顽强地保存下来了。现成为当地一著名景点。

图 2-7-3　杏花村汾酒作坊

2007年汾酒集团投资重建的汾酒手工作坊现已投产，制作了仿古蒸馏器，全部生产过程恢复传统的手工用具及手工工艺流程，生产纯手工酿造的极品汾酒。这一酒坊同时也是传统酿造技艺的传授培训基地，现已开发成汾酒工业旅游的一个参观景点，以切实保护汾酒传统酿造技艺并予以展示。

政企校联手+产学研融合

山西大学杏花村学院是在结合吕梁酿造产业发展实际和山西杏花村汾酒集团有限责任公司发展需求、充分发挥山西大学有关学科优势及科研力量的基础上建立的。山西杏花村汾酒集团有限责任公司作为山西大学重要的教育和科研基地，多年来双方有着非常密切的合作关系，曾共同研究解决竹叶青酒质量提升课题并荣获国家科技进步二等奖，校企合作历史悠久、基础扎实、成效明显。今年以来，汾阳市紧紧抓住"中国制造2025"这一重大历史性机遇，提出了高质量发展七年行动计划，其中打造行业和企业高素质专业化研发团队，经济增长方式转变为主要依靠科技进步、劳动者素质提高和管理创新，推动以汾酒为龙头的白酒产业向高端化迈进，是这项行动计划的主要内容。为此，汾阳市依托自身深厚的历史文化底蕴和属地教育资源禀赋优势，把科技和人才作为支撑白酒产业发展的重点，大力推进政企校合作，积极与山西杏花村汾酒集团有限责任公司和山西大学沟通对接，筹备成立山西大学杏花村学院（山西酿造产业研究院），全力破解山西酿造产业人才短缺问题，联合开展技术攻关，为山西酿品产业集群高质量发展提供强有力的支撑。

学院依托汾阳市、山西杏花村汾酒集团有限责任公司和山西大学三方优势力量，以建成国内一流世界领先的酿造知识密集型高端创新载体、开放式国际化的教学实践场所、科技创新引擎和高端服务平台为建设目标，由三方共同举办，山西大学负责管理，在山西大学和汾阳市分别挂牌，形成"理论学习在山大、科学研究在汾阳"的新合作模式。人才培养方向以食品科学与工程、生物工程专业为主，同时实现食品科学与工程、生物工程、化学、环境科学与工程、经济学、管理学、文学、艺术学、农学等多学科协调发展。学院建设前期与山西大学生命科学学院合署办公，力争在三到五年内达到酿酒工程专业本科设置标准，预计酿酒工程专业本科生招生规模为50人/年，发酵工程专业学位硕士方向研究生为30人/年，含其他专业总规模约为300人。学院坚持国际化办学方向，开展酿造文化、酿酒工程以及发酵工程教学和科研实践，以期建成具有一定影响力的酿造人才聚集高地、中国白酒高端人才的培养摇篮。

山西大学杏花村学院（山西酿造产业研究院）是汾阳市、山西杏花村汾酒集团有限责任公司、山西大学三方推动产学研创新合作的最新成果。汾阳市将以优惠的人才政策和良好的创新环境支持学院建设,为学院建设教学、科研、办公、实验、食宿等基础设施,鼓励支持辖内企业与学院共建各类研发机构和平台,加快推进学院的创新人才、科研成果与产业的对接。山西杏花村汾酒集团有限责任公司将为山西大学杏花村学院提供教师教学科研条件和学生实习实践条件,整合汾酒集团和山西大学已经建立的研究生创新创业基地等资源,选派优秀工程师担任学生实习实践的指导教师,为学院的发展提供实践支撑。学院的建立将大引擎拉动汾阳市酿造产业发展质量和科技教育水平提升,赢得高质量发展主动;大层次提高汾酒集团创新创造能力和生产管理标准,赢得高水平崛起优势;大手笔调整优化山西大学学科学院和专业设置,赢得高标准综合大学未来;大格局推动全省创新生态培育和科教兴省人才强省战略,赢得高品质酿造产业集群发展。谋创新就是谋未来,山西大学杏花村学院(山西酿造产业研究院)的建立将进一步开启清香型白酒发展的新篇章,促进中国酿酒技术不断进步,为山西高质量发展、高水平崛起做出新的更大的贡献。

　　除此之外,政府与山西杏花村汾酒集团有限责任公司共同提出围绕杏花村金字招牌"十大系列工程",即组建山西大学杏花村学院、修复杏花村古村落、筹建杏花村白酒产业集团、办好杏花村酒文化博览会、开设全国连锁经营的"中国·杏花村酒家"、拍摄《印象杏花村》情景剧、打造10万亩杏花村有机酿酒高粱种植基地、举办"醉美杏花村"和"高粱红了"旅游节、举行杏花村白酒祭酒大典、建设杏花村研学旅行实践基地,深入推进酒文旅融合发展,努力培育汾阳高质量发展高水平崛起新的引擎。

学者建议

　　制定和实施对各级传承人的保护计划,发布实施《传承人保护及奖励办法》,建立传承人个人档案,给老技师定期体检、发放津贴,改善他们的生活条件,调动其积极性。组织专人对老酒工进行访谈,记录、整理其口述历史和工艺,并编辑出版;制作传统酿造工艺视频纪录片。制定、实施汾酒工艺传承管理办法。

二、老陈醋酿制技艺

山西老陈醋为中国四大名醋之首，其酿制技艺与西周以来的制醋工艺一脉相承。太原醋坊美和居老陈醋酿制技艺创始于 1368 年，该醋坊的师傅们使用"蒸、酵、熏、淋、陈"五步骤，酿造出了"绵、酸、香、甜、鲜"的好醋。后人把"美和居"这种"熏蒸法"制作出的醋，称为山西老陈醋（图 2-7-4、图 2-7-5）。"美和居"的酿醋师傅创造出"熏蒸"工艺和"夏伏晒，冬捞冰"的陈酿工艺，使山西老陈醋的酿造工艺发展到新的水平。

与西方长期食用果醋不同，中国先民主要食用由谷物发酵而成的食醋，这使中国食醋含有更多的氨基酸等人体必需营养成分。山西老陈醋色泽亮丽，入碗挂壁，集酿香、料香、醇香、酯香为一体，在民间素有"透瓶香"的雅号。它的酸味纯正柔和、口感醇厚、微甜爽口、回味绵长，具有断腥、去臊、除膻、杀菌之独特功效，是烹煮各种美味佳肴的精制调料。2008 年，老陈醋酿制技艺被列入第二批国家级非物质文化遗产名录传统技艺类（411，Ⅷ-61）。

图 2-7-4　山西老陈醋

图 2-7-5　正在酿造中的山西老陈醋

历史故事

据记载，醋酿制的历史十分悠久。醋古称醯，又称酢。《周礼》有"醯人掌共醯物"的记载，由此可见，西周时期已有酿造食醋。晋阳（今太原）是中国食醋的发源地，史称公元前八世纪晋阳已有醋坊，春秋时期已遍布城乡，至北魏时《齐民要术》共记述了 22 种制醋方法。当时，制醋、食醋已成为山西人生活中的一大话题。唐宋以后，由于微生物和制曲技术的进步和发展，至明代已有大曲、小曲和红曲之分，山西醋以红心为制醋用曲，该曲集大曲、小曲、红曲等多种有益微生物种群为一体。历史学家郝树侯教授曾考证：至少在前 497 年以前，即"在晋阳城（今太原市南郊晋源镇）建立起来时，应该就有醋的制造者了"。可见,醋的酿制贯穿于中国几千年的历史。

明朝典章记载,当时宫廷中设有掌酰局,主管宫内用酰之事,"美和居酰坊"的老陈醋因为醋香扑鼻,深受晋王府之典膳所喜爱,遂按需供醋给晋王府;之后,晋王府召美和居的酿醋师傅入王府典膳所酿醋,晋王把王府酿的山西老陈醋进贡京城的御膳坊,自明成祖之后即成为例制。清朝时期美和居发展鼎盛,生意往来遍及长城内外、大江南北。1956 年美和居组合 21 家酿醋作坊成为"山西清徐曲醋厂",两年后转为中国国营企业;于1994 年更名"山西省美和居老陈醋有限公司",1996 年成立"山西老陈醋集团有限公司",将美和居酿造之老陈醋注册"美和居""东湖""益源庆"等品牌营销。

制作技艺

一滴老陈醋需经过 82 道工序,且要经历长时间自然阳光的蒸发和冬日捞冰抽水,整个过程至少需要 400 天。豌豆和大麦按照一定比例粉碎,养取 3 个月,将高粱蒸熟以后,掺入一定比例的大曲,经过 18 天的酒精液态发酵后,加入谷糠、麸皮,搅拌均匀后入缸,进行醋酸固态发酵 10 天左右。发酵后进行熏培,接着是为期一年的"冬捞冰、夏伏晒",主要起浓缩和杀菌,熟化的作用。

美和居老陈醋酿制技艺有其独特的工艺流程(图 2-7-6),生产中采用特定的原辅料和经典的原材料配方,像低温酒醪液体发酵、高温接种引火、熏淋醋醅结合制醋、夏伏晒、冬捞冰、贮陈老熟等都是其中重要的技艺手段。自明初 1368 年沿袭至今的"美和居老陈醋酿制技艺"所采用的"固态酿造法"需经"蒸、酵、熏、淋、陈"五个步骤。

它的主要技术特点:第一,制曲。使用豌豆、大麦配合,以自然菌种侵入和有益菌种强化,形成多酶系多菌种的大曲。第二,酒精发酵。采用"低温酒醪液体发酵"工艺。第三,醋酸发酵。采用"高温接种引火、搓、翻、混氧"工艺。第四,熏淋。采用"递进熏制、增酯抑菌、套淋结

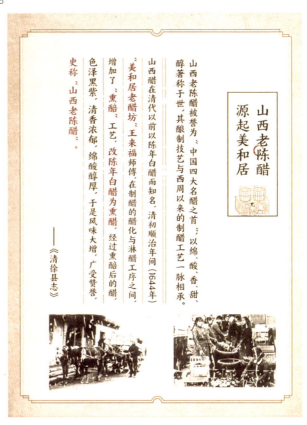

图 2-7-6　山西老陈醋起源

合"工艺。第五,陈酿。老陈醋采用"夏伏晒、冬捞冰、贮陈老熟"的工艺进行陈酿,陈酿后的老陈醋由四五百斤的一缸新醋,经过一年以上的陈放,夏天阳光暴晒蒸发,严冬捞去冰块,最大限度地排除其水分,最后所剩不足200斤。经过各种合理的化学反应,最后才成就了这天下第一醋。

美和居老陈醋酿制技艺在中国酿醋领域独树一帜,是我国老陈醋传统酿制技艺的典型代表。作为黄河农耕文化的结晶,山西老陈醋酿制技艺是晋文化重要的组成部分,具有工艺史、民俗史、社会生活史等方面的研究价值。

传承人物

郭俊陆,男,生于1952年,国家级非物质文化遗产项目代表性传承人。山西老陈醋集团有限公司董事长,新一代东湖美和居老陈醋掌门人,中国调味品协会专家委员会副主任。郭俊陆1970年参加商业工作,一直与食品营销相伴,并作为山西地产名品东湖山西老陈醋计划调拨业务的承办人,与老陈醋结缘。1994年,郭俊陆率领企业团队接管山西老陈醋厂,全身心投入老陈醋酿制技艺的钻研、传承、保护之中,成为新一代的传承人和掌门人。郭俊陆广泛地学习掌握、吸收了前辈师傅的工艺流程和操作技艺,并且融入自己的个性化认知,加强东湖美和居老陈醋内含物对人体健康有益成分的探索,研发新的产品,在广大消费者特别是高端消费群体深受欢迎,并以体验式博物馆形式对社会广泛展示宣传老陈醋的文化历史和工艺流程,使之得到更多的认知,获得众多国家级荣誉(图2-7-7)。

图2-7-7　美和居老陈醋于2008年被评定为国家非物质文化遗产

发展现状

此前，美和居的技术与重心都放在酿醋本身。近年来，美和居一直在健康方式上发力，以山西老陈醋为原点，打造现代轻食养文化，打破传统调味品概念，唤醒老醋的能量记忆，不断探索醋的日常营养搭配，让每一个人都能在快节奏生活中找到味蕾与内心的双重幸福感。

制醋行业是山西区域经济的重要组成部分，然而山西陈醋在产业发展上面临许多问题与挑战。山西食醋的总体专业度较高，在产品方面的定位比较准确，主要产品为老陈醋、陈醋、米醋等，辅助产品有果醋、醋饮料、保健醋等。山西食醋产业分布地区相对紧凑，具有区域性强的特点，然而整个产业的集中度较为低下，小而散的企业多，多种家庭手工作坊式的生产方式也一直存在。此外，山西食醋企业间并未形成规模和外部效应，致使山西食醋企业的对外竞争力不足，创新研发力量薄弱。

山西食醋传统的酿造技术相对落后，具有出品率低、品质不稳定和卫生条件难以控制的问题，生产中的大多数指标主要以酿醋人的观察和口感而定，缺乏规范性的生产管理模式。另外，山西食醋存在品牌影响力不足的现象，山西食醋行业内的龙头品牌为紫林和水塔，但对外而言其知名度和认知度不足，难以和市场上其他知名品牌竞争。特别是在经济利益的驱动下，一些作坊偷工减料，肢解传统工艺，生产次品，使山西陈醋的技艺和声誉遭到扭曲、败坏，更为严重的是一些作坊用冰醋酸、色素等勾兑醋冒充山西老陈醋在市场销售，影响极坏。应对之进行彻底治理和严格防范。

传承创新

强调醋文化+养生产品研发

山西美和居老陈醋不仅以色、香、醇、浓、酸五大特征著称于世，还具有香、绵、不沉淀的特点。最主要的还是山西美和居老陈醋中含游离氨基酸多达 18 种，其中 8 种为人体所必需，另外还含有多种维生素，可促进胃液分泌，抑制血糖升高，降低血脂等。食醋不仅是一种食材调味品，更是一种药食同源的多功能的营养保健食品。饭是经常吃的药，药不是经常吃的饭。醋是经常吃的药，更是经常吃的饭。美和居紧跟消费需求的转变，为了适应市场需要，山西老陈醋集团积极创新产品，在老陈醋调味功能之外，开拓其保健、美容、饮用等其他功能。保健醋、风味醋、药用醋、果醋饮料等十大系列（图 2-7-8）、近百种产品应运而生。如今老陈醋已不仅是调味品，据科学研究，醋能杀菌、助消化、预防感冒和癌症。山西老陈醋可养身健体、治病美容，它所含的醋酸具有抑菌和杀菌作用，特别是对球菌类效果最明显。

图 2-7-8 山西美和居老陈醋保健醋品类

与此同时,美和居引进现代化工艺,与传统手工艺相辅相成,更加适应当下市场需求(图 2-7-9)。非遗传承人郭俊陆说:我们不能丢弃老祖宗数百年沉淀的经典技艺,但也不能把老祖宗的东西像牌位一样供奉。山西老陈醋集团的做法是,关键工序一道不减,如人工制曲、固态发酵等核心环节,始终坚持用经验丰富的老师傅进行人工控制,使得美和居老陈醋储存时间越长越香酸可口,耐人品味。而且,过夏不霉、过冬不冻,颜色深橙,为山西醋中独具一格、质地优良的佳品。但在非关键环节,想方设法改进工艺,引进现代设备,进行批量生产,降低成本,如在灌装环节,便引进了现代化的设备。

图 2-7-9 美和居新产品

121

学者建议

　　深挖"调味"这一核心价值,做好品牌延伸,拓宽市场空间。首先,提升醋的定位和品质,摆脱低档的印记。醋一直给消费者以低价的品牌联想,要改变这种市场定位。坚持以"调味"为核心价值,进行适当的品牌延伸,企业不仅仅推出醋,而且推出利润更丰厚的其他调味品,优化产品组合。

　　充分发掘"健康"的核心价值,开发高附加值的健康产品或服务。在医学上,醋的保健价值非常的高。醋能软化血管,调节血脂,防止动脉硬化,脑血栓等疾病。醋还能美白、解暑,防晕车船,醋的健康价值让人浮想联翩。

　　挖掘文化内涵,以文化促进消费。中国清徐醋文化节举办了"醋与健康"文化论坛,以达到弘扬醋文化和健康文化的目的。醋文化已在人类发展历史中走过了几千年,在当下,更应该发扬我国的醋与健康文化。

三、平遥推光漆器髹饰技艺

平遥推光漆器髹饰技艺发源于山西中部的平遥县,传布至北方广大地区。以此种技艺制作的漆器远在唐代开元年间已遐迩闻名,明清两代由于晋商的崛起,推光漆器有了长足的进步。中华人民共和国成立后,平遥推光漆器厂建立,老艺人乔泉玉、任茂林等献艺授徒,使推光漆器的生产进入了黄金时期,平遥推光漆器自此成为我国著名的漆艺品种之一,产品销往三十多个国家,有些精品为人民大会堂和中国美术馆所珍藏。1989年,平遥推光漆器获得国家金杯奖。2006 年,平遥推光漆器髹饰技艺入选为第一批国家级非物质文化遗产代表性项目传统技艺类(401,Ⅷ-51)。

历史故事

春秋时期,平遥漆器已具雏形。到汉代,工艺已达到很高的水平。

1956 年,山西省大同石家寨司马金龙墓出土的汉代五页人物故事彩绘屏风,据考证即为平遥漆器。屏风朱漆底上勾黑线轮廓,内填白、黄、红等色。这种画风,基本上反映了平遥漆器当年的风貌。

唐开元年间,山西漆器生产已成自己的特色,而以平遥漆器最具代表性,描金彩绘工艺独树一帜。

明清时期,特别是康、雍、乾盛世,也是平遥漆业的全盛期。乾隆四年,平遥梁村人冀都龙在县城内站马道设立"鸿锦信"漆器作坊,专门生产柜、箱、桌、碟、盘、盒、奁、屏等漆艺作品出口海外。

清中期到民国初,平遥票号、钱庄的兴旺发达给漆艺制品带来很大的商机,平遥推光漆器工艺得到长足发展[1]。

制作技艺

平遥推光漆艺有精湛的成套技艺,其制作过程主要包括以下步骤:

(1)用特殊配方、技艺及设施炼制大漆。

(2)以大漆和天然桐油炼制罩漆。

(3)木胎披麻挂灰,生漆灰须褙布,猪血灰须披麻,黄土胶则需褙纸。

(4)以人发、牛尾制作漆栓(髹饰工具)。

---

[1] 百度百科。

（5）在特设的阴房内阴干漆器。

（6）描金彩绘，包括平金开黑、堆鼓罩漆、勾金、罩金和蛋壳镶嵌等传统技法。

（7）用砂纸、木炭、头发、砖灰、麻油等逐次推光，使漆器光亮如镜。

（8）采用镶嵌、镂刻、罩金、刻灰等技艺进行装饰。

平遥推光漆髹饰品分为实用品（如漆柜、漆箱、条案、茶几）和陈设品（如屏风、漆画）两大类，具有很高的实用价值和工艺价值，为广大群众所欢迎。推光漆技艺还普遍用于宫廷、庙宇、厅堂、文房的陈设装饰，取得了良好的艺术效果。

工艺流程：

（1）大漆制漆工艺。天然大漆从漆树上采集下来不可直接使用，须采用一套特别的工艺，特别的配方，和特制的设备进行炼制，然后方可使用。

（2）桐油炼制工艺。传统漆器使用的罩漆，是用天然桐油和天然大漆经特殊炼制工艺和一定的配方制成熟漆方可使用。

（3）制灰挂灰工艺。传统漆器髹漆前需在木胎上披麻挂灰，传统工艺用大漆披麻，然后上灰。传统漆器使用三种灰浆，一是生漆土籽灰，二是猪血灰，三是黄土胶灰。生漆灰需褙布，猪血灰需披麻，黄土胶灰需褙纸。然后挂灰，挂灰是一道非常重要的工艺程序，通常要挂四道灰以上，分底灰和浆灰，灰的配置以及挂灰，有一套特别的工艺。

（4）漆栓制作工艺。使用天然大漆，用普通的毛刷是不行的，必须用一种特制的髹饰工具，叫漆栓。高档漆栓用少女的头发制作，通常用牛尾和大漆、桐油制成，乍看是约一尺长三寸宽三分厚的一只硬板，使用时须用特制的刀切开一端，叫开栓，一般的漆器艺人制作不了这种工具。（图2-7-10）

图2-7-10　推光漆器髹饰工具——漆栓

（5）阴房的设置。天然大漆的干燥不纯粹是水分的蒸发，需要特殊的温度和湿度条件，所以漆器在每上一道漆之后要在特制的阴房中阴干，阴房的设置是传统漆器必不可少的重要条件。

（6）描金彩绘。平遥传统漆器工艺表面装饰主要是描金彩绘工艺。其中包括平金开黑、堆鼓罩漆、擦色、彩绘勾金、三色金、晕金、搜金、三金三彩、沥螺、沥金银、软石镶嵌、蛋壳镶嵌等，前六种是老传统工艺，后面是近十几年来增加的新技法。描金彩绘所用的颜料有银珠、石黄、毛蓝等特殊入漆颜料，是用大漆调配而成的，所以普通的毛笔是不能用的。漆器艺人使用的笔一种是尖子，一种是扁笔，是艺人们用山猫脊背上的鬃毛特制而成，使用的雕刀也是自己制作的。

（7）推光漆工艺。传统推光漆工艺，从底漆到面漆，每髹饰一道大漆都有不同的工艺要求，一般所说的推光漆是指最后一道面漆用手掌推磨抛光的工序，通常的作法是先用细砂纸把漆面打磨光滑，为了增加漆面的黑度，要用优质椴木烧制的木炭块细细蘸水打磨，然后再用头发蘸油打磨，最后用手掌蘸上特制的细砖灰和麻油推光，漆面要达到光亮如镜的效果。（图2-7-11）

图2-7-11　平遥漆艺传承人薛生金的弟子张勇兴用手抹匀漆画上的颜色

（8）嵌、雕刻、罩金、刻灰、堆鼓等工艺技法。这些技法各有妙谛，漆器艺人各有专长，一件上好的漆器制品可以附加金、玉、牙、石、珠、贝、螺等各种材料，因而往往价值连城。（图2-7-12、图2-7-13）

图2-7-12　推光漆工艺品

图2-7-13　推光漆工艺品

传承人物

　　薛生金,男,1937年出生,汉族,山西省平遥县娃留村人,1902—1937年,他父亲即经营着平遥老字号"源泰昌"漆店,故他从小就与"漆"字结下了不解之缘。1953年进平遥文化布景社学艺。1958年平遥推光漆器厂草创时期,他便进厂师从平遥推光漆器老艺人乔泉玉老先生学艺。他的漆画《玉宇琼楼》《台山晨曦》曾在全国首届漆画展览会上获优秀奖,两套屏风《琼山初曦》《万千山楼正曙色》被中国工艺美术馆收藏。他设计的屏风《春苑献翠》《神州韵史》以及彩绘宫廷柜在全国工艺美术品评比中分别获银杯奖和金杯奖。图2-7-14为平遥推光漆器髹饰技艺国家级代表性传承人薛生金作品《猫》。

图2-7-14　平遥推光漆器髹饰技艺国家级代表性传承人薛生金作品《猫》

发展现状

平遥推光漆器髹饰技艺发源于山西中部的平遥县,传布至北方广大地区。推光漆器是一种工艺性质的高级油漆器具,是山西平遥的地方传统手工技艺之一。山西著名工艺品平遥推光漆器外观古朴雅致、闪光发亮,绘饰金碧辉煌,手感细腻滑润,耐热防潮,经久耐用,诚为漆器中之精品。平遥推光漆器以特有的自然生漆和人工手掌推光的独特工艺著称于世,是中国四大漆器之一。

走进平遥古城,映入眼帘的是充满古韵的悠久历史的古建筑,由此吸引了大量慕名而来的游客。大量的游客是平遥古城旅游业取得巨大收益的根本保证,平遥的财政经济水平也因此影响取得了较大的提高。旅游业也为平遥推光漆器事业的发展做出了不可磨灭的贡献,推光漆器成了平遥最具地方代表性的工艺品(图2-7-15),很多的游客都会买几件以作留念。漆器也加强了平遥和外地的文化交流,促进了平遥与各地的合作,把平遥魅力更好地展现出来。

图2-7-15 平遥推光漆器工艺品

平遥推光漆器在发展的同时也存在一些问题。通过对一些推光漆器的生产和销售地走访调查,了解到一些推光漆器的现状及存在的问题:

(1)有的厂家为了降低成本,提高漆器的制作效率,由于使用大漆制作需要很长的时间和复杂的工艺,采用化学漆代替传统的大漆。漆器上的图案大多是由丙烯颜料或化学漆调色绘制成的,然后再在漆器的表面涂上一层厚厚的透明的化学漆,且有一股刺激性的气味,摸起来也不像大漆制作的那样有手感。

(2)推光漆器的制作工艺越来越简单。平遥漆器以推光冠名,就是因为它对推光工艺步骤的特别重视。推光原来是漆器制作的一个必要的步骤,在打磨后要用手掌蘸植物油和细瓦灰在器物的漆面上反复摩擦,使漆面呈现温润、光洁的效果。现在平遥漆器市场扩大,需求量增多,厂家为了取得更多的收益,不会去严格按照原来的工序一步一步精心制作,质量越来越不好,工艺也没有原来的好。

(3)推光漆器制作者缺少高学历知识性的人才,许多工艺美术大师大多年事已高,而学徒年龄比较小。真正精通漆器艺术和绘画技术的人才屈指可数,这就为推光漆器事业的创新和发展造成了挺大的困难。只有有了大量优秀的漆器继承人才,平遥推光漆器才能很好地继承和发展下去。

(4)许多推光漆器的生产和经营都是自产自销,难以形成合作机制。平遥古城登记在册的推光漆器生产或销售企业有 124 家,其中有 31 家生产经营企业,批发零售企业93 家。但各厂家和商店都是独立经营,很难形成大规模和集团化,从而提高产品的价值,以应对市场的风险。很多商店互相竞争,不断地压低价格,生产者也就不断地降低成本,在质量和原料上打折扣。造成市场的无序竞争,不能很好地管理和健康地发展。

(5)平遥推光漆器缺少大名气的有影响力的名牌产品。老字号品牌逐渐地衰落,新的推光漆器厂由于刚建立,品牌的树立还需要挺长一段时间才能得到广大消费者的认可。平遥古城是世界级的物质文化遗产,在国内外享有很高的盛誉,但是却没有与之地位相当的工艺品品牌,这与平遥的国际地位不相称。

(6)一些商家在推销漆器的时候介绍往往不准确,引起消费者认知的偏差。大部分购买漆器的消费者都对漆器没有很深的了解,不能很好地判断商家讲解的正误。漆艺在我国已经有 7000 多年的历史,但是由于化学漆的发明与使用,传统的天然漆为原料的漆艺正在逐渐消亡。商家为了扩大销量,获得更多的收益,不会将真实的制作情况告诉消费者,而告诉他们是传统的工艺和制作的模式。在商家的推荐和引导下,会造成很多的消费者会对真正的漆艺错误认识和了解,这最终必然影响平遥漆器的名声。(摘录自:《平遥非物质文化遗产之推光漆器的现状调查》)

传承创新

1. 非遗走进现代生活

走进平遥古城内的一家漆器店,记者看到,除了常见的漆器家具、挂屏、首饰盒,还有精致的女士手提包、佛像、花瓶摆件、茶具、果盒、文房四宝等(图 2-7-16,图 2-7-17)。服务员告诉记者,他们已经开始私人订制服务,制作漆器酒盒、面膜盒、珠宝盒等。除了

能做出不同物品,过去漆器图案以古典小说、戏剧中的故事人物居多,现在图案更加丰富
多彩。

图 2-7-16 平遥推光漆器纹样图案的创新

图 2-7-17 平遥推光漆器技艺与市场结合的创新

依托平遥古城申遗、旅游发展,平遥推光漆器得到较快发展。目前,平遥推光漆器髹
饰技艺的各级传承人共有 9 人。在各级政府支持下,平遥举办了漆文化艺术节、漆艺创
意作品大赛、漆艺精品展,出版了书籍《平遥漆艺的发展与创新》。

传承在薛家得到生动诠释,也留下鲜明的时代烙印。

薛生金的大儿子薛晓东是平遥推光漆器髹饰技艺的省级传承人。他曾在高校学
习,主张将传统工艺与创新理念相结合,用现代人的理念和审美观点去创新漆艺。"我们

坚持纯手工、天然大漆、矿物质颜料制作,走中高端路线。"薛晓东说。"我们制作的漆器产品价格从几千元到几十万元不等,受到不少漆艺爱好者、收藏者的青睐。"

薛晓东31岁的女儿薛梦瑶在高校教美术。漆材料较强的可塑性是她爱上漆艺的主要原因。她尝试将漆艺与现代艺术、环境艺术相结合,探索更多可能性。

"其实每代人都在变,都在适应时代发展。"薛梦瑶说,爷爷在创作中以彩绘为主,爸爸结合了蛋壳镶嵌和磨漆工艺,大家的目标就是要让非遗真正走进人们生活,让年轻人喜欢,这样非遗才能走得更远。

2. 新时期的风采

夫源远者流长,根深者枝茂。我国非物质文化遗产资源丰富,保护、传承、利用好老祖宗留下的宝贝,对延续历史文脉、建设社会主义文化强国具有重要意义。近年来,在国家大力支持下,各地以社会主义核心价值观为引领,坚持创造性转化、创新性发展,找到传统文化和现代生活的连接点,不断满足人们日益增长的美好生活需要。平遥推光漆器是非遗发展的一个缩影。平遥县非遗保护中心主任霍文忠说,近10年来,在各级政府帮助下,平遥建设了非遗数据库和非遗综合传习中心(平遥县非遗展览馆),对濒危非遗进行抢救记录,尤其对王氏妇科和票号文化开展课题研究和田野调查,出版了《平遥票号史料》《晋商镖局》等书籍,对全县137项非遗都有促进作用,"互联网+"正在助推非遗市场快速发展,很多人通过网络下订单,慕名联系购买。非遗传承人在传承非遗的同时,带动当地民众增收致富。①

平遥煤化(集团)公司在主业做强做大、转型跨越之际,为保护传承、创新发展平遥推光漆器髹饰技艺,在省市县的倡导与支持下,于2012年购买了原国有破产企业平遥第二针织厂,整合社会资源,注册资金2000万元,组建了平遥县唐都推光漆器有限公司。投资2.23亿元,建设了集"生产销售、展览收藏、研发培训、旅游观赏、创业孵化、文化传播、跨界融合、漆树栽培"于一体的多功能、高品位的平遥推光漆艺文化产业创意园。目前,该创意园已初步形成了"一馆一园十大基地"(中国推光漆器博物馆、漆树种植生态园、传统手工制作基地、国际型漆艺大师创作基地、文化旅游商品基地、全国工艺美术院校实训基地、大漆使用推广基地、创业孵化基地、漆艺文化体验基地、研发培训基地、国际型漆艺展览基地、国家级文化产业示范基地)总体布局,被山西省命名为"山西省文化产业示范基地",被文化部命名为"国家文化产业示范基地"。2016年,漆器博物馆被国家命名为"中国推光漆器博物馆"和以唐都为龙头的"中国推光漆艺之都"。

目前,平遥县唐都推光漆器有限公司主要产品包括推光漆器家具、柜、几、屏、桌、櫈、漆画、首饰盒、文化礼品、旅游纪念品等十五大系列、近千种品种,屡获国家金银奖,产品

---

① 王学涛.平遥推光漆器:在传承与创新中绽放生命力[N].新华网,2022-03-05.

销往国内 20 余个省市自治区及中东、法国、吉尔吉斯斯坦等国家。[1]

学者建议

大漆之美，坚牢于质，光彩于文。在世界文化遗产山西平遥古城，漆与艺的结合，是一道古朴雅致、细腻滑润、富丽堂皇的风景。平遥推光漆器髹饰技艺的生命力在传承与创新中延续，非遗的光彩才会在保护与发展中更加迷人。

（1）打造平遥推光漆器艺术品品牌。品牌是一种精神象征、一种价值理念，是品质优异的核心体现。品牌艺术品具有很高的附加值，可以获得更多的收益。所以应该将一些传统的老品牌的推光漆器店重新树立新的形象，把这些品牌做大做强，这样不仅可以把平遥推光漆器更好地推向更广阔的市场，也可以提高古城的知名度。为此可以采取如下的措施：①利用各种传播媒体如网络、电视、杂志、报纸和展览会等，扩大推光漆器的宣传，让更多的人了解推光漆器。②借助每年九月的平遥国际摄影大展，专门设计一个平遥推光漆器的展览，把平遥漆器艺术文化介绍给全世界。③利用影视作品、文艺作品等形式宣传推光漆器艺术的文化和价值。例如张艺谋导演在平遥修建了一个影视基地，2013 年 2 月份春节的时候，由王潮歌和樊跃导演拍摄的一部印象系列《又见平遥》的影视作品在平遥演出取得了圆满的成功和所有观众的热烈好评。成为宣传平遥的一张很好的名片，可以借助这一平台很好地宣传一下平遥推光漆器，也可以把平遥推光漆器的历史制作一个专栏展示给观众，使平遥推光漆器也能成为平遥的另外一张名片。

（2）漆器的发展要走创新之路，现代漆器艺术创作要更新观念。可以从下面几个方面发展平遥推光漆器：①创作精品推光漆器，以满足高端漆器的需求和高价值收藏品的需求。②开发礼品、旅游纪念品，在保持传统工艺精致和庄重外，使推光漆器更具有礼品、纪念品的文化性、地域性，便于携带、包装精美等特点。③把漆器作为装饰品，如今许多家庭、酒店、会议室、展览厅等场所都使用漆器装点，取得了很好的效果，受到很多人的欢迎。利用这一趋势，生产符合市场需求的漆器产品，带动平遥推光漆器和经济的发展，传承和发扬传统的中华文化。

（3）组织一个研究平遥推光漆器艺术的学术团体，加强和艺术类学校的合作，进行艺术和文化的交流，开展传统漆艺教学，给同学们提供一个实习的场所，为漆艺传承培养一些人才，因为新一代的年轻人的创造性思维是无限的，以创作出更多的宏大的作品，继承和传承传统的推光漆艺，为新的漆器创作和富有特色的艺术品的制作提供了很好的机会。

---

① 薛阳.平遥推光漆器：千年古艺的传承与创新，国际在线，2017-09-22. http://city. cri. cn/20170922/faa81b31-734e-e751-b84c-b5429f08b8d4. html.

(4)建立平遥推光漆器研究发展中心。研发中心的主要任务就是为漆器艺术生产和销售的企业提供多元化、综合化服务。把漆器工艺与旅游、营销等其他部门联合起来,形成一个全方位的合作机制,使研究、生产和销售都取得很好的发展。研发中心也可以为漆器艺术文化展览提供指导,为政府部门提供相关的服务。漆器艺术品产业应当采取市场化的运作方式,通过不断地借鉴别的艺术品的精华,并加以创新和研发,以更好地适应市场的需求。

(5)推光漆器工艺的档案整理和图书出版工作。传统文化和传统的天然漆为原料的推光漆器工艺做好文字记录和调研,将推光漆器的工艺流程摄制成纪录片,永久保存。鼓励漆器大师出版漆器专业著作,确保这一宝贵的艺术制作能一代一代地传递和继承下去。

内蒙古

宁夏

陕西

甘肃

山西

山东

青海

四川

河南

第八站:河南省非遗及其文创产品

　　河南古称中原、豫州、中州,简称"豫",因大部分位于黄河以南,故名河南。河南地处黄河中下游,是中国古代文明发祥地之一,中国古代四大发明中的指南针、造纸、火药三大技术均发明于河南。历史上先后有20多个朝代建都或迁都河南,诞生了洛阳、开封、安阳、郑州、商丘等古都,为中国古都数量最多最密集的省区。在黄河流经的9个省区中,河南可称为"黄河之心"。河南的非物质文化遗产资源丰富、项目众多,目前,入选国家级非物质文化遗产代表性项目共计125个,本章主要介绍有梁祝传说、豫剧、朱仙镇木版年画、浚县泥咕咕、唐三彩烧制技艺、少林功夫、太极拳、重阳节、中医正骨疗法(平乐郭氏正骨法)、黄帝祭典(新郑黄帝拜祖祭典)十个代表性传统技艺非遗文创项目。

一、梁祝传说

梁祝传说(梁山伯与祝英台传说)是一则凄婉动人的爱情故事,与《孟姜女》《牛郎织女》《白蛇传》并称中国古代四大民间传说,而其中又以梁祝传说影响最大,无论是其文学性、艺术性和思想性来说都居各类民间传说之首,是中国最具影响力的口头传承艺术,也是唯一在世界上产生影响的中国古代民间传说,是中华文化的瑰宝。千百年来,它以提倡求知、崇尚爱情、歌颂生命生生不息的鲜明主题深深打动着人们的心灵,以曲折动人的情节、鲜明的人物性格、奇巧的故事结构而受到民众的广泛喜爱。梁祝传说和以梁祝传说为内容的其他艺术形式所展现的艺术魅力,使其成为中国民间文学艺术之林中的一朵奇葩。

梁祝传说自 1600 年前的晋代形成以来,主要流传于宁波、上虞、杭州、宜兴、济宁、汝南等地,并向中国的各个地区、各个民族流传辐射。在流传的过程中,各地人民又不断丰富发展传说的内容,甚至还兴建了众多以梁祝传说为主题的墓碑和庙宇等建筑。此外,梁祝传说还流传到朝鲜、越南、缅甸、日本、新加坡和印度尼西亚等国家,其影响之大在中国民间传说中实属罕见。常有人把《梁山伯与祝英台传说》称作"东方的《罗密欧与朱丽叶》"。2006 年,梁祝传说入选为第一批国家级非物质文化遗产代表性项目民间文学类(7,Ⅰ-7)。

历史故事

相传西晋时,在汝南境内祝庄,祝员外之女祝英台女扮男装去红罗山书院求学,途经曹桥,与梁岗去红罗山书院求学的梁山伯相遇,两人一见如故,义结金兰,同往求学。二人同窗三载,同植树,同挑水,同学习,同吃住。祝英台逐渐对梁山伯产生爱慕之情,但梁却不知英台为女儿身。3 年后,梁山伯送祝英台下山,在 18 里乡路上,英台对山伯百般提醒,吐露爱慕之情,梁却浑然不觉。无奈之下,英台只好以为其九妹提亲之名,约山伯前到祝家相会。后在师娘的明示下,山伯如梦方醒,匆忙前往祝家求婚,却被告知英台已许配马家。闻听此讯,山伯归家后一病不起,临终前嘱咐家人,将其葬在马乡北官道旁,以能看到英台出嫁时的情形。英台被逼出嫁,提了三个条件,其中两个是:外红里白,下轿哭祭梁山伯。花轿行至官道旁梁山伯墓前,英台一身素衣哭祭山伯,最后撞柳殉情(这是英台没有说出口的第三个条件)。因梁祝没有成婚,马家又没能将其娶回家,也不愿收葬,当地人只好把祝英台葬于官道东侧,与山伯墓隔路相望。之后,二人魂魄化为蝴蝶,比翼双飞。

制作技艺

具体来看现存最早的梁祝传说的文字材料,见于宋代张津《四明图经》所引初唐梁载言的《十道四蕃志》:义妇冢,即梁山伯祝英台同葬之地也。这个传说当时在民间流传是有情节内容的,可惜梁氏记载太简略,恐怕不是它的本来面目。但从中可以得出梁祝传说可能是从一个真实的历史事件附会、衍变而来的结论。到了晚唐张读的《宣室志》,就记载了传说的基本情节,在张氏的记载中已明白指出梁祝传说产生于东晋,由"晋丞相谢安表奏墓曰义妇冢"可知民间是相信实有其事的。因为梁载言和张读都是唐代人,他们记录的传说,至少早已流传在民间口头流传,才能引起文人注意,载于方志中。何况民间传说必须经过一个长期的发展过程,才能广泛地流传开来。其产生时代,是有理由上推至六朝的。而明代徐树丕《识小录》中提供的线索可验证这一点:"按梁祝事异矣,《金楼子》及《会稽异闻》皆载之。"直到明清戏曲、唱本和民歌,最后到小传出来,才逐渐明确地表现了这种历史背景。也可以说传说发展到这里(指文字材料而言),才全部道出了它产生的社会经济根源。梁祝传说也才真正得以形成。所以,从现有的材料而论,梁祝传说的完全形成是宋代到清末。

发展现状

梁祝传说自 1600 年前的晋代形成以来,主要流传于宁波、上虞、杭州、宜兴、济宁、汝南等地,并向中国的各个地区、各个民族流传辐射。

梁祝传说形成与发展大体上分为三个阶段。第一阶段为东晋至唐,是传说形成期,主要表现为口头传说,主要在会稽(今绍兴)、上虞一带流传。第二阶段为宋至民国初年,是传说的发展期,传播形式由早期的口头传播,转变发展成为文字记载和文学作品传播,流传地域也跃出会稽一带中心区域,辐射至全国大部分地区,并流入日本、朝鲜、越南等东北亚、东南亚地区。第三阶段为民国晚期至当代,是传说的成熟期。就传说的内容看,这一阶段淘汰了故事中"阴府告状"、梁祝还魂团圆等情节,突出了祝英台殉情内容,强化了爱情悲剧主题,突出地表现了民间反封建的民主意识,重新形成了相对稳定的故事情节结构。

近 20 年来,由于受现代化和城市化的影响,以口头传承为主的梁祝传说受到了前所未有的冲击。原有的口头传承人相继去世,年轻一代不愿接续,传承面临着断代的危险,急需抢救和采取相应的保护措施,使这一优秀的文化传统得以绵延。

汝南梁祝文化遗产保护最令人担忧的问题也是当地民间艺人口头传承能力的削弱和非遗传承人的生存现状。早在 20 世纪 90 年代初,当时能较完整地演唱当地梁祝戏的老艺人平均年龄都在 80 岁以上,现在都已去世。如今,汝南当地关注该传说的年轻人越来越少,真正会演唱梁祝戏的人都是老人。除此外,汝南梁祝传说面临的人文传承环境也日益面临危机,由于缺乏资金、政府与群众缺乏有效互动与交流、梁祝文化开发忽视传说的文化内涵等因素,汝南梁祝文化长期缺乏群众的参与,面临着传承危机。如何更好地保护和利用汝南梁祝文化这项古老而世代相传的口头遗产和集体记忆,任重而道远。

传承创新

梁祝传说是中华文化的瑰宝。千百年来,梁祝传说以提倡求知、崇尚爱情、歌颂生命生生不息的鲜明主题深深打动着人们的心灵,以曲折动人的情节、鲜明的人物性格、奇巧的故事结构而受到民众的广泛喜爱。梁祝传说和以梁祝传说为内容的其他艺术形式所展现的艺术魅力,使其成为中国民间文学艺术之林中的一朵奇葩。

在流传的过程中,各地人民又不断丰富发展传说的内容,甚至还兴建了众多以梁祝传说为主题的墓碑和庙宇等建筑。此外,梁祝传说还流传到朝鲜、越南、缅甸、日本、新加坡和印度尼西亚等国家,其影响之大在中国民间传说中实属罕见。人们用丰富多彩的文艺样式来表现这个美丽动听的故事,仅戏曲剧种就有 30 余种、曲艺 20 余种,更有上百首歌谣、几十种工艺品,以及电影和电视作品。(图 2-8-1、2-8-2)

图 2-8-1 《梁祝》杂技创新

图 2-8-2　《梁祝》经典芭蕾舞剧

据梁祝传说改编的越剧《梁山伯与祝英台》、小提琴协奏曲《梁祝》、电影《梁山伯与祝英台》等各种文学艺术作品(图 2-8-3),以及由此而形成的求学、婚恋的独特风尚,构成了庞大的梁祝文化系统。

图 2-8-3　《梁祝》动画片

学者建议

　　民间文学的特点是口头讲述,它是由传承人靠口传心授的方式,一代一代传承下来。在非物质文化遗产名录中,真正意义上的非物质文化遗产,是民间文学。它不含有物质文化的因素。在目前设置的非物质文化遗产十大分类中,除民间文学外,传统音乐、传统舞蹈、传统戏剧、曲艺、传统体育和游艺杂技、传统美术、传统技艺、传统医药、民俗等都含有物质文化因素在内。因此民间文学类非物质文化遗产保护是一个值得深思的问题,这是民间文学类非物质文化遗产项目普遍存在的问题。

在中国民间传说类作品中,《梁祝传说》是最具代表性的作品之一。它兼有人物传说和地方风物传说的特点。传说的流传突破地域、民族和国家界限,传播面很广,影响最大。这是因为它的主题是爱情纠葛。这一纠葛带有明显的时代特色,在封建婚姻桎梏下,对美好婚姻的追求,是那个时代青年男女对婚姻价值的期盼和追求。正因为如此,《梁祝传说》才为民间所喜闻乐见。今天的时代完全不同了,婚姻自由使《梁祝传说》失去传承的社会和思想基础。正是在这个意义上,《梁祝传说》作为非物质文化遗产,具有历史价值、文化史价值和审美价值。梁祝故事本是一种地域性传说,但是它又突破地域界限,在更大的范围内传播,具有了跨地域的特征,而且在传承、传播过程中形成不同的艺术表现形式,这对梁祝文化的传播起了很好的推动作用。另外,这一传说穿越了太长的历史时空,留下太多的文献记载①。

---

① 陶立璠. "梁祝"文化的传承与保护[DB/OL]. 中国民俗学网,2015-07-26.

二、豫剧

豫剧（图2-8-4）也叫河南梆子、河南高调、河南讴，豫西山区则称之为靠山吼。它是我国梆子声腔剧种中极为重要的一支，深受广大人民群众的喜爱，主要流行于河南省，在全国各地都有流传。豫剧传承至今已有上百年的历史，早在清代乾隆年间，已成为河南很有影响的戏曲剧种。豫剧在生成和发展时期，汲取了昆腔、吹腔、皮簧及其他梆子声腔剧种的艺术因素，同时广泛吸收河南民间流行的音乐、曲艺说唱和俗曲小令，形成了朴直淳厚、丰富细腻、富于乡土气息的剧种特色。

豫剧艺术长期受中原文化特别是黄河流域地方文化的影响，它在演出剧目、舞台表演、人物塑造、表述方式、音乐唱腔等方面都形成了独特的河南地方风格，带有浓郁的地域文化色彩，成为我国民族戏曲宝库中的珍贵财富。2006年，被入选为第一批国家级非物质文化遗产代表性项目，传统戏剧类（167，Ⅳ-23）。

图2-8-4　豫剧

豫剧拥有丰富的剧目资源，其中传统剧目近千出，历史上曾有"唐三千、宋八百，唱不完的三列国"之说，《斩子》《牧羊卷》《刘全进瓜》《抱琵琶》《铡郭槐》《红下山》《大祭桩》《借妻》《红娘》《花木兰》《穆桂英挂帅》《对花枪》《唐知县审诰命》等众多传统剧目长期以来在舞台上盛演不衰。

豫剧音乐中有四大板类，数十个唱腔板式，数十种调门唱法，其唱腔不仅有多种地方唱调，如豫东调、祥符调、豫西调、沙河调、高调等，还容纳了词格为十字句、七字句、五字句及曲词为长短句的多种曲牌，在表演和演唱方面形成了众多艺术流派。豫剧伴奏有文、武场之分，文场乐器主要包括板胡、二胡、三弦、月琴、皮嗡、笛子等，武场乐器则包括板鼓、梆子、大锣、小锣等。

"四生""四旦""四花脸"构成豫剧的脚色行当体制,"四生"为老生、大红脸、二红脸、小生;"四旦"为青衣、花旦、老旦、彩旦;"四花脸"为黑脸、大花脸、二花脸、三花脸。近现代以来,豫剧在发展过程中涌现出常香玉、王润枝、马双枝、陈素真、崔兰田、马金凤、阎立品等一批名家,以多样化的艺术风格将豫剧推向更高的境地。

历史故事

清朝乾隆年间,河南已流行梆子戏。据当时的碑文资料记载内容,明皇宫是当年演剧各班祈祷宴会之所,代远年湮,亦不知创自何时。据清李绿园于乾隆四十二年(1777年)成书的《岐路灯》和乾隆五十三年(1788年)《杞县志》记载,当时梆子戏已在开封、杞县一带盛行,并曾与罗戏、卷戏等合班演出,称为"梆罗卷"。

豫剧形成以后,由于语音方言的不同,在各地流传过程中形成了各具特色的多路流派:以开封为中心的唱法称"祥符调";以商丘为中心的唱法称"豫东调",又称东路调;以洛阳为中心流传的唱法称为"豫西调",又称西府调、靠山簧;豫东南沙河流域流传的唱法称"沙河调",又称本地梆。

1917年2月15日的《河声日报》载:"省内义成班,原为开封县署民壮总役于建清所组建,历年以来一般梨园子弟在各处演唱,颇享盛名。"

清末民初曾不断到开封演出的天兴班,原是封丘办的科班,历史比较悠久,不少豫剧名演员出自该班。知名演员李剑云、阎彩云、林黛云、时倩云、贾碧云并称五大乾旦。其他主要演员有时登科、张治林、聂二妮、孔宪玉、李玉仙、张廷华、李法魁等。

1924年,王义成在《京报》副刊《戏剧周报》上发表《豫剧通论》一文,文章中的豫剧是对河南省所有剧种的统称。

1947年秋,洛阳、开封、兰州、西安四地的民间报界方以此称谓专指河南梆子。

1947年末,豫剧教育家李战在兰州组建甘肃第一个豫剧表演团体"新光豫剧团"。

1948年,创办豫剧历史上第一所学校"私立新光豫剧学校",这是最早使用"豫剧"名称的组织机构。

1950年,中南区军政委员会文化部为发展戏剧事业,派人在郑州招收一批河南梆子演员到武汉,组成以梆子大王陈素真及王魁元、黄忠祥为首的"群众河南梆子剧团"在武汉演出。演出结束后,中南区军政委员会副主席邓子恢接见了相关演员。谈到河南梆子时,邓子恢说:"河南梆子是个小名,豫是河南省的简称,我看可以取个大名为豫剧比较恰当。"1950年8月间,陈素真、王魁元等率领该剧团在河南、河北等地巡回演出时将河南梆子定名为豫剧,此后"豫剧"一词正式取代了河南梆子。

制作技艺

1. 唱腔

豫剧因各地语音差异,在音乐上形成带有区域特色的艺术流派。清末民初,洛阳等地的豫剧多用下五音,而开封等地的豫剧多用上五音,形成鲜明对比。为了区别,豫剧艺人将洛阳等地的唱腔称为豫西调(又称西府调),称开封各地的唱腔为豫东调(又称祥符调)。新中国成立后,豫剧专家又把豫东调细分为祥符调、豫东调、沙河调。这一划分得到广泛认同,即以开封为中心的祥符调;以商丘为中心的豫东调;以洛阳为中心的豫西调;流行于豫东南沙河一带的沙河调,又叫"本地梆"。其中祥符调、沙河调、豫东调多用上五音,豫西调多用下五音;如今祥符调和沙河调都已经没落,豫东调与豫西调表现出顽强的生命力。

豫剧艺术古今兼纳、刚柔相济、豁达宽厚,有"中和"之美。首先,豫剧唱腔铿锵有力、大气磅礴、抑扬有度,富有热情奔放的阳刚之气,具有很大的情感力度。其次,豫剧行腔酣畅、吐字清晰、本色自然、有血有肉,善于表达人物内心情感。最后,豫剧节奏鲜明强烈、矛盾冲突尖锐、故事情节有头有尾,再加上曲调诙谐欢快,使得豫剧不仅适合演出轻松的喜剧,又适合演帝王将相的大场面戏,豫西调委婉动听,唱腔悲凉故很适合演悲剧。豫剧在关键剧情上一般都安排有大板唱腔,唱腔流畅、节奏鲜明、极具挑战性,一般吐字清晰,易被观众听清。

2. 行当划分

豫剧角色行当按一般的说法是四生、四旦、四花脸。戏班组织也是按照"四生四旦四花脸,四兵四将四丫环;八个场面两箱官,外加四个杂役"的结构组成。

四生即大红脸(又叫红净、戏生)、二红脸(又叫马上红脸)、小生、边生(又叫二补红脸)。

四旦即正旦(青衣)、小旦(花旦、闺门旦)、老旦、帅旦。

四花脸即黑头(副净)、大花脸、二花脸、三花脸。

演员一般都有自己专工行当,也有一些演员则一专多能,工一行外,兼演他行。早期豫剧以"外八角"(四生四花脸)戏为主,生行戏占重要地位。武戏有"盘绳""吊水桶""空中还原""探海""元宝顶""大翻身"等不少绝招。旦行在以"外八角"为主时代,只占次要地位,但随着女演员的登台逐渐增多,在豫剧中取得了主导地位。

3. 服饰

早期豫剧表演的舞台装置极为简单,往往只用芦席、箔子一挡,台上一桌二椅,即可开演。打小锣、敲梆子的人员兼"检场"。进入城市后,有较固定的剧场,舞台装置才有所改进。豫声剧院已采用一些布幕、布景,旦角服饰讲究"老旦清,正旦俊,花旦风流"。此后又受京剧服饰的影响,已基本与京剧服饰相同。

4．妆容

豫剧"浓墨重彩"的妆容,不论生旦净末丑何种角色,他们一律都用油彩上妆,而且画得很浓。旦角一般都是杏核眼,眼线快挑到了耳根;樱桃嘴,都是那么一点点。生角画得各有不同,各种各样的脸谱更是五花八门,惟妙惟肖。

5．表演

豫剧的各行当都有自己的表演要诀,如手势要诀是"花脸过项,红脸齐眉,小生齐唇,小旦齐胸",武打戏的短打要诀是"身如蛇形眼似电,拳如流星,腿似钻;稳如重舟急似箭,猛、勇、急、快、坐、站稳如山",在枪路上,有"走丝""连九枪""十三枪""九个鼻""八杆""单倒"等路数。青衣和闺门旦表演要诀是"上场伸手似撵鹅,回手水袖搭手脖;飘飘下拜如抱子,跪下不能露脚脖","说话不看人,走路不踢裙,男女不挽手,坐下看衣襟"。彩旦表演要诀是"斜眼偷看人,说话咬嘴唇;一扭浑身动,走路摔汗巾"。小旦出场式是"出门按鬓角,双手掖领窝,弯腰提绣鞋,再整衣裳角"。小生表演要诀是"清、净、冲"。"清"是清秀,唱词吐字清,神态秀气;"净"是动作干净利落,恰到好处;"冲"是武打勇猛,精神振奋。

6．乐器

豫剧乐队的文场主奏乐器,早期为大弦(八角月琴,演奏员兼吹唢呐)、二弦(竹或木质琴筒蒙桐木面的高音小板胡)和三弦(拨弹乐器)。20世纪30年代,樊粹庭与陈素真把板胡引进豫剧舞台,并进行了细微的改良,此后板胡就成为豫剧的主弦。

7．曲牌伴奏

豫剧文场中的传统伴奏曲牌有300多个,其中唢呐曲牌130多个,横笛曲牌20多个,丝弦曲牌170多个。

8．四大板式

豫剧的唱腔音乐结构属板式变化体,其主要声腔板式有四种,即二八、慢板、流水、散板。

传承人物

(1)马金凤,原姓崔,小名金妮,河南省洛阳市人,1922年出生于山东省曹县,豫剧演员。6岁随父学河北梆子,7岁登台配戏,9岁改学豫剧。14岁正式登台担当剧目主演,早期艺名"花蛾子",20世纪40年代末唱红于安徽省界首市,绰号"盖九州",代表作有《穆桂英挂帅》《花打朝》等,有洛阳牡丹的美誉。曾任商丘、洛阳豫剧团团长,中国戏剧家协会名誉理事,中国剧协河南分会副主席。

作为一个杰出的戏曲演员，除了其他方面的艺术造诣之外，唱腔美是观众折服的重要因素。马金凤不但有着精湛的表演艺术，而且练就和保护了一副"金嗓子"。她以高亢、清脆、甜美、朴实等特色，形成马派艺术而著称于世。1956 年以来，马金凤曾先后四次率领洛阳市豫剧团进京演出，每次都受到热烈欢迎，得到高度评价。作家老舍看过她的演出后，曾欣然赠诗赞美："大众喜颜开，洛阳金凤来，打朝嘲笑谑，挂帅夺风雷。歌舞全能手，悲欢百练材。长安春月夜，鼓板绽红梅。"

然而，马金凤的金嗓子决非天赋，而是从痛苦的煎熬中得来。在她少年时代，嗓子并不好，也没有忘记被戏霸踢下台头部留下的那块伤疤。为了练腔，她抱着水罐扣住脸面高喊，天天如此，从不间断。天长日久，她的前额竟被水罐边沿磨破了皮，形成了一道深深的疤痕。就这样整整坚持了九年，终于练出了一副金嗓子。她深有感触地说："我把嗓子看得比命还珍贵，因为嗓子就是我的武器。"

马金凤最懂得艺术生命价值，因而也就特别爱惜和保护她那来之不易的金嗓子。她参加过大大小小的宴会，也经历过饥渴难熬的日日夜夜，喜怒哀乐，成功与挫折，都没能使她稍有松懈，半个多世纪的岁月，不但烟酒与她无缘，就连稍带刺激性的食品像鸡鸭鱼肉、冰糕汽水等也不食用。她最常吃的饭食是馒头、绿豆小米饭，甜面汤是她的最爱，最多加几个荷包蛋。为了保护嗓子，她对身体简直到了苛刻残酷的地步。

马金凤之所以在群众中享有崇高的威望，不仅仅是因为她有甜美的唱腔、高超的表演，更重要的是她有着与群众水乳交融的关系以及一贯身体力行的戏德。五十多年来她一直深深植根于人民群众之中，在那里汲取丰富的艺术营养，体验生活，陶冶情操，在为人民演唱的过程中，不断提高着演出水平。

年逾古稀、儿孙满堂的马金凤，仍保持着充沛的热情和艺术的青春，把能为群众演出视为最大的幸福。跨入 21 世纪，马金凤以 80 岁的高龄，又重新排演了她的拿手戏《穆桂英挂帅》，这出戏的重排在剧本、唱腔、舞点和导演手法上都做了重大改革，演员阵容强大，马金凤不顾年老体衰场场参加排练，并在北京保利剧场连演十场，观众场场爆满，党和国家一些领导人观看了演出，在全国又刮起了一场马金凤热。马金凤说："我还要在全国巡回演出 80 场，只要我活一天，我就要演一天。"①

（2）虎美玲，1946 年出生于河南省郑州市。国家一级演员，豫剧名旦，主攻青衣、闺门旦，兼花旦、刀马，且能反串小生。代表剧目主要有《花木兰》《破洪州》《断桥》《白蛇传》《粉黛冤家》《奇妙姻缘》《五女拜寿》《红灯记》等。

虎美玲为第十一届全国人大代表、郑州市人大常委会委员，国家级非物质文化遗产传承人。2007 年起，担任郑州市豫剧院院长。

虎美玲为豫剧"常派"代表性人物。她不仅将"常派"的精髓完好地传承下来，还始

---

① 戏剧网.http://www.xijucn.com/html/yuju/20090325/8289.html.

终秉持着"戏比天大"的常派理念，在继承和发展"常派"艺术的基础上独辟蹊径，又兼收"陈、马、崔、阎"各派之长，"纳百溪而澄碧湖"，形成了委婉曼艳、清越高远的演唱特色和扮相俊美、含蓄质朴、追求京昆风范的表演风格；并在唱腔、念白、舞蹈、音乐、服装、化妆各方面均有创造和发展。

虎美玲的代表剧目《抬花桥》《花木兰》《大祭桩》和新版《白蛇传》，以流畅自然、诙谐幽默、情真意切、演技扎实、功底深厚，荣获中国国家最高表演艺术奖"梅花奖"，又荣获中国全国豫剧声腔电视大赛中年组第一名，并摘取中国豫剧名旦桂冠。其他奖项，数不胜数。她的表演艺术成就，多次得到郭汉城、马少波、李紫贵、赵寻、刘厚生等著名专家的赞誉。她的《花木兰》和《折子戏专场》曾受到江泽民、李瑞环等中央领导的赞赏。她出席了"亚州传统剧目国际研讨会"，并向各国戏剧专家展演了拿手好戏《大祭桩》，得到了极高的评价。

虎美玲以坚苦创业之志，无私奉献之德，辛恳劳碌带出一班青年演艺队伍——郑州市豫剧二团，演遍大江南北，涉足海内外，她率团在日本、台湾、澳门、香港、深圳、厦门、新疆、济南、西安、辽宁等地，把黄河滋润培育的豫剧艺术送到了观众的心坎里，使得古老的剧种彪炳出了青春瑰丽的风采。给海峡两岸的文化交流做出了新的贡献，得到台湾著名人士王广亚、李克难等人的极佳赏识。在中国国内，她不辞劳苦，热情送戏到农村、部队、学校和各大油田等工矿企业，给工农兵带去了无尽的欢乐。

发展现状

河南豫剧是一个我国戏曲大家庭中较为古老的一个剧种，产生于明末清初，至今已有三百多年的发展历史，源远流长，对于其他兄弟剧种的产生和发展都曾经起到了不可或缺的影响，是我国戏曲大花园中一朵灿烂的奇葩，更重要的是经过很多人的努力和付出，当下的河南豫剧依然方兴未艾，其发展中出现了欣欣向荣的喜人状况，突出表现在河南豫剧近年来自身艺术的不断发展上，也表现在河南豫剧在大众中的普及情况上，但市场经济的冲击和影响下，大众的娱乐形式正在多样化，在这样的大背景下河南豫剧的传承与发展需要适应市场经济的环境，逐步实现走出去，主动接受市场的检验。使得河南豫剧这一宝贵的传统文化能够在新时期得到较好的发展。

传承创新

在中原大地上，豫剧文化可谓扎根深远，无论老人还是儿童，都会哼唱两句"刘大哥讲话理太偏"，《穆桂英挂帅》《卷席筒》《朝阳沟》……诸多经典剧目的经典唱段，可谓家喻户晓。河南卫视戏迷擂台赛《梨园春》自1994年创办，20多年来始终保持着戏迷、观众的踊跃参与,在中原地区乃至全国观众中掀起一波又一波的收视狂潮。"到《梨园春》打擂去!"已成为大批戏曲爱好者生活中的一种向往,豫剧在中原地区的人气也可见一斑。

今天,戏迷们有了另外一个随时记录豫剧文化、与戏曲爱好者实时交流的渠道——国民短视频平台快手。在快手的数亿用户里,活跃着一大批豫剧从业者和豫剧爱好者,他们不仅在传承着豫剧文化,也在借助全新的载体和创新的技术手段,将传统戏曲艺术发扬光大。

著名豫剧表演艺术家小香玉多年来致力于豫剧文化的传承和推广,她在多个场合呼吁,传统戏曲要在传承的基础上,不断借鉴其他艺术形式的优点和载体,创作出大量青少年喜闻乐见的艺术作品,才能使得传统戏曲艺术不断发扬光大。

数据显示,在巨大的用户量级中,快手"90后"用户占比超过80%,快手也成为在年轻人中有巨大影响力的平台。通过强大的人工智能下的精准分发技术,快手可以实现在兴趣和内容之间的精准匹配,可以让豫剧等传统文化内容精准触达年轻群体。而与戏曲爱好者的实时交流,也有利于戏曲从业者创作出更多大众喜闻乐见的艺术作品,从而推动传统戏曲艺术不断发扬光大。

学者建议

发挥豫剧本身的优势,并融合时代特色,与时俱进,采用多种形式跨剧种、跨文化创作剧目,改编古典文学的剧目、儿童豫剧、原创剧和改编本土文学的剧目,可以邀请电影导演合作。只有跟上时代步伐,年轻人喜欢看戏,才能更好地将豫剧传承和发扬下去。

三、朱仙镇木版年画

河南省开封市位于豫东平原。据《东京梦华录》记载,北宋时距开封城南20多公里的朱仙镇就已有了木版年画。明清两代,朱仙镇的木版年画十分兴盛,作坊最多时达三百余家。清末民初朱仙镇木版年画开始衰落,大多数作坊迁回开封市内,于是开封又成为朱仙镇木版年画的生产与销售中心,城内出现了"天成""云记""汇川"等名噪一时的老字号年画作坊。

朱仙镇木版年画十分讲究用色,以矿物、植物作原料,自行手工磨制颜料,磨出的颜料色彩十分纯净,以之印制的年画明快鲜艳,久不褪色,构图饱满匀称,线条简练粗犷,造型古朴夸张,艺术风格独特(图2-8-5)。年画题材多源于脍炙人口的民间故事、神话传说和戏曲等,种类繁多,形象生动。2006年,被入选为第一批国家级非物质文化遗产代表性项目传统美术类(306,Ⅶ-7)。

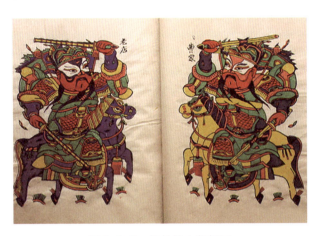

图2-8-5 朱仙镇木版年画

历史故事

朱仙镇木版年画诞生于唐,兴于宋,鼎盛于明。

北宋初年,宋都东京是全国政治、经济、文化的中心,各地的商人大量涌向京城。庞大的市民阶层促进了世俗文艺的发展,活跃的世俗文艺又给年画的创作提供了丰厚的土壤。加之活字印刷术的发明,将中国雕版印刷业推向繁荣。自此,年画也由笔画转向刻版印刷。当时东京木版年画的印刷及销售盛况空前。不仅民间作坊遍布京城,就连宋室官廷也主持开办年画作坊。官办与民办作坊的融合,使木版年画的发展成为必然。

北宋末期,由于金兵的入侵,京都沦陷,繁荣的市民文化逐渐萧条。大量年画艺人流落江南,东京的木版年画业迁至东京45里外的朱仙镇。

明清时期,朱仙镇河道四通八达,随即成为中原的商业重镇。木版年画在繁荣的商埠迅速恢复,买卖兴隆,声名大振。据载,当时朱仙镇从事这一行业的有300余家。

清末时,由于朱仙镇河道阻塞,航道不通,木版年画与其他商业都日趋萧条。

民国初期,镇上有40多家生产作坊,2000多人从事年画生产,山东、安徽、河北、江苏等地的客户纷至沓来,生意十分兴隆。画店有万通、晋涌泰、天兴德、德盛昌、天义德、天成德、大天成、二天成、得源长、万盛、三成义等。

抗日战争爆发前,朱仙镇木版年画业迁往开封,自此又掀起木版年画繁荣的第三次高潮。当时开封的年画作坊有60多家,主要集中在东大街、西大街、中山路和书店街。1949年后,开封市先后成立了开封年画社、河南朱仙镇木版年画社等团体机构,对木版年画的传统工艺进行挖掘、整理。

制作技艺

朱仙镇木版年画的制作工艺十分讲究。

第一步选用上等坚实的梨木进行刻版,刻前先用植物油涂于木板表面三到四遍,自然晾干后,再用顶沸的热水冲洗。然后用特制刮刀刮去木板表面浮油,艺人称之为"熟版"。木板雕刻工具早年多为自行制作,有刻刀、净缝刀、文章锉、巩锉、刮刀、铲刀、敲锤等二十件。后来,雕版师傅也在使用成套的专用雕刻刀。

年画的印制工具多就地取材,采用当地野生植物顶端之茸毛和棕,用绳子捆扎而成。

草制圆锥形色刷,一色一刷不能混用。

另有敲锤儿、沙袋、沾刷等辅助工具。

年画用纸,旧时多采用本地廉价土造纸、毛边纸,清代以来,年画开始使用规格大、韧性好的日本油光纸。而后来多用中国传统的生宣纸印制。

年画200张为一"块"。印时将纸张按不同的张数按"块"夹在自制竹夹上。纸夹牢后,一头插入"管钉",一头置于自制灰砖槽中,纸折叠呈"S"状。

印黑线版需双手用力,线条才清晰、瓷实。整套动作和过程,要求眼明手快、手眼密切配合,必须全身心投入,一丝不苟。

色版较线版含色量大,用力过重纸易烂,用力过轻色块不瓷实。左手操"趟子"作平扫状,每道工序都需精心操作。

高档年画与神像画人物之眼眸、胡须、服饰需加套水墨、金粉,套色可多达九遍。普通年画以黑、黄、红、丹、绿、紫六色,先淡后重,依次套印而成。

套画套色顺序为,先印黑,后黄,再红、绿、青,有些画样还需加托水红,或印脸。

　　画印好后需停几个小时使颜色"吃"入纸内。晚上再"晾",晾要恰到好处。

　　朱仙镇木版年画印刷用色十分讲究。艺人们运用传统的炒、熬、滤等多道配色工艺,精心炮制。使年画色彩更加鲜艳,绚丽多彩。他们在绿、紫色中加入白矾、石灰。紫、绿两色要充分发酵,调制时要调起泡沫,色彩才沉稳、耐看、有韵味。还将色中加入残剩茶叶水,晾画时,才互不粘连等。(图2-8-6、2-8-7)

图2-8-6　木板年画工艺师用刷子蘸取颜料,做年画上黄色的准备

图2-8-7　描黑上黄色

传承人物

(1)郭泰运(曾用名郭太运),汉族,1925年出生,开封县曲兴人。2007年,被文化部命名为第一批国家级非物质文化遗产项目(朱仙镇木版年画)代表性传承人。

郭泰运13岁入开封城最著名的门神(年画)作坊之一的"云记老店"(店主刘子云)做学徒。店内的门神领做师傅李景运、宋金明,刻版领做师傅张文礼,红纸(染纸)领做师傅徐乃礼都是朱仙镇最有名的师傅,郭泰运即师从于他们。四年后出师,郭泰运与师兄谢合彬在开封大南门里勤农街合作了一年后决定单干,取店号"泰盛"。

1961年,开封市成立"开封年画社",郭泰运和许多老艺人都被吸收进社刻版、印画,使朱仙镇木版年画这一传统的民间艺术得到发展;1983年,开封市成立"开封市朱仙镇木版年画社",郭泰运任古版研究室主任,他与其他专业人员一起,对不同时期、不同店号的雕版和资料进行修补、复制和整理;2004年,郭泰运被礼聘于开封市博物馆开封朱仙镇木版年画研究保护中心,他摒弃传男不传女、传子孙不传外人等狭隘、保守的思想,于2008年收三名博物馆具有大学美术本科学历的年轻人为关门弟子,把近70年的经验和手艺倾囊传授予他们。

近年来,郭泰运积极参与2010北京国粹精华民俗文化节、全国(天津)非物质文化遗产展、2011中国(浙江)非物质文化遗产博览会、西安全国年画大联展、河南省"春满中原"活动等多项大型文化活动,还到新加坡、中国澳门参加了河南省旅游推介会和河南旅游宣传周、第三届澳门国际旅游与世界遗产旅游博览会等活动。

他印制的门神作品曾在北京、广州、深圳、香港等地展出,被中国美术馆、首都博物馆、中国艺术研究院等单位收藏。他曾先后赴新加坡、美国举办专题展览、表演和文化交流,被联合国教科文组织命名为"中国民间艺术家"。(图2-8-8)

图2-8-8 郭泰运代表作品《马上鞭》

2006 年他被河南省委宣传部、河南省文联联合授予"河南省首批民间文化杰出传承人"称号;2007 年他被中国文学艺术界联合、中国民间文艺家协会授予"中国民间文化杰出传承人"荣誉称号;2014 年他被中国艺术研究院、中国非物质文化遗产保护中心授予"第三届中华非物质文化遗产传承人薪传奖"。

中央电视台《乡土》《国宝档案》栏目,安徽电视台、河南电视台、开封电视台,《大河报》《汴梁晚报》等均对其有所报道。[①]

(2)任鹤林,是国家级非物质文化遗产项目木版年画的传承人。年近古稀,却仍在为木版年画的复兴和传承奔波着、操劳着。为使发源于古都开封的木版年画技艺得以传承,这个古稀老人半路学习雕版差点切掉手指,其殚精竭虑的努力足以让人感佩,而为年画源流真相而战 30 多年的岁月,更让人动容。(图 2-8-9)

图 2-8-9　任鹤林

和芭蕾舞演员伤痕累累的脚尖一样,能刻出精美木版的任鹤林,并没有一双漂亮的双手。他粗糙的双手布满老茧,这些茧子是磨了退、退了长的。在一次加工木版时,任鹤林手滑差点削掉半个左手中指。所幸就医及时,才好歹保住了指头,手指神经至今尚未恢复。(图 2-8-10、图 2-8-11)

---

① https://www.163.com/dy/article/CLIK8P8905149HVC.html.

图2-8-10　任鹤林正在雕刻年画印版

图2-8-11　任鹤林在进行木板年画工艺的雕版流程

　　他是中国年画界公认的全才,现实生活中毫无疑问是待人温和的谦谦君子,身形消瘦的任鹤林吸着十元一包的劣质香烟,一讲起年画双眼放光。

　　在木板年画传承问题上,任鹤林也有着自己独到的见解。他否定了木板年画的五代传承的叫法。

　　"传承,就是继承并接受的意思,继承上一代的文化精神,并培养新生代,延续上代的辉煌啊。"任鹤林说,目前朱仙镇木板年画作坊在粗制滥造,历史保留下来的开封朱仙镇木板年画的老样式几乎失传,年画技艺在传承方面已经是青黄不接。"如果再不大力培养传承人,朱仙镇木板年画的传承将会面临中断问题。"多年来,为了更好地推广、宣传和传承年画艺术,任鹤林主动与大专院校合作,把博物馆作为实践基地,义务为学生讲解授课,并携带作品先后在德国、意大利、新加坡、美国等国家和地区进行展出和文化交流。

在任鹤林的家中,到处摆放着印有木版年画图案的 T 恤、贴纸、丝巾、扑克牌等。近几年来,除了发掘、保护和研究木板年画外,他也会想尽一切办法,将朱仙镇木版年画发扬传承下去。(图 2-8-12)

图 2-8-12 任鹤林收集的木板年画雕版

现如今,任鹤林带的弟子不多,他认为,木板年画这样的民间创作比较清苦,又需要耐得住寂寞,"我怕耽误了那些想跟我学艺的年轻人"。如果有人喜欢木板年画甚至有从事木板年画的工作的意愿,任鹤林还是很高兴的。

让他感到欣慰的是,在全社会的共同努力下,物质文化遗产保护工作取得了显著成效,国家越来越重视木板年画的抢救性挖掘,木版年画传承人也真正地看到了春天。当地政府和文化部门也给予了很多支持,让任鹤林非常满足。"当然,要是我们国家能多一点对木版年画潜心研究的年轻人,我会更高兴,我甘愿当开封木板年画的守望者。"①(图 2-8-13)

① https://www.sohu.com/a/122652104_119038.

图2-8-13　2017年任鹤林带开封木版年画走进南美

发展现状

朱仙镇木版年画的产地，实际上并不完全在镇里。该镇四周的大小村庄皆有艺人设小作坊制作生产，朱仙镇只是集散地而已。该镇的大小作坊最多时可达300多家，足见其规模之大，木版年画年产量最高时达300万张，除销往河南本省外，还远销山东、江苏、安徽、福建、宁夏等地，销售辐射近大半个中国，足见其影响之大。

1963年，开封龙亭区成立"开封市朱仙镇年画生产社"，辖属开封市手工业管理局，"文革"前停办。

1980年，开封地区文化局成立了"开封市朱仙镇木板年画社"（出版社）。

1986年，在开封市旅游局和朱仙镇党委、政府的支持下，开封县朱仙镇成立了"开封朱仙镇木版年画社"。担负起了对木版年画的挖掘、收集、整理工作。朱仙镇木版年画社的成立，标志着朱仙镇木版年画有了传承、发展的机遇，朱仙镇木版年画的传承与发展有了一个专业性的机构。

1987年，开封市社联批准成立了"朱仙镇木版年画研究会"。

2003年，朱仙镇被国家授予"中国木版年画艺术之乡"称号。

2004年，开封市博物馆成立了"开封朱仙镇木版年画研究保护中心"。

2006年5月，朱仙镇木版年画被列入首批"国家非物质文化遗产名录"。

2006年6月，朱仙镇木版年画参加杭州世界休闲博览会并获金奖。

2006年7月，参加中国中西部工艺精品博览会并获金奖。

2006年，配合省、市、县民协完成了《中国木版年画集成——朱仙镇年画卷》编纂工作。

2006 年,《开封朱仙镇木板年画大型线装画册》由河南大学出版社出版,获得河南省优秀图书出版一等奖。

2006 年 11 月,通过河南商业厅获出口资质。

2006 年 10 月,朱仙镇木版年画社被河南省文物管理局命名为"河南省文物复仿制品研究开发基地"。

2006 年,朱仙镇木版年画被中原工学院,中原影视学院,郑州轻工学院定为美术、影视实践培训基地。

2016 年,《中国木板年画珍本——河南卷》入选"十二五国家重大图书出版项目"。

朱仙镇木版年画,不但具有极高的艺术收藏价值,而且极具观赏价值。开封已挖掘、整理出的年画老版有 220 余块,重新印制历史老版年画 300 多套,并编印了《开封朱仙镇木版年画精选》《朱仙镇木版年画珍藏本》《朱仙镇木版年画故事集》等,为保护传统木版年画做了大量有益的工作。但是,目前大多数老艺人年事已高,其技艺无人传承,特别是传统的矿、植物颜色磨制方法已鲜为人知,如不及时加以保护,朱仙镇木版年画制作技艺很可能会彻底消亡。

朱仙镇木版年画通过保护与抢救,目前已经形成了整套的年画文化构架:开封朱仙镇木版年画社、朱仙镇木版年画研究院、朱仙镇木版年画一条街、中国朱仙镇木板年画博物馆,恢复命名了木版年画老字号,命名了国家、省级、市县级年画传承人。现有木版年画作坊 20 余家,其中朱仙镇木版年画社成立于 1986 年,成为朱仙镇木版年画传承与发展的专业性机构,致力于朱仙镇木版年画的收集、挖掘、整理、出版、发行等大量的工作。

近些年,朱仙镇木版年画不断创新,结合现代生活和人们的生活需求,在传统的基础上创作出了多幅新型木版年画。为了让更多的人了解,朱仙镇木版年画几乎走遍了开封的中小学和河南的大学校园,展览和销售范围也从河南扩大到全国,甚至远销国外市场,如日本、韩国、英国、法国等地。随着一带一路考察团走进哈萨克斯坦进行文化交流,受到了热烈的欢迎和一致好评,增强了各国之间的友谊。

传承创新

朱仙镇是拥有丰富历史文化的名城古镇,集团利用这一优势,将当地政府、朱仙镇木版年画行业传人、经营者、工艺专家及木版年画专业研究者组织起来,成立朱仙镇木版年画专家委员会;同时依法对失散在民间的雕版和年画进行收集,专注于保护与传承。

有商业方能生存,生存之下方可谈发扬传统文化;作为传承者,在新经济市场下,既要把传统的东西守住,又要运用现在的手段。开封朱仙镇木版年画集团出品的所有朱仙镇木版年画将均采用纯植物矿物染料印制,虽然此工艺随着时代的变迁已失传近百年,但朱仙镇木版年画集团经过匠心研制古方古法、长期反复试验,终于恢复了植物矿物染料古法印制。用纸选用国家"非遗"纸张连四纸,用传统的技术工艺制作朱仙镇木版年画,同时也会结合当前时代的发展,使其在保有传统特色的前提下也适应当前人们的审美观,延续传统文化工艺作品,传承传统技术工艺。

开封朱仙镇木版年画集团不断尝试新的东西,在工业时代适应市场需求,将朱仙镇木版年画与"互联网+"结合,加强朱仙镇木版年画与传统民俗文化的交流平台建设;同时,加强传统文化产业的资源整合,发展朱仙镇木版年画传统文化产业,打造完整的产业链,逐渐形成年画的官方价值体系。

2016年11月20日,"中国·开封朱仙镇木版年画产业发展研讨暨品牌发布会"在北京钓鱼台国宾馆举办。(图2-8-14)

图2-8-14 朱仙镇木版年画产品上市挂牌推介会

学者建议

作为优秀的传统美术类非物质文化遗产,朱仙镇木版年画因其悠久的历史、丰富的题材内容、深厚的文化艺术价值,被视为木版年画鼻祖,民间艺术的活化石,民间艺术百科全书。具有独特的艺术审美特征和一定的科学价值。在信息化时代的背景下,朱仙镇木版年画需以资源挖掘与整合年画各类资源要素为基础,构建以年画传承人为核心、企政学研媒共同参与的创新发展主题圈,以市场需求与文化需求为导向,以创意设计与创新技术为支撑,以产业链创新与扩展为重点,把握发展的优势和机遇,在保护与开发、传统与现代、文化与创意、科技与技术、精神与物质、社会与时尚等矛盾的解决中,实现其应有的价值与意义。

四、浚县泥咕咕

泥咕咕是历史悠久的特色传统手工艺品,作为浚县民间对泥塑小玩具的俗称。传说斑鸠鸟是史前少昊氏的"祖神",象征春回大地、万物复苏的吉祥寓意。在豫北平原,浚县黄河故道的泥土中,土生土长着一群把玩泥土的民间艺术家。他们用手将泥捏成斑鸠的样子,用工具在尾部穿一小孔,下腹腔再穿透一个大孔,晾干画上彩画,玩耍时,用嘴吹斑鸠的尾部小孔,便会发出"咕、咕"的响声,"泥咕咕"由此而生。浚县泥咕咕就是这带着黄河悠久文化传承的产物。他们身上带着泥土的灵性,他们的作品有着泥土的神圣。

浚县泥咕咕有着浓厚的文化特色(图2-8-15),造型古朴,夸张别致,深受广大群众和专家学者的好评,被民俗学专家称为历史的活化石。2006年5月20日,浚县泥咕咕入选第一批国家级非物质文化遗产名录民间美术类(346,Ⅶ-47)。

图2-8-15 浚县泥咕咕

历史故事

据《资治通鉴》载,隋末农民起义军与隋军争夺黎阳仓(当时浚县称黎阳),瓦岗军首领李密手下有一员叫杨玘的大将在此屯兵,得杨玘屯村名。当时军中有一些士兵会捏泥人,为纪念在战场上阵亡的将士和战马,他们用当地的胶泥捏塑泥人、泥马。后来军队中一些人员就地安置,这门手艺便流传下来。浚县泥塑形体较小,大的不足20厘米,小的只有4~5厘米,因其尾部有两小孔,吹时发出"咕咕"的声音,故称"泥咕咕"。黎阳镇杨玘屯是泥咕咕的主要产地。

2002 年,在杨玘屯村东一座汉墓里出土了汉代泥咕咕(图2-8-16)和一个宋代瓷咕咕,汉代泥咕咕为陶质,高约 12 厘米,形如敛翅昂首的鸽子,专家认为,从造型及其表面的包浆来看,原应是彩绘的鸽子,但由于年代久远,彩绘已经脱落。这对泥咕咕的发现,颠覆了浚县泥咕咕源自瓦岗军的说法。由此看来泥咕咕的起源至少应在汉代之前。隋末瓦岗军时期只是浚县泥咕咕发展历史中的一个重要环节。

图2-8-16　出土的汉代泥咕咕

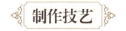

浚县泥咕咕的基本内容有人物、动物、飞禽三大种类 100 多个品种。其制作工具很简单,主要是塑型的竹筒和竹棍,制作者利用这些器具,经过和水、捶制等工序,将当地的黄胶泥塑成作品,然后蘸上松香(现改为墨汁)、洋颜色(现改为水粉颜料),用自制的麻笔(现改为毛笔)在塑型坯上涂绘,多以黑色为底色,然后再以红、黄、蓝、绿等比较鲜艳的颜色绘出各种图案(图2-8-17),与黑底形成强烈的对比,再用清漆罩上一层,放入高与宽约一米左右的砖砌小土窑焙烧。泥咕咕作品主要有历史人物、戏曲人物、十二属相、小动物、飞禽、骑马人等。

图2-8-17　泥咕咕上色

传承人物

(1) 王学锋,男,汉族,1954 年生,河南鹤壁人。第一批国家级非物质文化遗产项目泥塑(浚县泥咕咕)代表性传承人。王学锋是著名民间泥玩艺术家王蓝田之子,浚县泥玩第九代传人。王学锋 8 岁随父学艺,深得其父真传,至今从艺已达 60 余年。浚县泥咕咕依形态可分为人物、动物、飞禽三大类,有数百个品种。王学锋的作品造型生动、手法细腻、色彩艳丽、形神并茂,与其父作品一脉相承,保留了浚县泥玩的独特韵味。其作品小巧别致,坚固便携。代表作品有:《独角兽》《狮子滚绣球》《大阿福》等。

(2) 张希和,业内称为"泥猴张",1942 年生,是鹤壁市浚县人。因为专门从事泥猴创作享誉海内外而得名。

在浚县,"泥猴张"捏泥猴有四个特点:一是"快"。一小块黄泥,一分钟的时间,就变成了一只灵巧可爱的猴子。二是"不瞧"。闭上眼或是用布蒙住眼,照样可以捏出姿态各异的猴子。三是"背手倒捏"。他双手背在身后,捏出的猴子神形皆备。四是"造型无穷"。面对众多的观众,他胸有成竹,不论人们提出什么样的要求,他都能"手到猴来"。

手掌大小的泥团在他手中非常听话,只见他放在手心搓了搓,然后用手指推、压、按、点了几下,不到一分钟,一只活灵活现的猴子便出世了。

有一篇文章《鬼才泥猴张》中,称"泥猴张"张希和为"鬼才",原因就在于他变化多端,"神龙见首不见尾"。他捏的泥猴,没有一个重样的。他没有规矩,没有章法,完全是随心所欲,率性表达,想到啥就捏啥。不求形似,只求神似。每个猴子都活灵活现,千姿百态。动作和表情活泼,顽皮,可爱,富有生活情趣。

他的猴有人性、有感情、有个性,喜怒哀乐全都有。凡是看了他的猴的人没有不喜欢的,不高兴的。他的性格也和猴一样,好动、好开玩笑、好说、好笑。

"泥猴张"多才多艺,捏猴、画猴、写诗、写字,无不酣畅淋漓。具有猴性的"泥猴张"今年已经 70 多岁了,但你看不出与他年龄相符的东西。他永远是快乐的,所到之处,也给人们带来了快乐。"泥猴张"是民间艺术家,是从黄土地上成长起来的艺术家,是草根艺术家。同时,他富有性情、诗情、才情,是"中国的毕加索",是鬼才,更是天才! 他不是学校培养出来的,他是吸吮民间艺术营养滋长出来的艺术奇才!

多年前,汪振军(郑州大学文化产业研究中心主任,郑州大学新闻与传播学院教授)走进浚县县城的一个普通小院,走进张希和老师的家里,一下子就被他的泥塑作品所震撼、所吸引。当时,汪振军教授就给他写了一句话:"在这里,我看到了中原文化另一种气象和神韵!"后来,张老师用这句话,作为他作品的"广告"。之所以这样说,是因为长期以来人们普遍认为中原文化是厚重的、朴实的、凝重的,不像南方文化那样具有灵气。

其实这是一种对于中原文化的"误读"和"误解"。中原文化的博大正在于它的气象万千,中原文化中固然有厚重、朴实、凝重的一面,但还有生动、活泼、灵动的一面。别的不说,只要读读《庄子》,就可理解中原文化是何等的瑰丽、浪漫、灵动! 那一个一个的寓言故事,那一个一个的奇人异事,无不说明中原文化的雄奇和灿烂!

庄子那种精神的基因,同样存在于"泥猴张"夸张变形的泥人身上。用俗世的眼光来看,他塑造的人物并不俊美,一个个丑模怪样的,但人物身上透射出的一种奇特气息,就像庄子笔下那一个个长相丑陋的残疾人,虽形体残缺,但心智完整,透射出大智慧、大聪明、大境界。

"泥猴张"所塑造的泥人,是再普通不过的老百姓,但其精神气质却奇伟独特。他们正是普通但不平凡的河南人的真实写照。

对于延续了几千年的中原文化应该如何理解? 我们今天的文化创造应该秉承一种什么样的精神传统? 我们的中原文化在世人面前应该呈现什么样的面貌和精神气质? 从对庄子、竹林七贤、"泥猴张"的作品中似乎找到了某些答案,尽管这种答案还不是那么明晰,但毕竟给了我们许多有益的启迪。

(3)宋学海,男,1963 年生,浚县泥塑艺术研究会会长,高级民间艺术师。首批省级非遗项目代表性传承人。宋学海出身泥咕咕世家,自幼爱玩泥巴,后随祖父宋文彬和父亲宋清顺学习泥咕咕制作技艺,50 余年来,他在继承祖辈技艺的基础上,潜心研究,开拓创新,先后受到过倪宝诚、李寸松等专家的指点,如今已是中国民协会员,获得"中国民间艺术美术家""河南省民间工艺美术大师"等称号。

发展现状

浚县泥塑发展至今,已分化出各具特色的三大流派:以王蓝田为代表的泥咕咕派;以"泥猴张"张希和为代表的泥猴派;以宋学海、宋庆春为代表的泥玩派。王派采用传统手法捏制的泥咕咕可发出"咕咕"的声音,其造型古朴、活泼,色彩斑斓。作品被收藏于英国伦敦大不列颠博物馆,王蓝田被联合国教科文组织命名为民间工艺大师。王派传人王学峰在继承父辈传统捏制的基础上,不断创新。2007 年,王学峰被中国民间文艺家协会授予中国民间文化杰出传承人,被文化部授予中国非物质文化遗产项目代表性传承人。其作品"吉祥奥运""五福娃""狮子滚绣球"经奥组委评审,参加了"扬帆奥运　中国民族民间艺术精品巡展"首展;张派是以捏制泥猴而出名,故名为"泥猴张",捏制的有杂技泥猴、顶缸泥猴、说唱猴、观月猴、舞蹈猴、抽烟猴、醉酒猴等,这些猴子造型奇特、虚构合理、变形得当、引人发笑。"泥猴张"被联合国教科文组织授予"一级工艺美术家"称号。以宋学海为代表的宋派捏制吹可发声的泥人、泥马、十二生肖等,被人称为"泥人宋"。他曾被联合国教科文组织和中国民间文艺家协会授予"民间工艺美术家",被河南省文联授予"民间工艺美术大师"称号。作品先后被中央美术学院、中国美术博物馆院等单位收藏。

三大流派的作品在国际上产生了一定的影响。杨玘屯村于 2013 年被列入河南省首批传统村落名录，被誉为"中国泥塑第一村"（图 2-8-18）。

图 2-8-18　杨玘屯村

与所有家庭式的作坊的缺点一样，手工制作的泥咕咕难以大量生产，难以实现产业化，同时泥咕咕的普通礼盒最贵也就上百，价格相对低廉，年轻人因为生活原因不愿参与，学习的人越来越少。

传承创新

动漫赋能非遗

2013 年河南华冠文化科技公司董事长梁兴和"泥猴张"张希和一见如故，两人全力推动泥咕咕的创新。华冠文化投入大量人力物力，将传统文化与动漫创意相融合，历时一年九个月，于 2015 年 5 月 15 日成功推出嘻多猴品牌（图 2-8-19、2-8-20）。

图 2-8-19　泥猴转化为动漫

图2-8-20 泥猴转化为动漫——嘻多猴文创IP形象

围绕嘻多猴IP的养成,华冠文化进行了大量创意内容开发,通过系列微内容在新媒体平台的传播,有效地提升了用户对品牌文化的认可度,同时持续在线下举办各种主题活动,进一步增强形象与受众的互动性,并跨界实体产业,与服饰、雨伞、文具、生活家居、3C数码、箱包、毛绒等业态授权合作,推出了超过300+SKU的衍生产品,并深度打通上下游产业链资源,成功构建出动漫创意与产业运营相融合的商业闭环。2015年、2016年,嘻多猴连续两年入选文化部国家动漫品牌建设和保护计划,成为河南省唯一一个连续两年入选的动漫品牌(图2-8-21)。

图2-8-21 泥猴转化为动漫——嘻多猴动漫品牌

动漫赋能泥咕咕的具体做法：

1.线上内容创意传播，引流粉丝转换消费

围绕嘻多猴IP的养成，华冠文化进行了大量小而精的微内容创作，诸如原创壁纸、手机主题、动态表情、输入法皮肤、漫画、插画、微视频等，通过在移动互联网平台传播，加大市场受众对嘻多猴品牌的认知，从而加强对泥咕咕的了解（图2-8-22）。

图2-8-22　泥猴转化为动漫——嘻多猴文创IP延展设计

2.线下主题活动的开展

围绕嘻多猴IP的养成，华冠文化持续在线下举办各种主题活动，已经成功为包括成都、重庆、郑州、长沙、杭州等城市的热门主流商场代言，并进行了多场次大型主题展活动，其快乐、萌趣的表现形式，赚足了受众的眼球，每次活动都为商场吸引了众多的人流，进一步增强了形象与受众的互动性，聚积粉丝，推动粉丝社群的建立（图2-8-23）。

图2-8-23　泥猴转化为动漫——嘻多猴文创产品大型主题展活动

3.产品开发

通过线上线下活动的传播推广，提升了市场对品牌的认知度，又获得形象内容的创作与创意产品开发的更多市场数据反馈，有效提升嘻多猴IP内容创作和产品设计开发的精准定位，带动嘻多猴跨界实体产业，嘻多猴IP品牌与服饰、雨伞、文具、生活家居、3C数码、箱包、毛绒等业态授权合作，推出了超过300+SKU的衍生产品，打通了上下游产业链资源，公司也获得了超出预期的市场收益，为品牌的成长提供了更广阔的落地空间（图2-8-24、2-8-25）。

图2-8-24　泥猴转化为动漫——嘻多猴文创产品延展设计

图2-8-25　泥猴转化为动漫——嘻多猴文创产品开发

华冠文化还特别定制打造了"福猴杯"（图2-8-26）。福猴杯是将国家级非遗技艺中的泥咕咕创作技艺和钧瓷窑变工艺进行创造性结合而成的一款茶杯。黄河的泥土滋养了民间技艺"泥咕咕"，泥咕咕的代表人物张希和被业界称为"鬼才泥猴张"，他捏制的泥猴栩栩如生。华冠文化将泥猴和钧瓷工艺结合在一起，并选择杯子作为载体，杯子的谐音是"一辈子"，一杯子就意味着一辈子。公司赋予福猴杯美好寓意，能够给人带来福气,不仅有实用价值,还吸引了众多人对泥咕咕技艺的关注和了解,达到了活态传承和保护非遗的作用(图 2-8-27 至 2-8-29)。

图 2-8-26　泥猴转化为动漫——嘻多猴文创产品福猴杯

图 2-8-27　泥猴转化为动漫——嘻多猴文创产品福猴
　　　　　　系列茶具

图 2-8-28 泥猴转化为动漫——嘻多猴
文创产品福猴系列茶具

图 2-8-29 泥猴转化为动漫——嘻多猴文创产品福猴系列茶具

4.借助直播，助力泥咕咕销售

在浚县杨玘屯村，拥有超过 450 万粉丝的快手达人泥巴哥（腾哥）朱付军一边直播一边和河南电视台的主持人共同拜访了非物质文化遗产泥咕咕代表性传承人宋楷战（笔名憨刀）。宋楷战自 2002 年始参加全国各类大型艺术展览，获大奖 20 余次，他身上还有中国工艺美术行业协会会员、河南省民间文艺家协会会员、河南省工艺美术大师、鹤壁市第十一届人大代表等身份。

在憨刀文化创意园,宋楷战在镜头前带大家参观了泥咕咕博物馆以及当地的泥咕咕工作间。在杨玘屯村,上到 80 岁的老人,下到五六岁的孩子,家家户户每一个人都会做泥咕咕。由于近年来泥咕咕文化得到了良好宣传和政策支持,越来越多的人对这一"非遗"文化产生了浓厚兴趣。

在快手的流量扶持下,去年,宋楷战与泥巴哥合作了多场直播带货,帮助村里老手艺人销售泥咕咕。目前,他们已经帮助 100 多位手艺人销售了 10 万多件泥塑作品,总销售额达到 120 万左右。作为非遗传承人的宋楷战也有了新思路,他主动建立了泥咕咕产业园区,推广泥塑文化,吸引了不少泥塑爱好者来到杨玘屯村参观学习,从而带动了整个村子的旅游产业发展。

学者建议

浚县泥咕咕历史悠远,古朴别致,作为第一批国家级非物质文化遗产代表性"传统美术"项目,在传承与创新方面,河南本土形成了新的文化业态,增加了文化内涵,为繁荣地方文化、促进经济发展做出了积极贡献。

文化是乡村振兴的灵魂和根脉,延续历史传承,根植文化积淀,留住民族特色,回应未来发展。大力推动泥咕咕项目的开发,既可成为社会提供就业机会和产生经济效益的生产行业,又会给项目保护带来可持续的长远发展。

五、唐三彩烧制技艺

唐三彩烧制技艺（图2-8-30），河南省洛阳市传统手工技艺，国家级非物质文化遗产之一。该技艺起源于唐朝初年，唐三彩作为中国唐代的传统艺术精华，距今已有1000多年的历史。盛唐时期达到鼎盛期，唐天宝之后，制作数量逐渐减少，到了宋朝，唐三彩基本销声匿迹，新中国成立后，又重新发扬光大。2008年6月7日，唐三彩烧制技艺经国务院批准列入第二批国家级非物质文化遗产名录，传统技艺类（877，Ⅶ-94）。

图2-8-30　唐三彩

唐三彩是我国古代陶瓷工艺品中的一朵奇葩，它造型优美、色彩绚丽，充分反映了唐代文化高峰期博大精深、光焰照人的辉煌艺术成就。唐三彩创始于唐代，是一种施以多种彩釉的低温陶制品，常以黄、褐、绿、蓝、黑、紫、白等色组合使用，而以黄、绿、白三色为主，其珍品大批发掘于九朝古都洛阳，故又有"洛阳唐三彩"之称。

❖ 历史故事 ❖

唐三彩诞生于1300多年前的唐高宗时期。中国制陶历史悠久，早在仰韶文化和龙山文化时期，就已经有了造型精美的彩陶，到了汉代，已经能够烧制深绿、浅绿等颜色的单色釉陶器了。初唐高宗时期，随着社会经济的发展，彩陶工艺又有了新的突破，可以同时多种釉色交错使用，在这个基础上便产生了唐三彩。在唐代，唐三彩主要用于陪葬和室内装饰，生活用器很少见，这与当时的厚葬之风是有直接关系的。唐代国力雄厚，经济发达，统治阶级极尽奢华，有厚葬之风，正因如此，人们大量以唐三彩陪葬，并相互攀比炫耀，客观上也促成了唐三彩的发展壮大。

初唐时期，唐三彩的制作工艺比较简单，品种也较少，多在挂釉后加以彩画。盛唐时期，也是唐三彩的鼎盛时期，品种丰富，制作精美。唐玄宗之后，唐三彩的产量逐渐减少，"安史之乱"后更是使得唐三彩进一步衰落，到了宋代，已经很少生产了，只有一些小作坊还在少量烧制，后逐渐淹没于历史之中。清光绪年间修建陇海铁路时，一部分唐三彩被出土，并运至北京，立刻引起轰动。为区别唐代以前的单彩式或二彩式陶器，经鉴定后定名为唐三彩，唐三彩从此成为盛唐的象征，位列中华艺术瑰宝之中。（图2-8-31）

图2-8-31　郑州博物馆唐三彩珍品——胡人与骆驼

新中国成立后，党和政府高度重视民族遗产的继承和发扬，经过多年的研究，在仿制质量上有了很大的提高，多次获得国家级奖项，并作为国礼赠送给60多个国家的元首和政府首脑，为增进中国同世界各国的文化交流和友谊做出了重要的贡献。

制作技艺

唐三彩的制作工艺十分复杂。首先要将开采来的矿土经过挑选、舂捣、淘洗、沉淀、晾干后，用模具作成胎入窑烧制。唐三彩的烧制采用的是二次烧成法。从原料上来看，它的胎体是用白色的黏土制成，在窑内经过1000～1100 ℃的素烧，将焙烧过的素胎经过冷却，再施以配制好的各种釉料入窑釉烧，其烧成温度为850～950 ℃。在釉色上，利用各种氧化金属为呈色剂，经煅烧后呈现出各种色彩。

釉烧出来以后，有的人物需要再开脸，所谓的开脸就是人物的头部仿古产品是不上釉的，它要经过画眉、点唇、画头发等过程，然后这一件唐三彩的产品就算完成了。

唐三彩的造型丰富多彩，一般可以分为动物、生活用具和人物三大类，而其中尤以动物居多（图2-8-32）。

图 2-8-32　唐三彩胡人骑驼俑

传承人物

　　高水旺,1958 年出生于洛阳唐三彩发源发现地——河南省孟津县朝阳镇南石山村。现为国家级非物质文化遗产唐三彩烧制技艺代表性传承人、联合国教科文组织命名的"民间工艺美术家"、高级工艺美术师、中国陶瓷艺术大师、中国工美行业艺术大师。现任河南省民间文艺家协会副主席、洛阳唐三彩研究院院长、深圳高水旺唐三彩非遗艺术馆馆长。高水旺大师历经 40 年从事唐三彩历史文化研究、传统工艺研发、创意产业实践,全面挖掘恢复了唐三彩传统制作技艺,开辟一条传承、保护、发展的产业化实践之路。2008 年,高水旺申报唐三彩烧制技艺入选国家级非物质文化遗产名录。其作品先后获得"百花奖""山花奖""大地奖"百余项最高奖;先后被国家博物馆、中国工艺美术馆、美国大都会博物馆等 50 家博物馆收购收藏。

发展现状

　　2008 年,唐三彩传统烧制技艺成功入选中国非物质文化遗产名录,南石山村的唐三彩工艺美术大师高水旺更成为其代表性传承人。南石山村有大小唐三彩生产企业

72 家,从业人员近千人,年生产各类唐三彩工艺品近百万件,形成了新工艺、仿古工艺和壁画三大类,3000 余种产品。

2011 年 4 月 19 日,高水旺成立了唐三彩研究院和唐三彩数字博物馆,积极申请成立唐三彩产业园区和唐三彩博物馆,为中国的传统文化搭建起了平台,在继承和发扬传统文化的同时,让大家更深入地了解、认知唐三彩,使其发扬光大,再塑辉煌。

2019 年 11 月,《国家级非物质文化遗产代表性项目保护单位名单》公布,洛阳九朝文物复制品有限公司获得唐三彩烧制技艺项目保护单位资格。

2016 年,南石山村,村内有相关企业 70 多家,最有名的是唐三彩烧制技艺国家级非物质文化遗产传承人高水旺的九朝文物复制品有限公司,以及国家级非遗唐三彩烧制技艺杰出传承人张二孬的张家彩窑。

当前洛阳从事唐三彩相关产业近百家,从业人数达两千多人,在政府的鼓励下,通过新兴产业,在网络电商平台上再一次打开市场,帮助相关产业达到新的突破,也取得了不错的效果。但是,唐三彩产业快速发展的同时,也面临着不少传统与现代交织的问题。

在大型石磨机械、现代灌浆工艺与电炉、煤气烧制容器所带来的唐三彩制作的高效化、绿色化、专业化的同时,也消耗着传统三彩匠人精益求精的宝贵品质。手工制作的唐三彩要经过选料、制胎、成型、施釉、开相、装饰等复杂的工序,对匠人的手艺有着极高的要求。技艺高超的匠人所制作出来的人物俑、动物俑,不仅造型栩栩如生,其内在的精神也能表现得淋漓尽致,这是现代科技不可比拟的。

目前,老一辈的艺匠不愿将技艺当中的核心部分传授给外人,而其后代又不愿学习这门技艺,使得传承时遇到阻碍,面临失传的危机。再有,现阶段主要从事这门技艺制作的洛阳地区南石山村的艺匠老龄化问题严重,年轻一代从事这项技艺的人少之又少,十分不利于这项技艺的传承。目前,南石山村省级以上的工艺美术大师仅有五人,核心的唐三彩制作工艺掌握在他们的手中。而南石山村的唐三彩制作产业则是以家庭为单位的小型个体生产居多,技术水平与资金的投入都相对较低,产业规模难以扩大,且各个家庭作坊和工厂之间也没有形成良好的合作与竞争关系。但在市场经济带来的利益驱使下,南石山村的多数人家都在从事唐三彩的生产活动。技艺水平不达标、生产销售秩序混乱、对于经济利益追求过度等,造成了南石山村唐三彩产业制售泛滥的问题。

传承创新

3D 打印

洛阳"80 后"小伙高腾飞,2013 年辞职返乡创业,跟从父亲学习中国传统手工艺唐三彩的制作。造型、制模、烧制、上色、施釉全流程,从零开始钻研。在创作和推广方面,高腾飞很有自己的想法。一次偶然的机会,他把 3D 打印技术引进唐三彩的制作,突破了传统人工塑形低效率、长周期等问题。

"3D打印制模不仅比手工制模速度快,且制作复杂的图样也不容易出错。"

传统制作的唐三彩需要先成模型,它的花纹样式,人物形态及表情等,都需要制模师傅反复修改很多次完成,仅制模的完成,就要花去3天时间。而且好的制模师傅也十分紧缺,不易找到。

引进3D制模,将传统制模耗时从3天变为3小时。有了3D打印技术,还可以根据客户的需要,随时更改数据,为客户定制想要的独一无二的唐三彩产品。有了电脑等手段的介入,做好的模型也会更精细逼真。

依托传统手工艺大胆创新后,高腾飞还开了自己的工作室和店铺,并且通过电商平台将洛阳唐三彩推向世界。

"只做内圈人的生意是不行的,现在了解唐三彩的人还很少,只有知道的人多了,大家才会有兴趣,唐三彩文化才能推广出去。"

三彩釉画

除仿古三彩外,洛阳唐三彩在传承历史技艺的基础上结合时代特色,加之造型上的创新、模具和成型方法的改革、生产设备的完善,衍生出了现代唐三彩工艺品——三彩釉画。郭爱和是洛阳三彩艺术大师,也是三彩釉画的创始人。其以立体的唐三彩为母版、以瓷板或瓷盘作为载体,将唐三彩平面化,同时丰富对色彩的运用,并结合油画、国画等不同绘画风格的艺术表现形式,经过立线、施釉、烧制等工序,在传统立体三彩的基础上创造出了全新的画种,实现了唐三彩文化的传承与技艺的创新,以及对三彩艺术的推广。

学者建议

"任何非遗项目的产生,其实都和当时的历史环境与生活需求息息相关。"中国艺术研究院民间艺术创作研究员哈亦琦向记者阐述了自己的观点。他说之所以当下特别提出要传承和保护非遗项目,主要是因为随着社会生活的不断进步,很多非遗项目都难以做到"与时俱进"。而唐三彩由于其本身就具有较好的社会接受度,所以稍加生产性保护就能较好地传承下去。应着力去抢救,帮助唐三彩民间技艺和艺术更好地与社会接轨。

六、少林功夫

少林功夫是我国著名的武术流派，是我国传统武术的重要组成部分，其特点是"禅武合一"，以禅入武，习武修禅，其历史悠久，影响深广，有"天下功夫出少林"的美誉，2006年少林功夫入选第一批国家级非物质文化遗产名录杂技与竞技类（289，Ⅵ-7）。

少林功夫是指在河南登封嵩山少林寺这一特定佛教文化环境中历史地形成的，以佛教神力信仰为基础，充分体现佛教禅宗智慧并以少林寺僧人修习的武术为主要表现形式的一个传统文化体系。

少林功夫具有完整的技术和理论体系，它以武术技艺和套路为表现形式，而以佛教信仰和禅宗智慧为文化内涵。

创建于北魏太和十九年（495）的少林寺是少林功夫依存的文化空间。少林功夫伴随着少林寺1500多年的历史不断丰富完善，由最初保卫寺产的手段，逐渐发展成为技术完备、内涵丰富的文化表现形式。

少林功夫的传习方式主要以口诀为媒介，与少林寺传统的宗法门头制度相结合，其核心内容是师父的言传身教和弟子的勤学苦练。

少林功夫达到了"禅武合一"的精神境界，是中国武术文化最杰出的代表，也是少林文化最具代表性的呈现方式。

历史故事

少林功夫的历史，可以直接追溯到少林寺创建年代。因为少林功夫信仰的最初形态——禅定，正是少林寺创始人印度高僧跋陀带来的。少林寺创建于北魏太和十九年（495）。印度高僧跋陀经西域至北魏，因为精通禅法，受到魏孝文帝崇信，为跋陀在少室山北麓建造少林寺。后跋陀传法于僧稠、慧光、道房等一代名僧。其中，僧稠的禅定神迹，对少林功夫前期信仰神态——神力信仰影响最大。公元508年，中印度高僧勒拿摩提和北印度高僧菩提流支先后来到少林寺，共同翻译《十地经论》，有力推动了北方禅学的发展。其间，又有南印度高僧菩提达摩至少林坐禅苦行传法，达摩所传禅法为"大乘壁观"。得法者有慧可、僧副、道育等。其中，慧可"断臂求法"的事迹，成为学习少林功夫的重要精神源泉。

少林寺僧作为少林寺的武装力量，至隋末唐初已经出现。唐武德四年（621），少林寺昙宗等十三位僧人，擒拿王仁则，夺取辕州城，归顺李世民，大受封赏，少林寺自此以武勇闻名于世。与少林寺形成武装力量相应的是，以观音菩萨愿力为核心的紧那罗王金刚神信仰，少林功夫传统的以禅定为核心的神力信仰流传至今。

1982年上映并在全世界引起轰动的电影《少林寺》成为少林寺旅游发展的重大转折点。这部红极一时的电影,激发着那个年代的英雄情怀,到少林寺学武成为当时年轻人的集体梦想,在那个外出需要介绍信、全国粮票的年代里,一个又一个年轻人怀揣着梦想跋涉千里,来到少林寺拜师学艺。在这个大背景下,嵩山脚下各种名目的武馆(校)如井喷一般,遍地开花,最多的时候一度达到100多个,时至今日仍然有大大小小的武校十多家,龙蛇混杂,良莠不齐,严重影响了社会对少林功夫以及少林寺的客观评价,为了正本清源,在少林寺方丈释永信大师的领导下,嵩山少林寺寺内文武学校于1983年正式成立,作为唯一一家正规的国家批准的现代化文武双修武术院校,少林寺寺内文武学校以发扬少林正宗传统功夫为己任,先后为国家培养了一大批人才,自创办以来,得到95%以上的学生及家长的好评,并曾多次受到各级政府的嘉奖及好评。为了满足社会各届对少林人才的巨大需求,培养更多的少林寺后备人才,决定常年在国内外进行招生。全年除春节一个月假期外,其余均为学习时间。只要年龄在5~25周岁,男女不限、地区不限,身体健康、有恒心毅力,能吃苦耐劳的城乡青少年均可报名前来校习文练武。

制作技艺

少林武术依前人所传达三百六十门,另一说法为七百余种,有些已失传,目前仍流传的有100多种。主要内容有:易筋经、童子功、器械、轻气功、硬气功、擒拿格斗、散打搏击、72艺和防止运动创伤、少林骨伤科防治技术和少林治伤秘诀等。目前,少林武术分为传统武功和竞技武功,其中,传统武功为其精华(图2-8-33)。传统武功又分为"功夫""拳法"两部分。功夫旨在练气练力,为强身健体之术,克敌制胜之本。如"心意把""少林十三趟金刚把""少林罗汉十八手""少林六合拳"等。拳法为临战时防卫、技击大法则。如"少林罗汉拳""通臂拳"等。其中,又以少林拳术为典型代表,其特点是刚健有力、刚中有柔、朴实无华、利于实

图2-8-33 少林武术表演

战,招招式式非打即防,没有花架子,不受场地限制,有"拳打卧牛之地"之说。其风格主要体现一个"硬"字,攻防兼备,以攻击为主。拳式不强调外形的美观,只求技击的实用。步法进退灵活,眼法讲究以目视目,运气要气沉丹田。其动作迅速如电,转似轮旋,站如钉立,跳似轻飞。现在已整理的少林武术共有380套。著名的拳术套路有小洪拳、大洪

拳、罗汉拳、猴拳、虎拳、螳螂拳、醉拳等。器械套路有达摩剑、少林棍、少林乾坤刀、梅花枪等。

传承人物

释永信原名刘应成,出生于安徽省颍上县。释永信16岁那年,便选择出家,从此致力于佛教事业发展。

1987年,少林寺方丈释行正圆寂,释素喜成为少林寺住持。因为师父的突然离去,振兴少林寺的重担便压在了释永信师兄弟身上。为此,释永信做出许多努力,他清楚地知道自己的任务。那便是振兴佛教,将佛法弘扬天下。

1995年,时值少林寺建寺1500周年庆典。释永信负责策划了少林寺1500年庆典。因为庆典成功,使得少林寺重新走入了人们的视野。释永信成功举办庆典,让中国乃至世界再次感受到少林寺这一千年古刹的魅力,此时的少林寺再次以第一古刹的身份映入世人眼球。

随后,释永信打造出少林寺武僧团,成立了少林影视公司,正式踏足影视行业。释永信为少林寺获得了第一桶金后,以少林文化为基础,建立了少林实业发展有限机构,大力推动少林寺的商业化进程。在少林寺商业化进程上,释永信当具首功。也可以说,少林寺能够取得今天的影响力,离不开释永信的巨大功劳。

1998年,年仅32岁的释永信成为少林寺住持。此时的释永信已经是千年名寺少林寺二把手。没过多久,释永信升任少林寺第30代方丈,这一年,释永信仅仅34岁。值得一提的是,释永信也是少林寺建寺以来,最为年轻的方丈。

2009年,释永信被文化部命名为第三批国家级非物质文化遗产少林功夫项目的代表性传承人。

除了在国内对少林文化、佛教文化大力推广,释永信还积极投身海外文化传播。少林寺在柏林、伦敦等地开办了40多家文化中心,每个地方都有少林寺的僧人任教,教授内容包括禅修、功夫、语言等,并且各大洲都有与少林寺有关的联谊会。

发展现状

少林功夫名扬天下与它在民间的广泛传播是分不开的。登封市作为少林寺的所在地,少林武术村很多,民间少林拳师也很多。随着老拳师的去世,一些优秀的少林武术,尤其是器械对练套路失传。随着社会的发展,许多曾经的少林武术爱好者不再练习,青少年即使是少林拳师的后代中也大多不愿习武,现在少林武术在登封民间的传承后继乏人。

传承创新

旅游赋能

1997 年少林寺注册了一家公司——河南少林寺实业有限公司。2004 年,该公司正式开始申报少林功夫为世界非物质文化遗产。2005 年 1 月 18 日,由少林寺授权,台湾一家公司开发的大型网络游戏《少林传奇》在香港举行第一次公测。2005 年 7 月,少林寺在网上公布了易筋经、洗髓经等少林核心武功秘笈,并同时公布了鲜为人知的少林医药秘方。作为河南的旅游王牌,登封市和郑州市政府都对少林寺的发展给予了极大支持。2003 年,登封市政府出资 2 个多亿,对少林寺景区周围环境进行了大规模的拆迁整治。2005 年 6 月 24—26 日,河南省委宣传部推出的"郑汴洛文艺精品工程"之一、由郑州歌舞剧院编排的大型原创舞剧《风中少林》在北京保利剧院上演。2004 年,少林寺接待游客 110 万人,一个游客在登封消费 200 元,一年就留给登封 2.2 亿元。少林寺周围的武校有 5 万学生,一年一人消费 1 万元,一年就是 5 个亿。登封市旅游局长钱桂玲说:"少林寺带起了一个武术产业。"

2007 年,少林寺被国家旅游局授予"5A 级旅游景区"称号,每年吸引前来的游客达到 300 多万,每年收益过亿。

文化赋能

少林寺作为佛教宗教实体,本身就是中外文化交流的产物。少林功夫独特的文化魅力,在各国的弘扬中获得了世界的认可,并使作为中国传统文化之一的少林文化深入各国人民的心中。少林功夫已经在全世界产生影响并改变着世界对中国的看法。少林功夫的对外文化交流,不仅提升宣传少林文化,而且对于宣传佛教文化,让更多人认识佛教、了解佛教起到了至关重要的作用。

2005 年,少林寺方丈释永信发心行愿,恢复戒坛,并筹备传授三坛大戒工作。2007 年,少林寺举办 200 余年以来的首届三坛大戒传戒法会,为二部僧众开坛授戒,又分别于 2010 年、2013 年举办两次三坛大戒传戒法会,先后有男众 1455 人,尼众 230 人登坛受戒。永信方丈在接受记者采访时,专门就恢复三坛大戒传戒法会这一初衷进行了阐释:"传戒不仅是一种仪式,而对少林寺这样的千年古刹来说,更是一种文化传承。"

作为佛教重点寺院,佛事活动一直是少林寺弘扬佛法的重要方式,也是聚集人气,扩大影响的重要载体,佛事活动主要包括三类:一是日常佛事活动,如僧人的早课、晚课和诵戒;二是节日活动,包括佛菩萨成道日、诞辰日,传统节日(春节、重阳节、中元节等);三是专门活动,如放生法会、三坛大戒传戒法会、皈依法会、祈福法会等。

佛教讲究应机说法、普度众生,每逢重大灾难或突发性事件发生后,少林寺均秉承上弘下化之佛教本怀,通过祈福法会这一佛事活动,寄托哀思、超度亡灵、祈愿美好。如2008年的汶川大地震、2010年的玉树地震、2013年的雅安地震等发生后,少林寺在常住院内举办"超荐祈福法会",以超度亡灵、祈福消灾。

少林寺的佛事活动不但在国内做,在国外也做,以弘扬佛法。2009年5月20日,在巴黎联合国教科文组织总部,永信方丈带领少林僧人一起,举行庄严的祈福法会,以祈愿世界和平、人类幸福。在2012年9月份的"首届欧洲少林文化节"活动期间,先后在德国Urania文化中心、奥地利维也纳大剧院等地举行隆重的祈福法会,祈愿世界和平、人类幸福、风调雨顺。在基督教的国度,这些特殊的佛事活动不仅拉近了不同信仰者之间的距离,也有利于不同种族间、文化间的深入交流。

目前,少林海外文化中心已拓展至全球40余个国家和城市,有近200家,主要从事少林功夫研修、少林文化交流、中文教学、中国传统文化传播等工作。

受新冠肺炎疫情影响,少林、太极等武术方面的对外培训、出访表演等受阻。借助新媒体传播平台,一些少林传人、太极传人通过互联网联通海外受众,实现了"云端"练习少林功夫和太极拳。

1. 品牌联合赋能

2019年12月,由嵩山少林寺武术馆和腾讯共同打造的全息互动功夫光影秀在嵩山少林寺武术馆进行首演。十年经典,金庸正版授权的《天龙八部》手游,在中原武林第一大门派"少林门派"上线之际,为强化游戏的武侠文化,腾讯游戏联手少林寺打造了一场"以武释禅"的新文创合作,将少林武僧精湛的武术招式与新媒体全息投影相配合,以少林武学诠释禅意,将线上与线下、科技与文化、现代与传统进行了双向融合。为少林门派的文化符号提供了新的解读,赋予了门派新的情感增值。

当功夫文化遇上运动潮流,2020年6月21日,"开门见山"2020特步x少林联名活动在郑州嵩山徐徐拉开帷幕,少林千年功夫文化和特步的中国体育精神在此相聚,融会贯通、相得益彰,特步将少林文化这种几乎每一个国人特有的情怀和中华文化的一个有力符号,融入秀场,成为"国潮文化"对外输出的力量。

情景式体验也伴随着少林文创店的正式启动,店内除了双方的联名设计产品,特步也同步帮助少林开发文创产品,借助特步的大渠道推广少林产品,而通过特步和少林的联名,能够把少林功夫文化推向年轻大众,让更多年轻人能够感受了解少林功夫文化的魅力;更期待以特步的产品为载体,让少林功夫文化能够更多维度地向世界发声(图2-8-34)。

少林方面则希望以全新的方式诠释少林功夫文化,把更多文化精粹以更切合年轻人的方式呈现给大众,在推动少林功夫文化与时俱进的过程中,为文化的传承和发扬带来了更多的可能性。

图 2-8-34 少林文创

2. 动漫 IP 赋能

河南华冠文化科技有限公司围绕少林功夫文化，并以"天地之中，功夫郑州"为源泉，历经一年多的时间，塑造出功夫宝宝 IP 形象（图 2-8-35）。

图 2-8-35 功夫宝宝 IP 形象

"功夫宝宝"憨萌可爱，十八般武艺样样精通，他骨子中流淌着中原人善良质朴、勇敢正直、乐于助人、热情好客的性格，始终用知足常乐的心态，通过自身乐观执着的态度给受众带去正能量，"梦想还是要坚持的"成为他常挂在嘴边的口头禅！功夫宝宝可爱的形象与独特的设计理念深受大家的喜爱，他时而化身吃货，带你吃遍郑州各地美食；时而化身旅游向导，带你领略中岳的风土人情；时而化身佛系导师，给你满满的"心灵鸡汤"。当功夫宝宝形象落地后，就开始了为功夫文化代言赋能之路。主要从"天、地、人"三方面进行展开。"天"——线上内容传播。线上进行了大量小而精的微内容创作，携手搜狗、讯飞、微信、QQ 等平台，推出了十几款表情包（图 2-8-36），同时在多平台推出了一系列原创壁纸、手机主题、输入法皮肤、插画、微视频等。通过在移动互联网平台的广泛传播,加大了市场受众对郑州城市文旅特色和功夫宝宝 IP 的认知,也沉淀出更多符合功夫宝宝良性发展的有效数据。

图 2-8-36　功夫宝宝表情包

"地"——线下落地推广。2018 年,功夫宝宝开启代言人之路,线下参与了多场与郑州文旅相关联的活动。4 月 13 日,代言郑州出征宁波文博会,在活动中备受瞩目;4 月 29 日出席天健湖郑州国际女子马拉松,"功夫宝宝"方阵,成全场最大亮点;5 月 9 日参加第十四届中国(深圳)国际文化产业博览会,作为城市吉祥物与郑州"五个一"新名片主题完美融合亮相,收获大票粉丝。2019 年 1 月,功夫宝宝受邀到北京国家会议中心出席"虚拟明星风尚盛典活动",与诸多知名明星一同走过红地毯;4～5 月,功夫宝宝作为代言人,推出"郑州方言版"表情包;并再次先后代表城市文旅特色出征宁波、深圳文博会,融入郑州主题馆的设计,对"郑州,一座来了都说中的城市"进行了完美的展示。这些落地活动进一步增强了功夫宝宝与受众的互动性,积累了粉丝,进一步推动了郑州城市文旅特色的宣传推广。同时通过与粉丝受众的互动,推出了系列符合受众审美喜好特色文创商品,既提升了市场对郑州城市的认知度,又迅速有效地扩大功夫宝宝 IP 的影响力,抢占市场占有率。

"人"——与品牌跨界联名。华冠文化通过授权合作,功夫宝宝 IP 陆续与多方资源互动合作。先后创意推出了包括银行卡、交通卡、服饰、文具、生活家居、3C 数码、金饰、箱包等各种授权合作产品(图 2-8-37),进一步通过功夫宝宝的形象将郑州城市文化推广得更远,同时打通了上下游产业链资源,也获得了超出预期的市场收益,为品牌的成长提供了更广阔的落地空间,更突破了用 IP 文创助力功夫文化内容既"拿得出手,又走得出去"!

图 2-8-37　功夫宝宝文创杯子

学者建议

　　少林功夫是中华传统武术乃至中华民族优秀历史文化瑰宝中的一颗璀璨明珠,随着人类文明的进步,作为传统武术的发展环境发生了重大改变,在一些老拳师的相继离世后一些珍贵的老拳种也相继永久性消失。保护少林功夫,关键在维护其生存土壤,同时推动少林功夫与社会发展相适应。

　　少林功夫是中华武术文化最有力的象征。少林功夫已经发展成为以多元文化交流为基点的文化融合体。少林走向世界,世界需要少林,保护少林功夫是每个中国人的义务。重组武术的内容和形式,吸引更多的青年学生参与,我国武术界具备较高文、史、哲素养的学者太少,必须着眼在青年学生中培养武术爱好者,必须重新组合能够被青年学生所喜闻乐见的武术形式,完善体育、劳动等活动课程的教育教学机制和内容,从代代相传中传承少林功夫的强大生命力和精髓要旨。

七、太极拳

太极拳是东方文化的瑰宝,是中华武苑的古老奇葩,数百年来已衍生出广播海内外的陈、杨、武、吴、孙等诸多流派。陈氏太极拳出现于明末清初,系河南省焦作市温县陈家沟的陈王廷经过潜心研究创编而成(图2-8-38)。

太极拳是集技击、强体、健身、益智和修性为一体的独特运动方式,其中蕴藏着东方哲学的深刻内涵。它将阴阳、动静、正反、有无、形神等对立统一的内容融入武术之中,以符合人体运动规律的演练形式强体健身,体现了中华民族生生不息的活力。2006年,太极拳(陈氏太极拳)入选第一批国家级非物质文化遗产名录杂技与竞技类(293,Ⅵ-11)。

图2-8-38　陈家沟

历史故事

太极拳出现的历史时间,众说纷纭,大致有唐朝许宣平、宋朝张三丰、明清朝陈王廷和王宗岳等几种不同的说法。

太极拳数百年来代代有传人,绵延不绝,名手辈出,流派纷呈(分陈、杨、武、吴、孙等派)。追根溯源,它的发祥之地在河南省温县陈家沟。陈家沟,位于河南省温县县东清风岭上,六百年前为常阳村。明洪武五年,山西泽州(今晋城)人陈卜率全家由山西洪洞县迁居温县城北,立村陈卜庄,越二年,因嫌地势低洼,复迁常阳。后因陈氏人丁繁衍,家传武术在附近又大有声望,加之村中有一条南北走向的大沟,久而久之,便易常阳旧名为陈家沟。

该项目自17世纪中叶在温县陈家沟村形成以来,世代传承,在陈氏太极拳的基础上发展出以其他姓氏或姓名命名的多个流派。该项目现有 80 多套拳术、器械套路和 20 多种推手方法，其文化意义和社会功能也得到不断丰富，见证了人类创造力。

制作技艺

太极拳拳法宗太极阴阳之旨，手法以**掤**、挤、按、挒、**捋**、肘、采、靠八势为八卦之式，架势与步法以进步、退步、左顾、右盼、中定五势为五行之式，计十三式。以绵、软、劲、柔中有刚为行拳要领。清初以来，太极拳在河南温县陈家沟陈姓家族中传习最盛，其后逐渐演变出陈氏、杨氏、吴氏、武氏与孙氏等五大太极拳流派，在架式与劲力上各具特点。近数十年来，国家体委改编有 24 式简化太极拳、48 式简化太极拳和 88 式太极拳等，具有动作圆活均衡、柔软放松的特点，对防病健身有较好功效，尤其适合于老弱者的健身，成为具有广泛群众基础的养生活动之一，并且在世界各地产生越来越大的影响。

传承人物

陈小旺，男，汉族，1946 年出生，河南省温县陈家沟人。第一批国家级非物质文化遗产项目太极拳（陈氏太极拳）代表性传承人。

陈小旺在小的时候，父亲出神入化的太极拳搏击技艺给他留下了深刻的印象。一次他亲眼看到一位本家的叔叔从背后扭住父亲的手臂，说："这一招你怎么解？"话音未落，只见父亲一抖，那人就被摔出几米开外，倒在地上。太极拳的奇妙从那时就深深地吸引了陈小旺。可惜父亲去世过早，没能来得及向他传授功夫。陈小旺的一身太极拳功夫都是得自陈照丕和陈照奎两位前辈。陈小旺说他那时随伯父陈照丕学太极拳时相当刻苦，经常一个人到陈家沟的东沟去练，到村子南面的小邙河边练，到黄河滩上练。只有沉浸到太极拳的境界中，陈小旺才能忘记生活中的烦恼。

有名师的指导，再加上自己的刻苦练习，20 世纪 70 年代末，陈小旺就在武林中崭露头角，与陈正雷、王西安、朱天才合称为陈家沟的"四大金刚"。

2012 年 9 月份做客湖南卫视《谁与争锋》，并以太极站桩功战胜亚洲大力士龙武赢得了比赛。

2013 年 1 月入围中央电视台《中华之光——传播中华文化年度人物评选》20 人候选人。1 月 11 日，当选中华之光——传播中华文化年度人物。

2013 年 1 月做客中央电视台《华人世界》栏目，为观众讲述陈氏太极的前世今生以及陈小旺几十年如一日的刻苦训练和他桃李满天下后的苦尽甘来。

2013 年 1 月 31 日在北京太申祥和山庄正式发布陈小旺九式太极拳，发布会上太极宗师陈小旺与中奥伍福董事长、中奥伍福精英会会长宋自福先生签署合作协议，授权中奥伍福在全球范围内推广陈小旺九式太极拳。

2013年6月6日,陈小旺在北京荣获"第二届中华非物质文化遗产传承人薪传奖"。"薪传奖"是我国首个由非物质文化遗产专业工作机构设立的国家级奖项,旨在表彰为中华非物质文化遗产传承做出杰出贡献的各级非遗传承人。该奖每年评选一次,每次评选传承人60名。

2013年6月29日,陈小旺九太极网络学院启动仪式在盘古大观15层伍福厅隆重举行,来自文化部、商务部等部门的相关领导、社会组织负责人、企业家代表出席仪式,九太极首期网络互动培训班现场学员及来自国内主流媒体的记者参加启动仪式。仪式上,由中华炎黄文化研究会常务副会长兼秘书长张希清与中奥伍福投资集团董事长宋自福共同合上太极图,标志着陈小旺九太极网络学院正式成立,这是中奥伍福投资集团推广九太极商务版、人脉版之后的又一重要举措,由此陈小旺九太极将通过网络,将太极文化传播到世界各地。

发展现状

太极拳各大流派在国家政策鼓励下,均建立了相应的组织。但这些组织很少相互学习,交流拳艺。即使在一起交流拳艺,也只是各门派拳师带各家弟子表演而已。诸如"全国太极拳锦标赛""焦作国际太极拳交流大赛""郑州太极拳锦标赛""国际太极邀请赛"等,各流派之间在公开场合互相交流不多,特别是名师之间的交流,怕交手有所闪失,影响门派的声誉或结下恩怨,都是点到为止。目前太极拳比赛是各流派公开交流的主要途径,除拳、械、套路比赛,还有推手比赛。由于各流派的套路不同,真正起到交流切磋作用的,最后只是推手比赛而已。但目前我国推手比赛水平较低,流于形式,真正能运用太极拳技法的不多,其观赏性和实战性不高,社会影响力也不大。

从学练太极拳的群体上来说,多为离退休的老年人和体弱多病的中年人,青少年、年富力壮的社会精英则寥寥无几。

传承创新

1. 传承人推广

1990年,陈小旺抛下国内如日中天的太极事业,孤身一人前往澳大利亚谋求发展,这在当时的武术界引起轩然大波。现今,陈小旺讲述他多年来在国外为了传播陈式太极拳,历尽艰辛,现在总算开创出了一片天地。

经过十多年的努力,这个太极拳总会已经遍布世界三十多个国家,有五十多个分会,会员达十万人。这些年,陈小旺总是在世界各地奔波,今天在美洲,明天飞欧洲,一年的总行程要绕地球五圈。他还经常到国内参加各种太极拳活动。"我自己虽然很辛苦,可是,看到太极拳日益在世界各地普及,世界太极拳的人口快速增长壮大,我心里仍然非常高兴。"

2. 国际传播

2020 年 12 月 17 日,太极拳被联合国教科文组织列入人类非物质文化遗产代表作名录,这意味着太极拳在促进文化间交流、互鉴、对话和尊重文化多样性,彰显传统生命健康知识与实践,为人类可持续发展发挥了重要作用。同时,提升了中华文化的国际影响力,增强了中国人民文化自觉与文化自信,弘扬了中华民族精神,极大地推动了社会主义文化强国建设。

中国为人类贡献了一项优秀的文化项目,太极拳做为中国优秀的文化符号之一,传承发展将成为保护太极拳生命力的重要内容。太极拳主要是靠传承人继承理论和技术,所以优秀传承人的培养尤为重要。

太极拳的家族传承和师徒传承是当前的主要传承方式,家族传承在亲属代际之间进行,师徒传承经由传统拜师仪式确立师徒关系之后进行。各流派都是通过口传身授相关知识与技能,形成了传承有序的谱系。

太极拳馆等社会培训机构,针对青少年、老年群体开展的培训也是当前传承的常见方式;也有习练者通过观摩或请教其他习练者(并无师徒关系)、自行研读教材、观看教学视频等方式,自学相关知识与技能;此外,太极拳已进入正规教育体系,纳入中小学和大学教育课程设置。

在传承过程中,历代积累的拳谱、图谱、口诀是传承的重要依据,拳师们勤于一生的修炼是习练者的楷模,其高超的技艺、经验也是传承的重要内容,而"学拳明理"既是传承的共识,也是传承的目的。习练者通过全面学习太极拳,了解太极拳的历史文化、门规戒律、理论知识和核心技术,感悟中国人的宇宙观,践行中国人传统的养生观。

学者点评

太极拳如今已经成为东方文化的一种符号象征,成为促进东方文化与西方文化交流的重要桥梁和纽带。太极拳的创编,也是继"四大发明"之后中华民族伟大创造力的又一次展示。继承和保护太极拳,对于弘扬中国传统文化、提高人类生活质量、弘扬民族传统美德、增强社会凝聚力、构建和谐社会等都具有十分重要的意义。

陈式太极拳的传承方式有待创新。陈氏太极拳之所以没有像杨式太极拳那样得到广泛传播,除了自身套路及健身起步较晚的原因之外,还与其传承方式有直接关系。除了众多以健身为目的的太极拳练习者是以参加各类太极拳培训学校的形式之外,现在陈式太极拳的传承方式主要是师承制。师徒制的传承方式无疑对太极拳传承的完整性和真实性起到了很大的保证作用,但是也有一定的弊端。虽然现在也有大量的太极拳健身公司和太极拳学校,但是由于传统的"师徒制"传承观念的根深蒂固,影响了这些现代高效传承方式效率的发挥,从而阻碍了陈式太极拳大规模和快速地传播。

要将陈式太极拳与临近相关资源整合开发,产生集聚效应。陈家沟处于豫北平原西部,村南有隔黄河相望的虎牢关、伏羲台、河洛文化等遗址村,西北不远处有道教圣地沁阳市"二仙庙",20 公里处有博爱县千载寺,西南 100 公里处有少林寺。陈家沟所属焦作市也是著名旅游城市,云台山景区已被评为国家 5A 级旅游景区,焦作四大怀药也是驰名千里。可以将陈家沟附近这些资源进行深度整合,打造一个太极养生文化地。太极文化本身就是综合了中医的经脉学创制而成,可将这一中医理论与四大怀药相结合,开发出相关医药产品。随着健康越来越被人们重视,在未来一段时间内,中医药将会因为其纯天然、副作用小、温和调理等特点风靡全球。

陈式太极拳的简化工作势在必行。虽然已经编排了一些简化陈式太极拳,如陈全忠的 36 式、陈小旺的 38 式,但这些简化太极拳拳路过于复杂,一般练习者或入门者练习较困难。需要组织全国陈式太极拳的大师、专家,成立全国统一的陈式太极拳研究会或协会,潜心研究陈式太极拳的拳理、动作组成和运动方向和发展,改变、创新陈式太极拳,去其糟粕,留其精髓,编排出便于推广和练习的普及型陈式太极拳。

太极拳表演及比赛的评比标准有待规范化和统一化。很多太极拳比赛仍以竞赛套路为主,参赛人员名次的确定主要根据其拳架演练的情况来定,没有进行理论考核和功力测试。许多人为了能在比赛中取得较好的成绩,片面去追求拳架的形似,不求甚解、忽视实践应用及功力训练等,结果把太极拳练成了太极健身操。这对于太极拳的发展都是极其不利的。要让陈式太极拳这一国粹以其本来面目展示在世人面前,并通过创造性的开发利用,将其价值最大程度地发挥出来。

八、重阳节

上蔡重阳习俗是河南省上蔡县传统重阳民俗仪式的活态存续。

南朝梁人吴均《续齐谐记》有九月九日"盛茱萸以系臂,登高饮菊花酒"可以免灾的故事,传说故事主人公桓景登高处即今上蔡县城所在的芦岗。

目前上蔡保留的重阳节习俗有:①重阳节之前家家户户采菊酿酒以备次年之用。②重阳节前夕家家户户缝制、佩带茱萸绛囊。③重阳节日家家忌荤食素。④重阳节清晨家家户户登高,午饮菊花酒,食重阳糕。⑤老人七十九,儿孙共敬菊花酒;老人六十三,儿媳、闺女送"枣山"。

2011 年,经国务院批准列入第三批国家级非物质文化遗产名录,民俗类(454,Ⅹ-6)。

历史故事

相传在东汉时期,汝河有个瘟魔,只要它一出现,家家户户就会有人病倒,甚至天天有人丧命,这一带的百姓受尽了瘟魔的蹂躏,惨不忍睹。

当时汝南郡的上蔡县有个青年叫桓景,一年瘟疫夺走了他的父母,自己也差点儿丧了命。桓景病愈后,他辞别了心爱的妻子和父老乡亲,决心出去访仙学艺,为民除害。桓景历经艰险,终于在一座古山里找到了一位法力无边的仙人费长房,仙人费长房为他不辞劳苦、为民除害的精神所感动,决定收他为徒,给他一把降妖宝剑,并密授降妖剑术。桓景废寝忘食,日夜苦练,终于练出了一身非凡的武艺。

有一天,仙人费长房把桓景叫到跟前,对他说:"明天是九月初九,瘟魔又要出来作恶,如今你的本领已经学成,应该回去为民除害了!"这时,仙人费长房送给桓景一包茱萸叶,一瓶菊花酒,并授以避邪秘诀,让桓景立即骑着仙鹤赶回家去。

桓景回到家乡,在九月九日早晨,他按照仙人费长房的嘱咐把乡亲们领到上蔡县的冈山上(卧龙岗),发给每人一片茱萸叶一盅菊花酒。中午时分,狂风怒号,北风骤起,天昏地暗,随着几声凄厉的吼叫,瘟魔冲出汝河,扑到山下。就在这时,瘟魔突然闻到茱萸的奇味和菊花酒的醇香,脸色突变,瑟瑟发抖,不敢前行。说时迟那时快,桓景手持降妖宝剑,立即奔下山来,经过几个回合的激烈搏斗,桓景将瘟魔刺死,瘟疫消除。从此,每年的农历九月九日,登高避疫的风俗便年复一年地流传下来。

据说,在中原人的传统观念中,双九寓意生命长久、健康长寿,所以人们把重阳节又叫老人节。

九九重阳,还有历史渊源。早在春秋战国时,屈原在《远游》中写道:"集重阳入帝宫兮,造旬始而观清都。"三国时曹丕在《九日与钟繇书》中说:"岁往月来,忽复九月九日。

九为阳数,而日月并应,俗嘉其名,以为宜于长久,故以享宴高会。"他已明确写出重阳饮宴了。晋代陶渊明在《九日闲居》诗序文中说:"余闲居,爱重九之名。秋菊盈园,而持醪靡由,空服九华,寄怀于言。"这里同时提到菊花和酒,说明在魏晋时期,重阳日已有了饮酒、赏菊的习俗。到了唐代,重阳被正式定为民间的节日。至明代,九月重阳,皇宫上下要一起吃花糕以庆贺,皇帝要亲自到万岁山登高,以畅秋志,此风俗一直流传到清代。

上蔡重阳习俗

农历九月,金秋送爽,丹桂飘香,重阳佳节,活动丰富,情趣盎然,有登高、赏菊、喝菊花酒、吃重阳糕、插茱萸等,热闹非凡。

1. 登高

关于登高这一习俗,民间还流传这样的说法:汝河两岸因为瘟魔释放瘟疫肆虐当地百姓,桓景决心去寻访仙人为民除害,他拜费长房为师学习本领,学成之后,费长房交给他一包茱萸叶子,一瓶菊花酒,并告诫他让百姓登上高山避祸。九月九日,桓景带领乡亲们登上附近的一座山,按照师父的指示,最终战胜了瘟魔,从此,汝河两岸的百姓过上了安稳的日子。九月九日登高避祸,桓景剑刺瘟魔的故事便流传了下来。传说在一定程度上反映了民俗现象,而这一传说也与上蔡的历史情况相关,当年上蔡时常发生瘟疫,人们为了躲避瘟疫,口耳相传桓景除瘟魔的故事以减轻人们的恐慌。因此,上蔡地区便形成了登高躲避瘟神的传说和习俗。

上蔡县的芦岗上,有一座蔡侯望河楼(图2-8-39、图2-8-40),是重阳节时登高之处。登上望河楼,西面的岈山景致,东边的洪河奔流气象,以及周围的村庄、田地、道路等尽收眼底。此处遂成为文人墨客登高赋诗的胜地,明清以来,常有人到此地登高赋诗。清人黄尚质的《登玩花台》:"偶因观射圃,遂上玩花台。草路经衣湿,山云入郭来。新亭逢白菊,长笑共青杯。此日赢无事,何妨即醉回。"此处"玩花台"即桓景所登"芦岗"。后来人们于重阳这一日与家人或亲朋好友相伴,登上望河楼,领略自然风光,感受历代名人于此登高的心境。桓景当日所登芦岗,尚有古代"重阳登高处"的残碑。因而"悠悠冈山,芦岗拥翠"成为古蔡八景之一。

图2-8-39 上蔡重阳节登高处石碑　　图2-8-40 上蔡重阳节古代登高之
　　　　　　　　　　　　　　　　　　　　　处——蔡侯望河楼

在古代,民间重阳节有登高的风俗,故重阳节又叫"登高节"。相传此风俗始于东汉。唐代文人写的登高诗很多,尤以杜甫的《登高》最为有名:

> 风急天高猿啸哀,渚清沙白鸟飞回。
>
> 无边落木萧萧下,不尽长江滚滚来。
>
> 万里悲秋常作客,百年多病独登台。
>
> 艰难苦恨繁霜鬓,潦倒新停浊酒杯。

所谓登高,也没有统一的规定,不过是登高山,登高塔,举目远望,欣赏风景。

2.赏菊及饮菊花酒

中国民间有在重阳节赏菊、饮菊花酒的传统习俗。农历九月是菊花盛开的时节,于是,重阳节赏菊便成为人们欢度佳节的一种重要形式。

此外,菊花除供人们赏玩之外,因其具有药用价值,还被酿制成菊花酒,菊花酒在古代被看作是重阳必饮、祛灾祈福的"吉祥酒"。早在汉魏时期我国就已开始酿制菊花酒,刘歆的《西京杂记》中就有饮菊花酒的故事:"九月九日,佩茱萸,食饵,饮菊华酒,云令人长寿。"吴均《续齐谐记》载有饮菊花酒可以消除灾祸的记述。民间饮用菊花酒看中的是其可使人长寿的作用,也有出于对菊花高洁品格的喜爱。

重阳节恰逢金秋时节,菊花盛开,相传赏菊及饮菊花酒,起源于晋朝大诗人陶渊明。陶渊明以隐居出名,以诗出名,以酒出名,以爱菊出名。后人效之,遂有重阳赏菊之俗。

旧时文人士大夫，还将赏菊与宴饮结合，以求貌似陶渊明。北宋京师开封，重阳赏菊之风盛行，当时菊花品种繁多，千姿百态。民间还把农历九月称为"菊月"，在菊花傲霜怒放的重阳节里，观赏菊花成了节日的一项重要内容。

"菊花黄，黄种强，菊花香，黄种康；九月九饮菊花酒，人共菊花醉重阳。"这是流传于民间古老的辟邪菊花歌，重阳日有饮用菊花酿制的菊花酒，但也有以菊花浮于酒上而饮。饮菊花酒的内在本意，是为了追求长寿，祛病延年，这和插茱萸同一内涵。清代以后，重阳赏菊之习尤为盛行，但已不限于九月九日了。

3. 吃重阳糕

唐朝及宋朝时，重阳节还讲究吃糕，就如同中秋节吃月饼一样，都是应节的食品。据史料记载，重阳糕又称花糕、菊糕、五色糕，制无定法，较为随意。

九月九日早晨，用片糕搭儿女的头额，口中念念有词，祝愿子女百事俱高，乃古人九月作糕之本意。重阳糕的制作古人比较讲究，要作成九层，像座宝塔，上面还有两只小羊，以符合重阳（羊）之意。有的还在重阳糕上插小红纸旗，点蜡烛灯。意欲用"点灯"、"吃糕"来代替"登高"，用小红纸旗代替茱萸。当今各地在重阳节吃的松软糕点都称之为重阳糕。

因"糕""高"同音，古人又相信"百事皆高"的说法，所以重阳节登高的时候吃糕，象征步步高登。在上蔡县，每逢给老人祝寿，蒸枣山，做重阳糕，就成了必需的准备，而且做得越大越排场。

4. 插茱萸和簪菊花

重阳节插茱萸的风俗，在唐代已很普遍。古人认为，在重阳节这一天插茱萸可以避难消灾，所以不少妇女、儿童将茱萸佩带于臂，或插在头上。重阳节佩茱萸，在晋代葛洪《西经杂记》中就有记载。除了佩带茱萸，还有头戴菊花的。唐代已经如此，历代盛行。在清代，北京人在重阳节把菊花枝叶贴在门窗上，"解除凶秽，以招吉祥"。

除了以上较为普遍的习俗外，各地还有一些独特的习俗。

重阳节，在陕北正式收割的季节，有首歌唱道："九月里九重阳，收呀么收秋忙。谷子呀，糜子呀，上呀么上了场。"陕北人晚上过重阳节，因为白天忙于收割、打场。晚上月上树梢，人们喜爱吃荞面熬羊肉，待吃过晚饭后，人们三三两两地走出家门，爬上附近山头，点上火光，谈天说地，待鸡叫才回家。夜里登山，许多人都摘几把野菊花，回家插在女儿的头上，以之避邪。

在福建莆仙，人们沿袭旧俗，要蒸九层的重阳米果，我国古代就有重阳"食饵"之俗，"饵"即今之糕点、米果之类。宋代《玉烛宝典》云："九日食饵，饮菊花酒者，其时黍、秫并收，以因粘米嘉味触类尝新，遂成积习。"清初莆仙诗人宋祖谦《闽酒曲》曰："惊闻佳节近重阳，纤手携篮拾野香。玉杵捣成绿粉湿，明珠颗颗唤郎尝。"

有些地方的群众，利用重阳登山的机会，祭扫祖墓，纪念先人。莆仙人以重阳祭祖者比清明为多,故有以三月为小清明,重九为大清明之说。由于莆仙沿海,九月初九也是妈祖羽化升天的忌日,乡民多到湄洲妈祖庙或港里的天后祖祠、宫庙祭祀,求得保佑。

新中国成立后,重阳节的活动增加了不少新的内容。1989 年,我国政府把重阳节定为老人节。每到重阳节,各地都要组织老年人登山秋游,开阔视野,交流感情,锻炼身体,培养人们回归自然,热爱祖国大好山河的高尚品德。

发展现状

2003 年的重阳节,国家邮政局发行了一套特种邮票以纪念这个传统节日,并将邮票首发式安排在河南上蔡县举行。2005 年 12 月 4 日,中国民间文艺家协会命名上蔡县为"中国重阳文化之乡"。2006 年 3 月,河南省人民政府公布第一批非物质文化遗产保护名录,上蔡重阳习俗赫然在列。2011 年 6 月,上蔡重阳习俗列入第三批国家级非物质文化遗产名录。到 2021 年 8 月为止,上蔡县已经举办了 18 届"中国·上蔡重阳文化节"(图 2-8-41)。

图 2-8-41　中国·上蔡重阳文化节

在取得荣誉的同时,上蔡县更注重的是尊老敬老的传统美德,赠老人"鸠杖"以表敬意,祝其健康长寿。对 90 岁以上的老人,每月都发放一定的补助,让他们安享晚年,2003 年举办"全国首届重阳文化暨古蔡文化研究会"后,政府力争把上蔡县打造成"孝"文化的故地,保留和继承以长寿为中心的各项活动,把中华民族的这一传统美德继续发扬光大,在继承的基础上,把重阳节打造成为全国的节庆活动。

传承创新

重阳佳节是海内外华人共同的节日,尊老敬老是中华民族的传统美德。重阳文化源远流长,上蔡作为重阳节的发祥地,有着三千多年的文明史,人杰地灵,名人辈出,文化底蕴丰厚。近年来,勤劳、睿智、文明、诚信的上蔡人民坚持把发掘文化资源、提高上蔡品位、促进对外开放作为一件大事,连续举办重阳文化节活动,上蔡的综合实力和知名度不断提升,影响力和竞争力显著增强。同时重阳文化节活动秉承"文化搭台、经贸唱戏"的理念,对宣传上蔡文化旅游资源、扩大对外交流,提升上蔡知名度,促进上蔡经济社会协调发展起到积极的推动作用。

近年来,上蔡县委、县政府加大重阳文化的保护和发掘,着力打造重阳文化品牌,使重阳文化在更广阔的领域得到弘扬和传承,成立了重阳文化专业委员会,组建了民间文化专业队伍,结集出版了《重阳节发源地——上蔡》《古蔡风物》《天下重阳源上蔡》《龙岗金秋》《中国·上蔡重阳文化诗词选》等论文集和专著,曾在中央电视台推出《九九重阳源上蔡》专题片,制作了《重阳》微电影,全方位、多角度地宣传重阳文化,对重阳文化的保护、传承和发展起到积极的推动作用。

惊艳歌如潮,花如海,景如画,每年的重阳节文化活动,都使得古城上蔡成了欢乐的海洋。

多年来,上蔡县不断加大重阳文化的传承和保护,精心谋划,超前运作,使重阳盛会办得一届比一届强,一届比一届出彩。

如今,以"弘扬传统文化、共建和谐社会"为主题的重阳文化活动在上蔡深入人心,滋润着古蔡人的文明素养;一批以挖掘、保护和传承重阳文化的精品力作叠出,延伸着古蔡人的文化底蕴,丰富着古蔡人的精神世界……重阳文化,让上蔡精彩动人。

文化是一个城市的灵魂,一个城市的品牌,一个城市的无形资产。有着深厚文化底蕴的重阳文化以其独有的事象特点和文化内涵,形成了一种民俗文化事象和民族传统文化,并逐渐成为尊老、敬老、爱老、助老的老年人节日,呈现出特别的魅力、较强的视觉冲击力和涵盖的辐射力。

传统与现代的巧妙结合,赋予了重阳节新的寓意和内涵,演变中又有了质的升华,从而使我国尊老敬老的传统美德有了真实的载体,对于构健和谐社会,促进社会文明发展进步有着极其重要的作用。

千年传承,彰显古蔡文化积淀和厚重。保护发展,考量上蔡人的胆略和智慧。上蔡县委、县政府充分认识到重阳文化在构健和谐社会、推进县域经济发展的重大意义,提出了打造具有厚重历史文化特色旅游城市新思路,着力把上蔡建设成为"宜居、宜游、宜工、宜商"四宜城市。

　　思路决定出路,创新引领未来。上蔡县加大文化事业和文化产业发展,做到文化建设与经济建设同步规划、同步实施、同步落实。

　　尊老敬老彰显社会和谐。上蔡县加快敬老院建设,用真情和汗水谱写了一幅幅人文和谐、文化交融的壮丽画卷。全国民政工作先进县、全国敬老模范县、全国老龄工作先进县、全国五保供养工作先进县……一张张"民生答卷"精彩、动人。

　　人文精神支撑经济发展。在经济加速腾飞过程中,重阳文化被赋予新的使命,确立了更高的价值标准和更丰富的内在要求。茱萸绛囊、桃核雕花等一大批文化产业和文化品牌的崛起,成为上蔡古今交融、经文并进的路径选择。

　　九九重阳节,人们登高赏菊、饮菊花酒、佩戴茱萸绛囊、插茱萸枝,以求吉祥洪福,这种习俗延续至今。河南上蔡籍手工艺人张社,2014年已是82岁高龄了,她所缝制的茱萸绛囊做工精细、形象逼真,并且具有鲜明的民族特色。茱萸绛囊的制作属于纯手工制作,每一个珠子都要事先穿好再缝上去。2006年茱萸绛囊被河南省人民政府列入河南省第一批非物质文化遗产保护名录。

　　让一切文化创造源泉充分涌流,让民族文化创造活力迸发。[①]

学者点评

　　重阳节作为传统节日,具有丰富的民俗文化内涵。政府应该重视和保护重阳节,搞好文化建设,加大宣传力度,充分挖掘重阳节蕴含的历史文化资源,增强节日的感染力,营造全民参与的良好氛围,多多开展有关重阳节或是传统节日专题活动,使全县乃至全国人民都能知节、懂节、爱节。通过互联网的传播,丰富当代的节日内涵,为当今及后世留下一个纪念。

　　力求将上蔡重阳文化推向全世界,让全世界的人们都能更加深入地了解中国传统文化,让尊老敬老精神内涵代代相传。

---

　　① 摘录自天中晚报:《"我们的节日"——上蔡重阳文化节的十八年》https://www.sohu.com/a/426424038_100287944.

第九站:山东省非遗及其文创产品

　　山东是儒家文化的发祥地,也是黄河文化带的重要组成部分。山东境内拥有极为丰富的黄河文化遗产。据山东省文化和旅游厅非物质文化遗产处处长刘朋鑫介绍,目前全省共普查各类非遗线索 120 多万条,共有联合国教科文组织认定的"人类非遗代表作名录"项目 8 个,国家级名录 173 项,数量位居全国第二位;省级名录 751 项,市级名录3797 项,县级名录 11752 项;现有国家级传承人 92 名,省级传承人 440 名,市级传承人2299 名,县级传承人 7382 名,全省有 1 个国家级文化生态保护实验区,即齐鲁文化(潍坊)生态保护区,有曹州文化生态保护实验区等 10 个省级文化生态保护实验区。东阿阿胶股份有限公司等 3 家企业被文化和旅游部命名为国家级非遗生产性保护示范基地,德州扒鸡集团等省级非遗生产性保护示范基地 68 个。目前,入选国家级非物质文化遗产代表性项目共计 186 个,本章主要介绍有风筝制作技艺、鲁锦织造技艺、面人为代表性传统技艺非遗文创项目。

一、风筝制作技艺

潍坊市位于山东半岛中部,北濒渤海湾,南临黄海,春天风多雨少,且风向单一,瞬时波动小,风力基本呈正态分布。正是这样特殊的地理环境孕育产生了潍坊风筝,其生产制作集中在寒亭区杨家埠一带和奎文区、潍城区。

潍坊风筝(图2-9-1)具有起飞平稳、放飞高的特征。无论是软翅、硬翅还是串式、立体式的风筝,除了板子风筝需要坠外,其他不需要任何辅助物都能平稳地直升蓝天。其扎制方法虽简单,少则竹条三根,多不超过七根,但讲究竹条均匀、骨架周正、左右对称、重心拴线,形象简练,色彩鲜艳,对比强烈。但近年来,因考虑制作成本而忽略了传统的文化内涵,变换了材料,使用尼龙布和炭素钢管,丢失了传统技艺,也失去了潍坊风筝的地方特色。

2006年5月20日,风筝制作技艺(潍坊风筝,别名潍都纸鸢)入选第一批国家级非物质文化遗产名录传统技艺类(438,Ⅷ-88)。

图2-9-1　传统潍坊风筝——沙燕

历史故事

潍坊风筝兴于明初的杨家埠村。那时,村民已有木版年画的刻印技术,利用每年春天的空余时间,用印年画的纸张、颜料,绘制出各种图案,扎制风筝。开始时仅自娱自乐或馈赠亲朋好友,后逐渐发展为商品。至乾隆年间,风筝已成为当地重要的手工业。

明代潍坊风筝以板子风筝为主,后逐步形成了以硬翅风筝为主、长串蜈蚣为最(最长可达 360 米)、软翅风筝为巧、筒子风筝为奇的造型系列,内容有人物故事、鸟兽、鱼虫等。选用材料奇特,设计夸张变形,画工为国画技法和年画风格,放飞有力学根据,构成了潍坊风筝的乡土气息和独特神韵,从而蜚声于古今中外。目前,西杨家埠村风筝扎制专业户近百家,风筝品种达三百余种,年产近百万只,主要传承人为杨其信、杨其民、杨连敏、杨乃忠、杨学顺等。

制作技艺

潍坊风筝的独特个性是通过"扎、糊、绘、放"的四艺来具体表现的。

1. 扎

潍坊风筝的骨架一般用竹材扎成,扎骨架的工序有:选竹材、破竹材、削竹条(有"抽削""推削"诸法)、修竹条、弯竹条、扎结竹条等。风筝架子多种多样,扎法各有千秋,一般说掌握了硬翅风筝、软翅风筝和拍子风筝架子的基本扎法后,就可以自由变化,扎制各种风筝了。前辈艺人们在扎风筝中总结了丰富的经验,有的还编成了歌诀。例如扎硬翅胖沙燕的口诀是:胖燕四四法最新,一头一腹一尾根。一条平直须坚硬,下条扁软势随形。七段等分论条架,两膀对扎半圆形,中腹应按双分计,尾竹上端中线寻。下端长短如何定,横设架子首尾千,托纸中间方四块,两膀各四必相亭。头部迎风腹为主,冕竹要软好泻风。裆肥纸阔单面软,迎风不会左右憩。

2. 糊

糊风筝用纸,用矾绢,用薄绸等,可依风筝形式确定。倒如,糊蜻蜓风筝用绢,因为绢比纸的透明度好,更像活蜻蜓的翅膀,糊龙青鱼尾部用绸,放飞时迎风抖动肖似鱼尾,糊鹰不能用绢,因为绢受风后抖动就不像在空中打旋的鹰了,必定要用皮纸或托裱了的防风纸。糊风筝时,先比着架子剪纸,纸比架子大些,边缘部分剪开一些口子,在边缘涂浆糊后,依次把剪开的边缘糊在纸条上。糊法有两种:一是把纸包贴在竹条的四个面上,此法叫"包边儿",二是把纸包贴在竹条的两个面上,待浆糊干了之后,用刀把多余的纸裁下来,这种方法叫"裁边儿"。这种方法是要露出一部分削修加工的竹条,以显示艺人的制作技巧。风筝可以先糊后绘,也可以先绘后糊。因为风筝的彩绘图案多是对称的,为了使图案对称一致,艺人们一般是先绘后糊。先把各部分的纸剪好,彩绘、阴干、熨平,再糊到架子上。彩绘时,各部分衔接处图案不画金,留出一些空白,糊好后再把衔接处的图案补画整齐。各种风筝的具体糊法也各有不同,倒如:沙燕风筝先糊两膀,再糊两腿,最后糊头、腹,米字风筝也是先糊两膀,拍子风筝用平贴法糊纸等。

3. 绘

风筝的绘画构图与设色最能体现地方特色。潍坊的风筝吸取了潍县木版年画的技法,又博采京津画风筝之长,线条粗犷,色彩以红、黄、蓝三颜色为基础色,重笔浓抹,色调明快,浑朴,在对称中达到强烈的美的视角效果。如潍坊的龙头蜈蚣风筝,胡敬珠派造型以群青色为主,便以浓艳着色,直观效果对比强烈;康万香派则以普兰为主,代表海水,同时以红或桔红的暖色,使整个画面形象鲜明,风筝腾空之后,与蔚蓝的天空产生和谐又鲜明的视角效果。潍坊的风筝艺人对风筝的构图和彩绘,正是这样做的。他们尽量少用色,以块色为主,非常鲜明地突出了民间艺术色彩单纯而浓郁的特点。

4. 放

放风筝的工具有线、绕线工具和供游戏用的各种附加物。放风筝的线有"缝衣线"(适合放小风筝)、"小线"(三股棉线,民间最常用的风筝线)、"衣线"(真丝线,细的叫"丝线",粗的叫"丝绳")、"麻线"(从前民间用此线放大风筝)等,绕线工具最普遍的是"线桄子",这是一种穿在轴柄上的六角线线轴,可以自由地旋转着放线。收线时,一手拉线,一手打轮,十分方便,样子也玲珑可爱,本身就是一件惹人喜爱的玩具;还有一种"简易桄子",轴柄上穿着一种扁框,用起来也很方便。如果放大风筝,则要用"线拐子";放更大的要用"绞车"。风筝的附加物,是放风筝时作游戏用的,种类很多,主要有"风琴""锣鼓""送饭儿的"等。①

传承人物

(1)张效东,男,汉族,1949年10月出生,山东省潍坊市寒亭区东院村人。第五批国家级非物质文化遗产项目代表性传承人,项目名称为风筝制作技艺(潍坊风筝),申报地区为山东省潍坊市。张效东8岁时跟随祖父学习绘画、雕刻、扎制风筝,后又师从杨同科先生学习潍坊风筝扎制,全面掌握了潍坊风筝扎制技艺流程。从艺几十年来,不断钻研风筝扎制技艺,并注重传承,授徒传艺。先后赴新加坡、中国台湾等国家和地区进行风筝文化交流,受到了热烈欢迎。其风筝骨架扎制精美,绘制精细,主要代表作品有传统板式风筝、立体风筝、龙头蜈蚣以及机械风筝等。

(2)郭洪利,男,潍坊市寒亭区人,生于1972年9月。国家级非物质文化遗产项目潍坊风筝代表性传承人。潍坊风筝省级代表性传承人。自幼受父辈影响喜爱风筝艺术,从事风筝扎制技艺30余年,尤其擅长潍坊传统风筝的创作及扎制,多次获得传统工艺创意设计大赛优秀创意奖和能工巧匠称号。从2000年起,郭洪利凭借其精湛的技艺和精美

---

① 百度百科。

展品参加北京奥运会、上海世博会"中国故事""中国元素"的非遗展示,先后到欧洲、北美洲、东南亚等 30 多个国家和地区进行风筝文化艺术交流。

30 多年来,郭洪利不断荣获国际国内大奖,2010 年,代表性作品《龙头蜈蚣》斩获首届中国非物质文化遗产博览会金奖;参与 2008 年北京奥运会和 2011 年上海世博会文化展示活动;2018 年作品被文化和旅游部选为"欢乐春节"外事礼品,发往 170 多个驻外机构作为外事礼品。目前他已拥有 10 多项专利等知识产权。靠过硬质量信誉,他的公司也很早就取得了自营出口权,每年向日本等国家出口大批质量优异的风筝,创造了可观的经济效益。

发展现状

2019 年 11 月,《国家级非物质文化遗产代表性项目保护单位名单》公布,潍坊市寒亭区文化馆获得"风筝制作技艺(潍坊风筝)"项目保护单位资格。

潍坊这座历史文化名城为风筝运动的繁衍与发展,提供了肥沃的文化土壤和不可或缺的地理环境优势,发达的手工业塑造出当地特有的传统民间艺术文化体系和各种民间艺术。

潍坊风筝运动的开展现状主要呈现为:人人会放风筝。人人参与风筝活动的局面已经基本形成;参加该项运动的人口结构呈现出明显的"中间小,两头大"现象;高兴趣比例的选择,体现出当地人们对风筝的热爱以及深厚的群众基础。

潍坊风筝运动开展现状的原因分析:中年人忙于家庭、工作等很少能参与到活动中来,老年、青少年闲暇时间充裕,收入较低,健身意识增强;当地习俗对人们有着深厚的影响,传统文化受现代元素的冲击愈来愈明显。

潍坊风筝传承过程中存在的主要问题:

(1)老一代艺人年龄偏大,由于身体机能衰退等原因,逐渐退出了风筝制作的舞台,而中坚力量衔接不上,因此在传统风筝制作技艺的传承方面存在难以为继的局面。

(2)传统风筝的制作周期较长,熟练工制作一只风筝至少需要两天时间而且制作工艺非常复杂,技术要求很高,寻找从业人员比较困难,因而成本较高。而当前网络购物的兴起,使低价产品(风筝)大行其道对传统风筝市场造成了极大的冲击;因此,多数风筝从业人员考虑的重心开始向市场经营偏移,以规模化生产的方式降低单个产品的成本,设计、选材、下料等各个环节都开始批量生产,由此产生的问题就是只能生产简单的作品,而传统工艺较为复杂的桶形、串式等风筝种类由于工艺复杂、技术含量高而难以批量生产。因此,当前现代风筝的发展突飞猛进,而传统风筝的制作技艺则面临着无以为继的尴尬局面。

(3)另外,最重要的原因就是无法实现以艺自养。当前有为数众多的青少年对传统风筝的技艺非常感兴趣,但仅仅是兴趣,如果要把它作为一项事业或一项工作,往往会遭遇家庭等各方面的阻力。

保护现状有以下几点:

(1)静态保护。基于新媒体对潍坊风筝非遗进行文献整理储存。潍坊风筝的起创始人以及发展的过程,对经济、社会等带来的影响,都是必要的文化储备。所以进一步全面深入地开展对潍坊风筝非遗的调查,彻底了解潍坊风筝非遗的起源与发展。记录民间艺人的现状,技巧手法等。将调查的资料进行分类,整理,存储后进行研究工作,特别是对潍坊风筝非遗所蕴含的文化底蕴,传统的制作方法等重点研究,然后把成果基于新媒体的平台建立成网站或者 APP 等来供人们阅读参考。使潍坊风筝非遗逐渐进入人们的视野,增加曝光的次数,在潜移默化中重视非遗文化。

(2)动态保护

1)基于新媒体对潍坊风筝非遗进行互动。首先是对在世的民间老艺人进行网络门店经营,并鼓励奖励其对后人进行潍坊风筝非遗传承,借助新媒体举办网络评选奖励活动,激发人们参与热情。同时逐渐恢复现场艺人教学,借助新媒体平台进行网络授课等,并且让观看者能发表自己的创新点,在保留原有的基础上增加新的活力,不仅展现了潍坊风筝非遗的文化,也适合现在观众的欣赏品味。在原有的潍坊风筝节的基础上多举行类似活动,通过新媒体直播等方法展现在网络上,让大众参与互动来感受潍坊风筝非遗文化的博大精深,同时可以网络售卖风筝,增加当地经济发展,在经济发展中去传承,在传承中去发展,让世界各地享受其中的乐趣。并且基于新媒体开设交流会或论坛,在家里就可以了解潍坊风筝非遗,形成全民参与非遗文化的热潮。

2)基于新媒体发展潍坊风筝非遗文化产业。借助新媒体把潍坊风筝非遗推向市场,让它形成独特的风筝品牌,形成一种新兴的文化产业。而潍坊风筝非遗走向市场的主要方式是出售,比如公众号的宣传,短视频的录制都是销售的途径。使潍坊风筝在网上销售流传开来,逐渐进入大众的视野,基于新媒体发展文化产业,使更多的人参与到潍坊风筝非遗的保护事业中去。

展会推广+数字传播+文创

潍坊风筝节(会)每年 4 月的第三个周六在潍坊举行,有来自世界各地的 30 多个国家和地区参赛,是我国最早冠以"国际"并被国际社会承认的大型地方节会(图 2-9-2)。

潍坊国际风筝会已经连续成功举办三十六届,为潍坊改革开放、走向世界打开了一扇窗。在风筝会的带动下,近年来潍坊市风筝产业发展比较快。目前,潍坊市有风筝企业 300 家,从业人员达 8 万人,其中风筝出口企业 29 家,产品远销欧美、东南亚 50 多个国

图 2-9-2　第 35 届潍坊国际风筝会

家。潍坊风筝占据了 65% 左右的国际风筝市场和 85% 左右的国内风筝市场,已经成为潍坊市独特的文化产业,是潍坊市举办国际风筝会和作为世界风筝都的有力支撑。

当今时代传统文化与现代文化相互融合及促进。在潍坊,以风筝文创产品为代表的新一代的创新已经渗透到文化产品的研发、营销、推广等各个环节,创新已经成为风筝文化创意产业发展的重要引擎。对于潍坊风筝文创产品来说,创新也正在促进着文创工作的发展,在某种程度上引领着在新品研发、经营管理、推广营销以及未来产品应用等各个环节的变革。

中国(潍坊)风筝文化创意设计大赛围绕风筝文化,将文化创意与实体产品融合,结合服装类、饰品类、文具类、玩具类、茶具类、餐具类、工艺类(收藏纪念品)七大类产品,全球征集创意作品超过 1500 件,通过专业评审团的层层评选,最终于 5 月份评选出了 30 余件获奖作品。

2021 年 4 月 3 日,潍坊国际风筝会综合服务中心与腾讯《王者荣耀》展开深入合作,以国家级非物质文化遗产"潍坊风筝"为触点,与《王者荣耀》共同打造"荣耀中国节"系列文创活动。当日,李元芳清明主题皮肤"飞鸢探春"也同步上架游戏,玩家可以在峡谷和英雄李元芳一起放风筝,体验传统节日民俗。潍坊风筝飞舞在王者峡谷的天空,不仅是绚烂国风的数字化表达,更是传统文化与非物质文化遗产的数字化传承,放飞的也是风筝手艺人的希望。

为了更好地传承风筝文化,王者荣耀制作团队特地邀请了潍坊风筝代表性传承人郭洪利,对皮肤的艺术呈现进行专业化指导。为了更好地传承非遗文化,王者荣耀采用线上线下联动的方式,结合游戏兴趣点,对潍坊风筝的魅力进行了多样化的呈现。

学者建议

北京市东城区民间艺术家协会副主席唐琦民表示,近年来,风筝制作技艺有很多创新，从静止不动的风筝到各种扇动翅膀的风筝，从中国的传统骨架到西方的软体结构，都是从无到有的创新。创新可以在一类风筝上完成，也可以综合所有的风筝另辟蹊径，但是前提必须是不违背常理的美和风筝的传统意义。

风筝的传承应该着重传承它的科学技术和文化内涵，这都是中国人民的智慧结晶，物理结构和美化上是有很多创新空间的，我们提倡在继承传统的基础上有所创新，而不能把传统与创新割裂开来，艺术总是在继承传统的道路上不断创新才能保持艺术青春。在传承中保持固有的优良品质，在创新中使风筝获得发展的动力，把两者结合在一起，就是我们所要达到的目的，作为中国风筝，传统是灵魂，创新是生命力，二者缺一不可。

山东博通企业管理策划有限公司董事长卢干表示，如果只把风筝简单地看成一种文化，而不加入载体，把它变成一种商品，变成一种社会使用的东西，那么它早晚会被淘汰出局。现在的问题就是如何把风筝这项非遗产品通过一种有效的方式，把它变成未来社会不断需要而不得不生产的东西，而不是被动去保护。

风筝的生存、发展与风筝的制作人有关系，也就是说与制作风筝的企业有关系。要想把一个企业真正地做好，除了企业要有有价值的商品，还要有好的服务，满足客户的需求。他建议政府和企业联合，组建一个众筹联合体风筝园区。一个众筹组建的联合体风筝园区要有核算中心、采购中心、生产基地、研发中心、营销中心以及产品展示厅。在联合体的基础上形成高效运作的链条。要把一个事情搞好，必须要懂得这句话，一个人干不过一个好团队，一个团队干不过一个系统，一个系统干不过一个趋势。

二、鲁锦织造技艺

鲁锦是山东的纺织品，系用彩色棉线分经纬织造而成，因其上的几何图案绚丽似锦，故名"鲁锦"，在鲁西南俗称"土布""粗布"等。因其织工精细、绚丽似锦，于1986年被山东省工艺美术研究所定名为"鲁西南织锦"，简称"鲁锦"。鲁锦织造技艺主要分布在山东省济宁、菏泽两市及周边地区，其中尤以鄄城县和济宁市的嘉祥县为代表。2008年，鲁锦织造技艺入选第二批国家级非物质文化遗产项目名录传统技艺类（886，Ⅶ-103）。

历史故事

鄄城县鲁锦约始于元代，清代濮州（今山东省鄄城县）的鲁锦曾被用作贡品。鄄城县鲁锦用色线交织成各种几何图案，并通过几何图案的平行、重复、连续、间隔、对比等变化形成特有的节奏和韵律，图案精致古雅，色彩绚丽，品种繁多，质地细密，舒适耐用。其独特的手工提花织造工艺和色彩对比强烈的图案，与山东其他地区的手工织布有着明显的区别，具有鲜明的地方特色。

鲁锦诞生在鲁西南一带，当地民间俗称"老土布""老粗布"，也称其为"花格子布"。因色彩绚丽，美丽如锦，后被定名为"鲁锦"（图2-9-3）。在春秋时期，鲁锦工艺就已经相当成熟。魏晋南北朝时期，鲁西南地区广植桑麻，桑麻纺织得到进一步发展。至元代，黄河流域开始种植棉花，使用棉花做原料纺线织布越来越普遍。鲁西南地区人民将传统的丝、麻纺织工艺糅于棉纺织工艺，织成的棉布就是通常所说的鲁锦。嘉祥元代曹元用墓出土的棉菱形花纹织锦，其精美的图案显现出起步阶段的嘉祥地区织锦技艺已经十分精湛。明朝初期，棉花开始在鲁西南地区大面积种植，棉纺织技艺日趋成熟。随着明清两代织具的改进和纺织、印染技术的发展，鲁西南地区的棉纺织业进入了十分繁盛的时期，鲁锦织造技艺达到了炉火纯青的境界。清代鲁锦曾作为贡品进献朝廷，至今中央美院民间美术研究所还收藏着清代鲁锦数百个品种。清末，随着洋布的大量涌入以及民族纺织工业的发展，手工织造的鲁锦受到冲击，渐趋衰微。

在漫长的岁月中，心灵手巧的鄄城农家妇女不断创新、改进鲁锦织造工艺，逐渐形成现代鲁锦融提花、打花、挑花工艺于一体，于浑厚中见艳丽、粗犷中显精细的独特风格。鲁锦过去多用作嫁妆，大大增强了当地婚嫁民俗的喜庆意味。

图2-9-3 鲁锦产品

制作技艺

嘉祥县早在春秋时代便产桑蚕，纺织业十分发达。元代以后，棉花在山东大面积种植，嘉祥人民将传统的丝织技艺应用于棉纺织技艺，形成民间棉布织锦。嘉祥县鲁锦织造技艺共有72道工序，经线、闯杼、掏缯是其中最主要的环节。嘉祥县的鲁锦织造能够染成22种色线，织出2000种左右的图案。嘉祥县鲁锦图案美观，种类繁多，寓意吉祥，且采用天然原料，纯手工织造，舒适、环保，应用广泛，具有很强的实用价值。

鲁锦的织造从采棉纺线到上机织布，先后要经过大大小小72道工序，主要有纺线、染线、Y线、经线、闯杼、刷线、掏缯、吊机子、织布9道主工序。每道主工序里有诸多子工序，全部采用纯手工工艺。织造工具几乎全是木制的，结构都很简单。

鲁锦的图案意境，是靠色线交织出各种各样的纹饰来体现的。通过抽象图纹的重复、平行、连续、间隔、对比等变化，形成特有的和谐美，极具艺术魅力。如今，嘉祥鲁锦在最初的平纹、斜纹、缎纹、方格纹的基础上，又发展出枣花纹、水纹、狗牙纹、斗纹、芝麻花纹、合斗纹、鹅眼纹、猫蹄纹等8种基本纹样。早期的二匹缯，已发展到现在的四匹缯、六匹缯、八匹缯。

鲁锦用色通常是红绿搭配，黑白相间，蓝黄穿插。不同配色，不同纹样，艺术效果也全然不同。

鲁锦制作每道主工序里有诸多子工序，全部采用纯手工工艺。织造工具几乎全是木制的，结构都很简单。随着鲁西南劳动妇女对纺织技术的不断革新，民间织锦由最初一把梭、两把梭，发展到13把梭，最多可达20把梭。

经过种棉、采棉、去籽、弹棉、搓"补几"等前期准备工作，就开始进入纺线、染线、掏线、经线、闯杼、刷线、掏缯、吊机子、织布环节。

1. 纺线

把纺车支在地上,纺线的人就地放一个蒲团,盘腿而坐,右手转动纺轮,带动线锭子转动,左手捏着棉条接向线锭子的线头,棉条上的棉花随着线锭的快速转动自动加捻成线缠绕在线锭上,左手顺势向后拉,纺出的线越来越长。手不断前后拉动,线丝丝缕缕绵延而出。纺线不是一件简单的事情,若两只手配合不好,纺出的线不是断头就是粗细不匀,需要长年的经验积累才能两手配合得收放自如。

2. 染线

纺好线就可以染色了。先在锅里加清水,加热成温水,往水里放染料,用棍子上下搅动。开锅后线就染得差不多了,拿不准的会取一根白线浸入染液试一试,不再上色就表示染液已经被线全部吃透了。

3. 扽线

染好的线首先要浆,然后将线穿晾在横杆上,用扽线棒一会儿拧着扽,一会向下扽,让线彻底干透。浆过和扽过的线失去了黏性,彼此不会纠缠,不会乱,为经线和织布打下了一个很好的基础。

4. 经线

在经线杆上穿几十个铁环,用线将环固定,每个环下按照织布图案将色线络子排好。固定好经线橛,将每个络子的色线牵出穿过上面的铁环,两两相系,这时就可以经线了。经线人将铁环上的线一一牵出执在手中,按由死橛(即第一根橛)到交橛的顺序分别挂在每一根经线橛上。经线完毕,将多余的线扯断,先将交橛处的交叉用线绳捆系,以保持交叉的状态,然后卷线成团。

5. 闯杼

从闯杼开始各道工序都在为上机织布做具体的准备。杼是织布时离穿梭来往的纬线最近的一个织机部件,用于控制经线构成的布幅宽度。闯杼就是用篦片将经线按顺序一根根分离插入杼中,使几百根经线各司其位,防止纠缠。闯杼时特别需要注意每一根线与杼缝的次序必须彼此对应,不得有误。待全部线头闯入杼中,用高粱莛杆穿起线头以防脱回。

6. 刷线

闯杼完毕开始刷线,以清理经线之间的缠连,使其一根根次序井然。用刷子将线团中的经线一段段梳开,并缠在桱花上,每间隔五六米,夹缠一根细细的莛杆,有利于线的紧缠。经线全部刷完后将线尾剪断。

7. 掏缯

掏缯是织锦的一个重要工序,因为不同的掏缯方法决定了经线上不同的图案变化。

缯的目的就是在织造时使经线一根上、一根下分离形成织口,便于穿纬线。缯越多形成的织口变化也越多,则织物的纹样也越趋于丰富多彩。提花布使用四匹缯,掏缯时四匹缯共同进行,每一根经线只在一匹缯上掏缯,其余三匹是过缯,即一根经线需纵向经过四匹缯,但只经过一匹缯的圆环,其余三匹都是从缯柱中穿过。

待掏缯结束后开始闯第二遍杼,这主要是为了织布时经线条缕分明,成布后布幅宽度固定,防止宽窄不一。

8.吊机子

织布前的最后一道工序是吊机子,就是将织机的各部件全部组合调试出来,包括拴布、吊脚蹑、吊缯等。

9.织布

待一切准备就绪开始织布。踩踏板的同时推出撑框,一手投梭,一手接梭,接梭后将撑框后拉。手脚配合,不断重复这一动作,当最后一段经线织到缯处,织布完成。在科技发达的今天,机器织布只能织 2 匹缯、4 匹缯;而手工织锦能织 6 匹缯、8 匹缯。

传承人物

山东省嘉祥县的鲁锦织造传承人赵芳云不仅是国家级非遗传承人,而且也是鲁锦织造技艺唯一传承人,她的鲁锦织造不仅能织出"迷魂阵""喜字锦""孔雀开屏"等数百种纹样,还能将汉字织进鲁锦。

20 世纪 60 年代初,鲁锦还叫"老粗布",当时群众铺的盖的、衣服鞋袜,都要自己动手纺织。十五六岁的赵芳云就开始跟着母亲学习纺线、织布,起初纺线时会浑身酸疼,时间长了才逐渐适应。在嘉祥县,赵芳云也是唯一掌握在鲁锦中织入古诗技艺的人。织字时,条纹字较为烦琐,一根一提;方块字织起来容易,三根一提。为了不影响鲁锦的整体美观,字要织得横平、竖直,字体大小尽量保持一致。由于工序烦琐,一天只能织几个字,完成一幅作品需要 10 天左右。由于这种鲁锦传达着"吉祥如意"的寓意,带有古诗的鲁锦价格高于普通的条纹鲁锦。

2008 年,嘉祥"鲁锦"织造技艺登上文化部公布的第二批国家级非物质文化遗产名录,赵芳云被批准为全省唯一的"鲁锦"项目国家级代表性传承人。

发展现状

鲁锦织造技艺的传承主要是以母女传授、口语传承、言传身教,彼此之间通过一些顺口溜、织布口诀和一些只能意会无法言传的织布技巧来进行技艺的传承。但是随着现代工业的发展,市场对手工织布需求减少,导致织造鲁锦的艺人也在减少,鲁锦技艺的传承面临中断的危险,并且现在年轻人愿意学习织造鲁锦的也越来越少。

与其他很多非遗技艺一样,鲁锦也面临着重重危机。第一,织女的流失使织锦技艺面临失传。以鄄城县为例,20世纪80年代,鄄城县共有织布机1.5万台左右,熟悉纺织技术的农村妇女有15万人以上,每年织锦数量在200万米以上。然而随着现代纺织工业的飞速发展,当地掌握鲁锦织造技艺的年轻人越来越少,据调查,鄄城全县现有织机数不足5000台,熟悉鲁锦织造技艺的妇女约2万人,平均年龄在40岁以上。第二,工艺萎缩,产品低端。目前山东生产鲁锦的企业基本仍是作坊式生产,不仅各家生产的产品质量参差不齐,而且出现了用机器生产代替手工织造的现象。鲁锦产品的纹样、色彩、技艺和品种不但没有超过20年前的第一次开发,反而在各方面出现了萎缩。产品设计感的缺失同时又影响到产品的定位,目前鲁锦的市场开拓仍停滞于地方特色礼品和中低端家纺产品,没有在高端市场取得良好的拓展。第三,行业竞争无序。目前在鲁锦的制造领域尚未建立相关的行业协会组织,关于产品织造的统一标准以及行业间的协调配合措施均未建立,而这些导致的一个直接后果就是鲁锦行业竞争混乱无序。

传承创新

近年来,嘉祥县的鲁锦纺织企业在保留传统工艺的同时,改进纺织技法,创新样式设计,让传统文化不断保持活力。

如何将一门古老的手工技艺通过现代化工业生产发扬光大,而又不失其传统特色和独特韵味,是手工技艺类的非物质文化遗产保护工作普遍遇到的难题。

经过多方考察,赵芳云与嘉祥古精纺鲁锦有限公司签约,成为公司的形象代言人和技术顾问。与赵芳云老人签约的嘉祥古精纺鲁锦有限公司,是嘉祥县较有规模的鲁锦经营企业之一。

总经理郭文召说:"赵芳云拥有最传统、原滋原味的鲁锦手工技艺,这是一笔宝贵的文化财富,不能失传。作为鲁锦经销商要为这项技艺的传承创造条件,这不仅能保留中华文化,还能转化为经济价值。"每隔10天,她就去公司开设的鲁锦织造培训班授课,进行技术指导(图2-9-4)。

目前,赵芳云最希望的就是尽快找到一个合适的徒弟,把自己创造并改进的织汉字技艺传承发扬下去。

中国鲁锦博物馆是菏泽市创建最早的中小型特色专题博物馆,注册成立于1995年,现有固定陈列两个,陈列面积1300平方米。中国鲁锦博物馆是首批列入国家财政部、中宣部、文化部指定的免费开放博物馆。

图2-9-4　鲁锦织造培训班

学者建议

　　曾有专家评价,民间美术的前途无非以下几种:一是任其自生自灭,这是下策;二是研究它的历史沿革、艺术特色,为它建一个博物馆,这是中策;三是在研究的基础上开发它,找到民间美术与现代生活的契合点,架起民间美术与现代审美意识的桥梁,这是最佳选择。鲁锦的开发乃是第三种选择的体现。

三、面人（曹州面人）

面人也称"面塑""江米人"，是以食用面粉、糯米粉为主要原料的一种传统塑作艺术，它流行于全国各地，深受百姓喜爱。面人多以动物和神话传说、历史故事及地方戏曲中的人物为题材，基本形制分"签举式"和"案置式"两种。前者多为娱乐儿童的食玩品，造型简略，形态生动；后者则是雅化的陈设艺术品，做工考究，造型精致，还需在原料中混入添加剂作防裂、防虫、防霉处理。面人艺术主要依靠走街串巷的游方艺人即兴创作，他们掌握了娴熟的塑造技艺，题材、造型、配色等工艺程式了然于心，顷刻间就能将面团变成神采飞扬的艺术形象。在民间传承发展的面人艺术寄托着广大民众的审美情怀和生活理想，为中国民间历史、习俗和艺术的研究提供了重要的实物资料。

曹州面人是长期流传于山东省曹州地区的一种民间面塑艺术，至今已有150多年的历史。由郝胜、杨白四、王清源、郭湘云等民间艺人开始，经过六代面人艺匠的传承发展，曹州面人逐渐摆脱了充当民间祭神"花供"的功用，成为一种观赏性的民间工艺品。20世纪20年代，曹州面人行业出现了并称"文武二李"的李俊兴、李俊福兄弟。李俊兴擅长捏塑才子佳人，李俊福则擅长捏制武将侠客。兄弟二人技艺超群，成为曹州面人制作的代表性人物。至20世纪30年代，中国面塑逐渐形成了山东的李派、上海的赵派和北京的汤派、郎派等艺术流派，几派虽各具特色，但无一例外均受到曹州面人的影响。自李俊兴、李芳清等面塑大师出国表演传艺以来，曹州面人日益受到东南亚、欧美等地区民众的喜爱，驰誉国际，进一步确立了其在面塑史上的地位。

曹州面人来源于生活，乡土气息浓郁，它造型概括，简练生动，形象逼真传神，比例夸张适当，工写结合，堪称中华民间艺术的瑰宝。2008年，面人入选第二批国家级非物质文化遗产代表性项目传统美术-民间美术类（828，Ⅶ-52）。

历史故事

菏泽古称曹州。曹州面人最早起源于（今菏泽市牡丹区）马岭岗镇穆李村。它是在古代祭天地、敬鬼神的"花供"基础上发展起来的。相传早在尧舜时代，地处黄河流域的菏泽就常因黄河决口，天灾人祸几乎不断。当时，当地人们为避灾祸、求平安，常捕杀猎物，敬天地、求神灵、祭奠列祖。后来为了节约，便使用面粉调和后捏成猪、羊、代替活物，即所谓的"花供"。这就是早期的菏泽面塑。到了唐代便出现生面塑、熟面刷色塑和熟面染色塑三种。"花供"是指供品中各式花果，更寓示着供品如花一样美丽、繁多、争奇斗艳。桃源的祭火神仪式每年由村里的七条街轮流主持，主持的街道负责搭牌坊，布置供棚和主持祭祀活动，维持秩序，不做"花供"，而其他六条街负责制做花供，由于各街分开制作,大家便八仙过海,各显其能,把个"花供"变成了各街手艺的大比拼。"花供"中最为生动的要数用面捏制的各种人物、动物、花草虫鱼、亭台楼榭等造型,其中面人统统都是捏在竹签上,插在"花供"盆中的。这种"面人儿"的尺寸较大,约三十厘米,以面捏成(面是用面粉加水,按3∶1的比例搅均匀,再糅进颜色即可),曹县桃源的"花供"习惯沿续至今,十分兴盛(图2-9-5)。

图2-9-5　省级非物质文化遗产——桃源花供

制作技艺

"天下面塑出穆李。"数千年间,当地面塑历经沧桑变幻,几度沉浮兴衰。据碑文记载,1852年江西弋阳的米塑艺人王清原、郭湘云游艺菏泽,来到穆李村,与当地的花供艺人郝胜、杨白四合作,把米塑与花供技艺结合起来,形成了今日的"曹州面人"。采用可塑性较强的白面和糯米面为原料,染成黑、白、蓝、绿、红、黄、紫等多种颜色,由塑动物、瓜果发展到塑人物,使面塑初步形成艺术品。面人制作一般先采用捏、搓、揉、掀等手法塑造大体形制,再用竹刀灵巧地点、切、刻、划,刻画手脚、头面、神情等局部细节,最后加上发饰、衣裙及相关插件,作品即告完成。从而使面塑艺术大大提高,随后广收门徒,传授技艺,于是穆李庄一带便成为菏泽面塑艺术的发源地。从此,曹州面人脱离民俗功用,成为一种集观赏和把玩于一体的民间工艺品。

传承人物

解元集穆李村为捏面人起源地。穆李村的面塑起源于明末清初,衍传至清咸丰四年(1854年),江西弋阳塑匠王清原、郭湘云游艺曹州西南二十里,寄居穆李寨,与当地艺人杨建清、杨保林、杨贵林、郝胜合作研制,使面塑艺术水平大为提高而形成工艺品。以后广收门徒,传授技艺,于是本村便成为古曹州一带面塑技艺的发源地。

1908年前后本村面塑普遍发展,先后传艺给李朝平、马德交、马凤山、李俊福、李俊兴、杨振合、郝子礼、郝道黄、穆天春、穆宗书、穆绪干、常朝品等三十余人。其中李俊福、李俊兴技艺超群,俊福擅捏武将英姿,俊兴擅捏佳人仕女,被誉为"文武二李",驰名中外。1920年后,李俊兴同师兄弟二十余人,多次去上海、广州、厦门、香港,并出国到马来西亚、印度尼西亚等国以谋生计。1926年李俊兴应邀到老挝王宫表演面塑受到赞扬。1931年又去苏联莫斯科表演,受到苏联人民的热烈欢迎。

新中国成立后,面塑艺术获得新生,受到各级政府的大力支持。1956年李俊兴、李俊金、李芳阁、李芳清、马凤鸣、穆化起、宋月亮、郝子泉等十多人应原菏泽县文化局邀请在菏泽成立面塑组。1957年应省文化厅指示迁往济南市成立面塑社。1958年李俊兴参加全国工艺美术表演时受到朱德接见并合影留念。菏泽市第一届政协委员李芳清1979年8月16日参加全国工艺美术创作设计人员代表会时受到党和国家领导人华国锋、李先念、叶剑英、邓颖超等接见并合影留念。1982年3~5月随山东省美术工艺团赴瑞士、德国、澳大利亚等国表演面塑。在澳总理府捏一袋鼠,得到广泛赞扬。其拍照刊登在第二天的《澳大利亚日报》头条位置。1995年联合国教科文组织和中国民间艺术家协会授予李芳清"民间工艺美术家"光荣称号。1996年被邀请到柏林为当时的总理科尔当面塑像。他一生从事面塑艺术研究工作,创作了大批活鲜人物形象,如金陵十二钗、《聊斋故事》《水浒》一百单八将等古典人物塑造得栩栩如生,现代人物雷锋、刘胡兰、欧阳海等塑造得活灵活现。曾多次在大明湖公园举办展览,参加全国工艺美术作品展。作品以形象逼真传神、比例夸张适当、色彩鲜艳夺目为世人所喜爱和称颂。

菏泽穆李村面塑艺术代代相传,工艺精益求精,老艺人穆化起、穆绪竹、穆绪岭、常振华等应全国各大城市、单位聘用者甚多。马凤鸣1959年受省军区聘用,上海市木偶剧团聘用,他的作品遍及全国各大城市。李芳亮现任牡丹区面塑协会副主席。1987年应重庆市政府之邀,李芳亮、穆金生、常永安参加首届市灯会面塑表演。1989年在长春市参加电影《西门家族》拍摄。穆绪建1983年应邀到日本驻华大使馆表演面塑半月有余,其作品得到全体使馆人员赞赏。穆铁成、穆银生在2000年4月菏泽市文化局举办文化艺术比赛时荣获二、三等奖,穆铁成1986年在市文联举办的民俗艺术节获三等奖。穆明芳2002年曾被汕头市聘用。穆远忠曾参加兰州市黄庙庙会表演。李洪亮多次到烟台表演。后起之秀,层出不穷。如郝言林、郝广军、郝金刚、穆立波、穆化想、李传杰、宋明轩、武金发、李传进、常乐贤、马同玉、李双全、李松山为本村面塑事业都做出了突出贡献。

近年来,穆李村面塑艺术发明创造了密封盒装人物、花草、水果等作品打入国内外市场,赢得外汇,为国争光,为乡里添辉。现仍按旧习,农闲而出,"出游"各地,甚至长年在

外走街串巷,当众献艺,他们的作品更多地保留了民间的特色。[1]（图2-9-6）

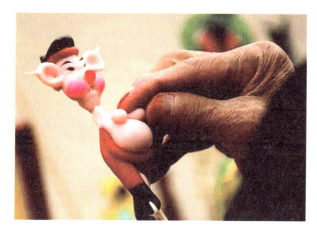

图2-9-6　曹州面人

发展现状

在面塑艺术的发展过程中,穆李村面塑艺人走南闯北,影响全国,逐渐形成了三大流派,即山东菏泽的李派、北京的汤派、上海的赵派。三派各具特色,而山东菏泽李派一直独占鳌头,其代表人物先后有李俊兴、李俊福、李芳清、何晓铮、穆绪建等。

到1908年前后,李朝训等人的面塑艺术,已驰名曹州府,并传艺给侄儿李俊月、李俊和、李俊兴、李俊福、李新起等数人。其中李俊兴、李俊福技艺超群,由于李俊兴善捏风流仕女,李俊福善塑武将英姿,被誉为"文武二李"。

面塑艺术深受广大群众特别是儿童的喜爱,艺人们作为副业活动,在春节期间或农闲时赶集串乡,随捏随卖,养家糊口。后来从艺者愈来愈多,流传到曹州及周围地区,开始以面授技艺兴家立业。他们云游全国各地城乡,甚至出国卖艺。自1920年起,李俊兴、李俊福及师兄弟十余人,多次离家去上海、厦门、广州、香港捏塑面人,并出国到菲律宾、马来西亚、印度等国卖艺;1926年9月至1927年6月,李俊兴先后去过老挝王宫、万象王宫表演面塑,受到王宫一片赞扬。1928年,李俊兴、李俊福、常天绪、李本化、李本纯等十多人去新加坡,常天绪、李本化、李本纯等长期留居新加坡,经营面塑艺术;1931年,李俊兴去莫斯科表演面塑;深受国际友人的欢迎,至此,菏泽面塑逐渐形成一种独特的艺术,驰名全国,声扬世界。

新中国成立后,面塑艺术获得了新生。在1956年,李俊兴和其子李芳格、侄儿李清

---

[1]　http://www.hezegd.com/news/hezefeiyi/detail-5132.html.

芳及李金城、李凤亭、赵继忠等,在菏泽城关成立面塑社。1957 年迁往济南。1958 年李芳清到中央美术学院深造。此后,面塑艺术得到新的发展,并涌现了一批技艺精湛的高手。1982 年 3 ~ 5 月,李芳清跟随山东工艺美术代表团访问澳大利亚,在总理府捏塑的袋鼠,受到热情赞扬。1983 年,李金天的作品《穆柯寨》《麒麟送子》,随河南民间工艺美术作品展览会在日本展出,受到称赞。他的作品还多次在电影中得到展示,并作为官方礼品赠送给外国友人。李金城的长子李全景在西安,三子李全兴和女儿李艳芳在洛阳从事面塑制作,均取得了突出成就,受到美术界的重视和好评(图 2-9-7)。面塑艺术的另一后起之秀穆绪建,1983 年曾应邀在日本驻华大使馆捏塑面人半月之久,也曾在云南西双版纳景区为外国游客捏塑面人。1997 年,李芳清又随潍坊代表团出访德国表演面塑艺术。菏泽面塑已发展到一个新的水平,先后发明了有声面塑和动态面塑。后来,又出现精致小巧的盒装面塑和有机玻璃密封包装面塑,成为高档工艺美术品,打入国际市场,深受外国友人欢迎。另外,还有为外宾当面塑像的写生面塑,亦为中国争得了荣誉和外汇。

李艳芳,生于面塑世家,她的祖父、父亲都是做面塑的老手艺人,父亲更是远近闻名的曹州王派面塑传人李金城。洛阳市民间艺术家协会会员、河南省民间艺术家协会会员,自 1981 年从事面塑行业至今已有三十余年,其作品多次参展并获奖,受到众多圈内人士的好评。

图 2-9-7　李艳芳面塑作品

传承创新

发源于古曹州穆李村的曹州面人面塑艺术,是中国乡土文化的重要代表,具有造型概括、简练生动、形象逼真传神、比例夸张适当、色彩艳丽单纯的特点,与中国的大写意国画艺术有异曲同工之妙,具有很高的艺术研究价值。

　　曹州面人具有中国民间艺术造型简约粗犷生动的特征,具有很强的亲和力和极广的受众面,且简单易学,易于普及,是中国民间艺术百花园中一枝艳丽多姿的奇葩,具有长久的生命力,深受广大人民群众的喜爱,具有极高的欣赏价值。

　　曹州面人作为一种艺术品,不但在国内拥有广阔的市场前景,而且曾被国家组织外销,为国家赚取了大量外汇。不论是过去、当下还是将来,高水平的面塑作品都有极高的经济价值。(图2-9-8至2-9-9)

图2-9-8　创新下的曹州面人1

图2-9-9　创新下的曹州面人2

学者建议

　　面塑实际上是馍,用糯米粉和面加彩后,捏成的各种小型人物。曹州面人来源于生活,乡土气息浓郁,造型丰富,简练生动,形象逼真传神,比例和谐,工写结合,带着童趣又典雅,将传说揉进现实,用色彩调剂生活,给灰色的世界涂上颜色,将麦香留在记忆。

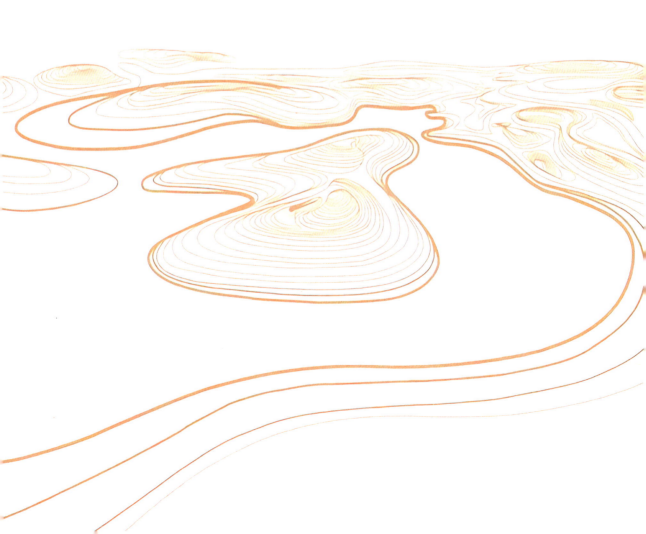

第三部分 黄河流域非遗文创总结及反思

一、推动黄河流域非遗文创快速发展意义重大

1. 非遗的保护和传承有利于社会和谐和可持续发展

文化是人类创造的一切物质产品和精神产品的总和。那些被人类创造的,用于满足人类某种需求的"物",被称为物质文化;而那些被人类创造的不以物质为载体的技艺等,被称为非物质文化。非物质文化遗产是具有重大意义的宝贵财富,是民族智慧的结晶,是民族文化的精华,是民族精神的象征,是中华文明的文化 DNA。2001 年,联合国教科文组织公布首批"人类口头和非物质遗产代表作",中国申报的"昆曲"入选。2004 年,我国成为第六个加入《保护非物质文化遗产公约》的国家。"非物质文化遗产"这一术语,在短短数年时间里,在我国各地、各民族,以及在各领域中,成为最热门的词汇之一。今天的非物质文化保护与传承已经不再是储藏在空中楼阁中的老古董,也不再是文件会议中的口号和指示,而是具有生命活力的社会实践和近人近物近生活的活态传承特性。

根据联合国教科文组织第 32 届大会通过的《保护非物质文化遗产公约》定义,非物质文化遗产指被各社区、群体,有时是个人,视为其文化遗产组成部分的各种社会实践、观念表述、表现形式、知识、技能以及相关的工具、实物、手工艺品和文化场所。这种非物质文化遗产世代相传,在各社区和群体适应周围环境以及与自然和历史的互动中,被不断地再创造,为这些社区和群体提供认同感和持续感,从而增强对文化多样性和人类创造力的尊重。2011 年,我国颁布的《中华人民共和国非物质文化遗产法》中规定非物质文化遗产,是指各族人民世代相传并视为其文化遗产组成部分的各种传统文化表现形式,以及与传统文化表现形式相关的实物和场所。法律规定,保护非物质文化遗产,应当注重其真实性、整体性和传承性,有利于增强中华民族的文化认同,有利于维护国家统一和民族团结,有利于促进社会和谐和可持续发展。

2. 黄河流域非遗的活态传承丰富了中华文化的时代内涵

黄河川流不息千万年,流淌着中华文明永续不绝的血脉,非物质文化遗产就是伴河而生、绵延相传的人间烟火。非遗作为黄河文化的核心组成部分,因其精神内涵、实践活力和时代价值,应该为黄河流域的发展承担重要的当代使命。截至 2020 年,在 1372 项国家级非物质文化遗产代表性项目中,黄河流域 9 省有 919 项,约占全国的 30%,且涵盖我国非遗的十大门类。这些国家级非遗项目和流域内大量的省、市、县级非遗项目,共同构成了黄河非遗的宝库,是黄河文化传承发展丰富而鲜活的本体。

黄河非遗承载着中华民族的共同记忆,蕴含历史文化价值、精神价值、社会价值、艺术价值、经济价值等多重价值,灿烂的河湟文化尽显黄河源头的质朴,格萨尔文学、土族潘秀等非物质文化遗产彰显着民族融合的特色。黄河迂回,在四川形成了壮美的九曲黄

河第一大转弯,四川扬琴与竹编、甘肃的黄河大水车、宁夏的剪纸、内蒙古烤全羊、陕西皮影、山西老陈醋、河南功夫和泥咕咕、山东潍坊风筝制作技艺等非遗技艺,在黄河流域区域聚集、融合、沉淀,蕴含着人民群众的生活智慧和对美的理解与向往。

　　黄河是中华民族的母亲河,不仅景观壮丽多彩,而且文化深厚悠远。2019 年 9 月 18 日上午,中共中央总书记、国家主席、中央军委主席习近平在郑州主持召开黄河流域生态保护和高质量发展座谈会并发表重要讲话,他指出黄河文化是中华文明的重要组成部分,是中华民族的根和魂。要推进黄河文化遗产的系统保护,深入挖掘黄河文化蕴含的时代价值,讲好"黄河故事",延续历史文脉,坚定文化自信,为实现中华民族伟大复兴的中国梦凝聚精神力量。"保护"和"发展"成为开发黄河资源与黄河文化的两个关键词。不管是黄河源头的河湟文化,迂回曲折途经的河套文化,或是黄河中游的中原文化,黄河下游的齐鲁文化,黄河滋养着两岸人民,黄河非遗承载着中华民族的共同记忆。黄河文化,尤其是黄河非物质文化遗产是黄河流域劳动人民在推进社会发展中创造的物质财富和精神财富的总和,是根植于中华文明中最具代表性、最具影响力的主体文化。

　　学界业界人们纷纷注意到非遗传承要注重其活态性,只有在近人近物近生活的原则下,"非遗"传承才会展现出其强大的生命力。文化和旅游部原副部长项兆伦先生 2018 年在《人民日报》刊登文章指出:"非遗的当代实践,是优秀传统文化与现实生活相融合的过程,要支持非遗回归社区,回归生活,让非遗在千家万户的日常生活中得到体现和传承,成为当下的生活方式。"学者刘魁立认为非遗是始终处于过程中的文化,它的生命活力体现在发展演进的过程中,如果它不能适应社会之需求,就会被历史所搁置、所舍弃;但如果它没有像一时闪亮的流星那样殒灭于长空,成为历史尘埃的话,它就会在运动中获得长久的生命。非遗的活态性体现在传承过程当中,它的每一次具体呈现,都是一次与众不同的文化演绎,都是它无限的生命链条中的一个环节。

二、非遗+文创为黄河流域非遗活态传承了生机与活力

以本书中提到的格萨尔文学为例,原本的《格萨尔》是关于藏族古代英雄格萨尔神圣业绩一种文学形式,讲述了格萨尔王为救护生灵而投身下凡,率领岭国人民抑强扶弱、降伏妖魔、安定三界、完成人间使命后返回天国的英雄故事。凭借一代代艺人杰出的口头艺术才华,史诗在中国西部高原的广大牧区和农村传承千年,全面反映了藏族及相关族群的历史、社会、宗教、风俗、道德和文化的古老风貌,是关于本土知识、族群记忆、民间智慧、母语表达的重要载体,在民众中流传广泛、影响深远,已经成为这些民族文化生活的基本元素之一。再到今天,格萨尔文学和英雄钢笔联名,上海美术学院章莉莉和她的团队让非遗格萨尔文化与英雄钢笔联盟,给文创产业注入新的血液。以格萨尔英雄史诗为主题,与英雄钢笔合作推出一款文具礼盒。格萨尔英雄文化赋能英雄钢笔,英雄钢笔带活格萨尔文学。

另一个随时代演变的非遗文化案例是河南泥咕咕,据《资治通鉴》载,隋末农民起义军与隋军争夺黎阳仓(当时浚县称黎阳),当时军中有一些士兵会捏泥人,为纪念在战场上阵亡的将士和战马,他们用当地的胶泥捏塑泥人、泥马。后来军队中一些人员就地安置,这门手艺便流传下来。浚县泥塑形体较小,大的不足20厘米,小的只有4~5厘米,因其尾部有两小孔,吹时发出"咕咕"的声音,故称"泥咕咕"。泥咕咕作品主要有历史人物、戏曲人物、十二属相、小动物、飞禽、骑马人等。2013年河南华冠文化科技公司董事长梁兴和"泥猴张"张希和一见如故,两人全力推动泥咕咕的创新。华冠文化投入大量人力物力,将传统文化与动漫创意相融合,历时一年九个月,于2015年5月15日成功推出嘻多猴品牌。围绕嘻多猴IP的养成,华冠文化进行了大量创意内容开发,通过系列微内容在新媒体平台的传播,有效地提升了用户对品牌文化的认可度,同时持续在线下举办各种主题活动,进一步增强形象与受众的互动性,并跨界实体产业,与服饰、雨伞、文具、生活家居、3C数码、箱包、毛绒等业态授权合作,推出了超过300+SKU的衍生产品,并深度打通上下游产业链资源,成功构建出动漫创意与产业运营相融合的商业闭环。2015年、2016年,嘻多猴连续两年入选文化部国家动漫品牌建设和保护计划,成为河南省唯一一个连续两年入选的动漫品牌。

这些基于传统非遗技艺的文创产品,正是符合故宫博物院前院长单霁翔对文创产品的要求——"以公众需求为导向;以文化创意为支撑;以弘扬中华文化为目的"。因此,在传承中变异,不断融入当代社会,正是非遗在民众生活中活态性的具体表征,这也是某些特定的非物质文化能够绵延、流传、发展至今,乃至于进一步走向未来的根本动力之所在。"传承"这一概念本身,就包含着发展、衍进和再创造的意涵。

三、黄河流域非遗文创为中国式美学意境的重构提供了最佳方式

对非遗文创案例的分析我们可以借助理论模型。温迪·格里斯沃尔德是美国著名艺术社会学家,提出了关注艺术产品、艺术创作者、更广阔的社会以及艺术消费者四方面的"文化菱形"理论,认为文化分析应将四者都予以考虑。文化菱形里理论更像一种启发式的图形或隐喻,它表现了上述 4 个要点之间存在的关联(图 3-1)。

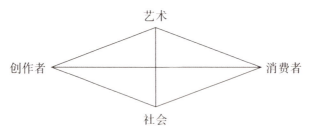

图 3-1　温迪·格瑞斯伍德的文化菱形①

我们可以借助文化菱形理论来分析本书所涉及的非物质文化遗产创新案例。分析本书中所提及的非遗文创案例,我们也可以从非遗文创产品、非遗文创消费者、非遗文创创作者以及非遗文创的社会环境四方面来考虑。当下国家注重提高文化自信,注重传统非遗文化的传承和创新发展,为非遗文创创新发展提供了良好的社会环境。

从非遗文创产品角度来讲,非遗中的工艺品、表演艺术等,大部分具有极高的艺术价值、审美价值,是进行艺术研究、审美研究的宝贵资源。丰富多彩的非遗项目,展示了一个民族的生活风貌、审美情趣和艺术创造力。非遗中的大量艺术作品,是历史上不同时代、不同民族的人民劳动和智慧的结晶,是按照当时审美风尚、美的标准创作的艺术产品。它们能流传到今天,说明其审美水平和创造美的能力得到了历史上不同时代人们的认可、接受和赞美、欣赏,因而具有极高的审美价值,是不同地区、不同时代、不同民族的文化史、艺术史的活化石,非遗中的艺术资源是人类艺术之源,是不同民族的艺术、文化得以发展的土壤。艺术是现代文化体系中的重要部门,特别是在当代文化艺术生活中,艺术的作用越来越大,越来越广泛深入地渗透到人们生活的各个领域。而非遗与艺术有着极密切的关联:一方面,在非遗中,大量存在着的是民族民间的艺术的形态;另一方面,虽然有些非遗不能简单笼统地归结到艺术的范畴中,如山西汾酒、陈醋酿制等,但是,不可否认,其中也包含着许多艺术的因子,在今天的文化语境中,非遗文创产品的审美、艺术表现成分及价值正在愈加明显地凸显出来。非遗中存储了大量的艺术创作原型

---

① 图片来源:改编自《艺术社会学》,第 61 页

和素材,为新的文艺创作和文艺创新提供了不竭的源泉,当代许多优秀的影视、小说、戏剧、舞蹈作品就是从中孕育而出的,它们很好地发挥了非遗的审美再造功能,充分利用了其审美价值。非遗艺术经过历代的传承与发展,极具自然天成之美、巧夺天工之妙,堪称艺术经典,而非遗文创产品也在时代变革中愈加丰富与多样,融入当代、服务大众、创新发展、发扬光大,将传统技艺和新生代技术、方法等结合,提高了非遗文创的质量和文化内涵,让文化和产品双相赋能。渗透人们的精神与物质生活,使其作为非遗项目具备了自觉传承、自我保护、自然延续、自动更新、自力更生的能力。

从非遗文创的消费者角度来讲,人们生活水平的提高,人们消费诉求点慢慢转向对对美好生活的向往的诉求,这为非遗文创提供了群众基础。结合时代和人类需求,将非遗文化适应社会和群体环境,在自然和历史的互动中,不断地再创造,利用非遗文创产品、活动或服务来满足人们精神需求的一种消费,维系人群和社会的精神需求和谐发展。非遗文创主动迎接知识经济、拥抱科技创新的做法非常值得肯定,由个案到群体的努力和实践为我国非物质文化遗产在新时代的传播、传承与发展做出重要贡献。当前,文化消费正成为更多人的选择,推动非物质文化遗产走向文化消费市场具备经济基础和文化基础。它从人群和社会中来,途中经历了冲击和创新,伴随时代发展,非遗文创必定要回民众中去,非遗是传统的,文化是久远的,生活是身边的,这种感官体验已经获得人们的共鸣,融合时代需求,为老物件打开新市场,用好短视频、直播、电商等多元传播载体与应用场景,积极寻找传播非遗文创推广的新方法、新手段,稳健走向蓬勃的文化消费市场。促进更大范围消费人群价值认同的形成,帮助更多非遗项目焕发生机。

从非遗文创创作者角度来讲,创作者是非遗的重要承载者和传递者,肩负着传承与创造的双重使命,创作者通过文创的方式,让非遗走出博物馆,来到人们身边。"以古人之规矩,开自己之生面",有了非遗创造性转化的逻辑起点,非遗的创新发展就能呈现前所未有的力度和宽度。非遗不是原封不动的固态保存,要融入生活,创新发展,只有被公众所认识、消费、欣赏,重建中国式美学意境,才是非遗活态传承的最佳方式。这就意味着创作者要不断接收和吸纳新的知识和信息,改进材料提高技艺,开启保护、传承和创新非遗之旅,将非遗项目适应时代,发扬光大。

就非遗文创的社会环境来讲,我国非遗资源丰富,是目前世界上拥有世界非物质文化遗产数量最多的国家。在国家级非物质文化遗产方面,国务院分别在 2006 年、2008 年、2011 年、2014 年和 2021 年公布了五批代表名录,至今共计 1557 个国家级非物质文化遗产代表性项目(以下简称"国家级项目"),按照申报地区或单位进行逐一统计,共计 3610 个子项。丰富而多元的资源为非遗旅游产业打造提供了良好的基础。根据联合国教科文组织《保护非物质文化遗产公约》定义:非物质文化遗产(intangible cultural heritage)指被各群体、团体,有时为个人所视为其文化遗产的各种实践、表演、表现形式、知识体系和技能及其有关的工具、实物、工艺品和文化场所。各个群体和团体随着其所处环境、与自然界的相互关系和历史条件的变化不断使这种代代相传的非物质文化遗产得到创新,同时使他们自己具有一种认同感和历史感,从而促进了文化多样性和激发人类的创造力。我国非遗及其产业发展已进入新的历史时期,在更高水平上推进我国非遗文化的传承与发展。

中国非遗的传承发展到了一个重要的时期,面临三大问题:

(1)要客观系统地认识中国非遗发展的内在规律,认真解决好非遗发展过程中的抢救、保护、利用与发展的关系。

(2)必须站在一个更高的看点上,全面系统地认识中国非遗发展的战略意义与地位。

(3)必须解放思想,从系统性资源化、创造性转化、创新性发展等方面推进中国非遗发展的未来格局。

四、黄河流域非遗文创需要公产意识

非遗是以人为载体的文化遗产。目前,我国已有 3068 位国家级非遗传承人,省市县各级传承人数量更多。传承人积累了与项目相关的丰富知识,并具有继承和创新能力,在传承非遗方面积极性高,是非遗教育和传播领域最好的老师。充分发挥传承人影响力,使其承担起更多的社会教育责任,在过程中还能带动非遗项目保护,针对性强、可操作性强,具有可持续性。学者刘魁立认为物质文化成果一旦被人创造出来,它便脱离开人而独立存在;而非物质文化则以人为载体、为主体,以人的观念、人的知识、人的技能、人的行为作为其表现形态。比如说我们过年时的扭秧歌、踩高跷、耍狮子等文化娱乐活动,它们既要通过人的身体动作呈现出来,同时也是为了人的自身欢庆、供人欣赏与人同乐而存在和流传的;又比如景泰蓝制作技艺,这种技能知识是通过人来实践、传承和表现出来的,它可以制造出无数的物,同时这些物又是要人来享用才能实现其特定价值的。因此,谈论非遗保护时必然要涉及人,没有人,就没有我们谈论的非物质文化,非遗始终是一种与人同在的遗产类型。可以说,以人为本,而不是以物为中心,是非遗保护与传承工作的关键之所在。

学者刘魁立认为,从国际社会的文化发展格局和走势看,发展中国家和地区传统文化的优秀成果一直很少被纳入关于整个人类文化发展历程的主流话语范围。西方文化在世界文化格局中处于强势地位,这严重影响着发展中国家的文化发展走向。当前大多数发展中国家保护和发展本民族传统文化举步维艰,这影响了他们的国家形象和民族心理,使得其民族平等和民族自豪的心理基础变得越来越脆弱。非物质文化共享推动着人类文明的整体繁荣和发展。中国通过非遗保护极大地提升了民族自豪感。作为中国人,我们不仅在创造今天的生活,也要为我们的历史感到骄傲。民族自信的基础在于民族自觉。我们要认清自己民族的历史,以及我们对人类的贡献。本书中提到的沿黄九省(自治区)流域的非遗技艺成为中国人与世界交往的物产及其蕴含的智慧,是我们与其他文明交流对话的极好范例,是中华文明的象征,也是人类文化发展进步的象征。当下21 世纪的人类社会,非遗保护与传承问题的提出可谓恰逢其时,不仅对我国的文化建设具有重要意义,同时对世界各民族平等和积极地参与和推进人类文化发展进程,对提升整个人类文化的生命力和创造力,也具有划时代的意义。

从"公产意识"的角度来看,我们所说的代表性传承人实际上是延续文化传统的志愿者,他们的传承工作是建立在对文化的敬畏、真爱、情怀和责任基础上的。有时,我们对工匠精神的认识常常局限在技术上,而工匠精神不可或缺的本质性内在因素,正是对传统文化传承的恭敬和坚守,孜孜以求,不断追求一个又一个的理想境界,把自己的全部知识、心力和情感都编织在所展现的技术中,创造一个自己可心又施惠于社会的理想境界。

这本书是面向青少年朋友,那么我们就必须提到非遗教育。文化和旅游部恭王府博物馆李珊珊在 2020 年 7 月 5 日的《光明日报》上发表《非遗教育该关注什么》一文,认为非遗是以人为载体的文化遗产。我们非物质文化遗产保护工作开展以来,为了促进传承与传播,政府社会各界开展了诸多"非遗+教育"的活动,如非遗进校园、非遗进社区、非遗研学等。教育的目标是传承。我国非遗项目量大面广、情况多样,非遗教育常常需要跨学科、跨部门甚至跨机构进行。目前我国的非遗教育在不同层面得以广泛开展,正是得益于多方良好的合作。

　　希望青少年朋友通过阅读本书,对非遗文创有进一步的了解和兴趣,同时要树立"共产意识"。正如非遗专家刘魁立指出,非遗是一种历史传承、群体享有和关注的共享文化,它不是今天的发明,也不是单纯的个人创造。因此,我们的传承人和实践者群体在面对各类非遗时必须要树立"公产意识",具备"公有意识",也就是说,非遗是一种公共文化财产。这种公产意识是建立在非遗本身特性的基础上的,所以代表性传承人实际上是延续文化传统的志愿者,他们的传承工作是建立在对文化的敬畏、真爱、情怀和责任基础上。